药品监督管理常用法律法规文件汇编

化 妆 品 卷

国家药品监督管理局政策法规司◎组织编写

中国健康传媒集团
中国医药科技出版社

图书在版编目（CIP）数据

药品监督管理常用法律法规文件汇编．化妆品卷 / 国家药品监督管理局政策法规司组织编写．— 北京：中国医药科技出版社，2023.3（2024.9重印）

ISBN 978-7-5214-3738-6

Ⅰ．①药…　Ⅱ．①国…　Ⅲ．①药品管理法—汇编—中国 ②化妆品—卫生法—汇编—中国　Ⅳ．① D922.169

中国国家版本馆 CIP 数据核字（2023）第 008306 号

美术编辑　陈君杞
版式设计　也　在

出版　**中国健康传媒集团** | 中国医药科技出版社
地址　北京市海淀区文慧园北路甲 22 号
邮编　100082
电话　发行：010-62227427　邮购：010-62236938
网址　www.cmstp.com
规格　710×1000mm $^{1}/_{16}$
印张　17
字数　372 千字
版次　2023 年 3 月第 1 版
印次　2024 年 9 月第 2 次印刷
印刷　三河市万龙印装有限公司
经销　全国各地新华书店
书号　ISBN 978-7-5214-3738-6
定价　**62.00 元**

举报电话：010-62228771

本社图书如存在印装质量问题请与本社联系调换

获取新书信息、投稿、为图书纠错，请扫码联系我们。

编委会

前　言

法律是治国之重器，良法是善治之前提。国家药品监督管理局组建以来，高度重视法治工作，在习近平法治思想指引下，推动健全完善药品监管法规体系，为全面提升药品监管能力、推动药品监管事业发展提供了坚实的法治保障。

2019年以来，《药品管理法》《疫苗管理法》《医疗器械监督管理条例》《化妆品监督管理条例》（简称“两法两条例”）颁布实施，搭建起新时代药品监管法规体系“四梁八柱”。在“两法两条例”引领下，药品监管部门全面制修订相关部门规章、规范性文件，不断完善技术指导原则，为进一步提升药品监管工作科学化、法治化、国际化、现代化水平夯实了法治基础，为推动医药产业转型升级和高质量发展提供了重要支撑。

党的二十大报告强调坚持全面依法治国，推进法治中国建设，不断完善中国特色社会主义法律体系，扎实推进依法行政。为全面贯彻落实党的二十大精神，适应药品监管形势的不断发展，满足药品监管行政执法工作需要，国家药品监督管理局政策法规司组织编写了四卷《药品监督管理常用法律法规文件汇编》（综合卷、药品卷、医疗器械卷、化妆品卷），收录药品、医疗器械、化妆品监管执法工作主要依据的现行最常用的法律、法规、部门规章、工作文件和指导原则，突出全面、权威和实用的特点，为广大药品监管执法人员和从业人员提供一套具有指导意义的综合性工具书，便于读者系统理解、把握和执行药品领域法律法规。

国家药品监督管理局政策法规司

2023年3月

目　录

第一篇　行政法规

化妆品监督管理条例
国务院令第 727 号（2020 年 6 月 16 日）…… 1

第二篇　部门规章

化妆品注册备案管理办法
国家市场监督管理总局令第 35 号（2021 年 1 月 7 日）…… 15
化妆品生产经营监督管理办法
国家市场监督管理总局令第 46 号（2021 年 8 月 2 日）…… 24
牙膏监督管理办法
国家市场监督管理总局令第 71 号（2023 年 3 月 16 日）…… 34

第三篇　工作文件

一、综合类

国家药监局关于贯彻实施《化妆品监督管理条例》有关事项的公告
2020 年第 144 号（2020 年 12 月 28 日）…… 38
国家药监局关于发布《企业落实化妆品质量安全主体责任监督管理规定》的公告
2022 年第 125 号（2022 年 12 月 29 日）…… 41
国家药监局关于发布实施《化妆品标签管理办法》的公告
2021 年第 77 号（2021 年 5 月 31 日）…… 47
国家药监局关于发布《儿童化妆品监督管理规定》的公告
2021 年第 123 号（2021 年 9 月 30 日）…… 52
国家药监局关于发布儿童化妆品标志的公告
2021 年第 143 号（2021 年 11 月 29 日）…… 56

国家药监局综合司关于标示名称为“儿童彩妆”产品定性有关问题的复函
药监综妆函〔2021〕713号（2021年12月3日）…… 58

二、注册备案

国家药监局关于发布《化妆品注册备案资料管理规定》的公告
2021年第32号（2021年2月26日）…… 59
国家药监局关于实施《化妆品注册备案资料管理规定》有关事项的公告
2021年第35号（2021年3月5日）…… 115
国家药监局关于发布《化妆品新原料注册备案资料管理规定》的公告
2021年第31号（2021年2月26日）…… 117
国家药监局关于发布《化妆品安全评估技术导则（2021年版）》的公告
2021年第51号（2021年4月8日）…… 138
国家药监局关于发布《已使用化妆品原料目录（2021年版）》的公告
2021年第62号（2021年4月27日）…… 175
国家药监局关于进一步明确原特殊用途化妆品过渡期管理等有关事宜的公告
2021年第150号（2021年12月15日）…… 176
国家药监局关于优化普通化妆品备案检验管理措施有关事宜的公告
2023年第13号（2023年1月13日）…… 178
国家药监局关于发布《化妆品分类规则和分类目录》的公告
2021年第49号（2021年4月8日）…… 179
国家药监局关于发布《化妆品功效宣称评价规范》的公告
2021年第50号（2021年4月8日）…… 184
国家药监局综合司关于做好新旧化妆品注册备案信息管理平台衔接有关工作事项的通知
药监综妆函〔2021〕264号（2021年4月30日）…… 196
国家药监局关于正式实施化妆品电子注册证的公告
2022年第64号（2022年8月12日）…… 198

三、生产经营

国家药监局关于贯彻执行《化妆品生产经营监督管理办法》有关事项的公告
2021年第140号（2021年11月26日）…… 199

国家药监局关于发布《化妆品生产质量管理规范》的公告
2022 年第 1 号（2022 年 1 月 6 日）…… 201
国家药监局关于发布《化妆品生产质量管理规范检查要点及判定原则》的公告
2022 年第 90 号（2022 年 10 月 20 日）…… 214
国家药监局综合司关于化妆品质量安全负责人有关问题的复函
药监综妆函〔2022〕224 号（2022 年 4 月 27 日）…… 242
国家药监局关于发布《化妆品抽样检验管理办法》的公告
2023 年第 5 号（2023 年 1 月 11 日）…… 243
国家药监局综合司关于进一步做好国家化妆品监督抽检不合格产品核查处置工作的通知
药监综妆〔2021〕91 号（2021 年 10 月 21 日）…… 253
国家药监局关于发布《化妆品不良反应监测管理办法》的公告
2022 年第 16 号（2022 年 2 月 15 日）…… 254

赋码目录

国家药监局关于发布化妆品补充检验方法管理工作规程和化妆品补充检验方法研究起草技术指南的通告
2021 年第 28 号（2021 年 4 月 23 日）

国家药监局关于发布化妆品注册备案资料提交技术指南（试行）的通告
2021 年第 26 号（2021 年 4 月 12 日）

第一篇　行政法规

化妆品监督管理条例

（2020年6月16日国务院令第727号公布，自2021年1月1日起施行）

第一章　总　则

第一条　为了规范化妆品生产经营活动，加强化妆品监督管理，保证化妆品质量安全，保障消费者健康，促进化妆品产业健康发展，制定本条例。

第二条　在中华人民共和国境内从事化妆品生产经营活动及其监督管理，应当遵守本条例。

第三条　本条例所称化妆品，是指以涂擦、喷洒或者其他类似方法，施用于皮肤、毛发、指甲、口唇等人体表面，以清洁、保护、美化、修饰为目的的日用化学工业产品。

第四条　国家按照风险程度对化妆品、化妆品原料实行分类管理。

化妆品分为特殊化妆品和普通化妆品。国家对特殊化妆品实行注册管理，对普通化妆品实行备案管理。

化妆品原料分为新原料和已使用的原料。国家对风险程度较高的化妆品新原料实行注册管理，对其他化妆品新原料实行备案管理。

第五条　国务院药品监督管理部门负责全国化妆品监督管理工作。国务院有关部门在各自职责范围内负责与化妆品有关的监督管理工作。

县级以上地方人民政府负责药品监督管理的部门负责本行政区域的化妆品监督管理工作。县级以上地方人民政府有关部门在各自职责范围内负责与化妆品有关的监督管理工作。

第六条　化妆品注册人、备案人对化妆品的质量安全和功效宣称负责。

化妆品生产经营者应当依照法律、法规、强制性国家标准、技术规范从事生产经营活动，加强管理，诚信自律，保证化妆品质量安全。

第七条　化妆品行业协会应当加强行业自律，督促引导化妆品生产经营者依法从事生产经营活动，推动行业诚信建设。

第八条　消费者协会和其他消费者组织对违反本条例规定损害消费者合法权益的行为，依法进行社会监督。

第九条 国家鼓励和支持开展化妆品研究、创新，满足消费者需求，推进化妆品品牌建设，发挥品牌引领作用。国家保护单位和个人开展化妆品研究、创新的合法权益。

国家鼓励和支持化妆品生产经营者采用先进技术和先进管理规范，提高化妆品质量安全水平；鼓励和支持运用现代科学技术，结合我国传统优势项目和特色植物资源研究开发化妆品。

第十条 国家加强化妆品监督管理信息化建设，提高在线政务服务水平，为办理化妆品行政许可、备案提供便利，推进监督管理信息共享。

第二章 原料与产品

第十一条 在我国境内首次使用于化妆品的天然或者人工原料为化妆品新原料。具有防腐、防晒、着色、染发、祛斑美白功能的化妆品新原料，经国务院药品监督管理部门注册后方可使用；其他化妆品新原料应当在使用前向国务院药品监督管理部门备案。国务院药品监督管理部门可以根据科学研究的发展，调整实行注册管理的化妆品新原料的范围，经国务院批准后实施。

第十二条 申请化妆品新原料注册或者进行化妆品新原料备案，应当提交下列资料：

（一）注册申请人、备案人的名称、地址、联系方式；

（二）新原料研制报告；

（三）新原料的制备工艺、稳定性及其质量控制标准等研究资料；

（四）新原料安全评估资料。

注册申请人、备案人应当对所提交资料的真实性、科学性负责。

第十三条 国务院药品监督管理部门应当自受理化妆品新原料注册申请之日起3个工作日内将申请资料转交技术审评机构。技术审评机构应当自收到申请资料之日起90个工作日内完成技术审评，向国务院药品监督管理部门提交审评意见。国务院药品监督管理部门应当自收到审评意见之日起20个工作日内作出决定。对符合要求的，准予注册并发给化妆品新原料注册证；对不符合要求的，不予注册并书面说明理由。

化妆品新原料备案人通过国务院药品监督管理部门在线政务服务平台提交本条例规定的备案资料后即完成备案。

国务院药品监督管理部门应当自化妆品新原料准予注册之日起、备案人提交备案资料之日起5个工作日内向社会公布注册、备案有关信息。

第十四条 经注册、备案的化妆品新原料投入使用后3年内，新原料注册人、备案人应当每年向国务院药品监督管理部门报告新原料的使用和安全情况。对存在安全问题的化妆品新原料，由国务院药品监督管理部门撤销注册或者取消备案。3年期满未发生安全问题的化妆品新原料，纳入国务院药品监督管理部门制定的已使用的化妆品原料目录。

经注册、备案的化妆品新原料纳入已使用的化妆品原料目录前，仍然按照化妆品新原料进行管理。

第十五条 禁止用于化妆品生产的原料目录由国务院药品监督管理部门制定、公布。

第十六条 用于染发、烫发、祛斑美白、防晒、防脱发的化妆品以及宣称新功效的化妆品为特殊化妆品。特殊化妆品以外的化妆品为普通化妆品。

国务院药品监督管理部门根据化妆品的功效宣称、作用部位、产品剂型、使用人群等因素，制定、公布化妆品分类规则和分类目录。

第十七条 特殊化妆品经国务院药品监督管理部门注册后方可生产、进口。国产普通化妆品应当在上市销售前向备案人所在地省、自治区、直辖市人民政府药品监督管理部门备案。进口普通化妆品应当在进口前向国务院药品监督管理部门备案。

第十八条 化妆品注册申请人、备案人应当具备下列条件：

（一）是依法设立的企业或者其他组织；

（二）有与申请注册、进行备案的产品相适应的质量管理体系；

（三）有化妆品不良反应监测与评价能力。

第十九条 申请特殊化妆品注册或者进行普通化妆品备案，应当提交下列资料：

（一）注册申请人、备案人的名称、地址、联系方式；

（二）生产企业的名称、地址、联系方式；

（三）产品名称；

（四）产品配方或者产品全成分；

（五）产品执行的标准；

（六）产品标签样稿；

（七）产品检验报告；

（八）产品安全评估资料。

注册申请人首次申请特殊化妆品注册或者备案人首次进行普通化妆品备案的，应当提交其符合本条例第十八条规定条件的证明资料。申请进口特殊化妆品注册或者进行进口普通化妆品备案的，应当同时提交产品在生产国（地区）已经上市销售的证明文件以及境外生产企业符合化妆品生产质量管理规范的证明资料；专为向我国出口生产、无法提交产品在生产国（地区）已经上市销售的证明文件的，应当提交面向我国消费者开展的相关研究和试验的资料。

注册申请人、备案人应当对所提交资料的真实性、科学性负责。

第二十条 国务院药品监督管理部门依照本条例第十三条第一款规定的化妆品新原料注册审查程序对特殊化妆品注册申请进行审查。对符合要求的，准予注册并发给特殊化妆品注册证；对不符合要求的，不予注册并书面说明理由。已经注册的特殊化妆品在生产工艺、功效宣称等方面发生实质性变化的，注册人应当向原注册部门申请变更注册。

普通化妆品备案人通过国务院药品监督管理部门在线政务服务平台提交本条例规定的备案资料后即完成备案。

省级以上人民政府药品监督管理部门应当自特殊化妆品准予注册之日起、普通化妆品备案人提交备案资料之日起5个工作日内向社会公布注册、备案有关信息。

第二十一条 化妆品新原料和化妆品注册、备案前，注册申请人、备案人应当自行或者委托专业机构开展安全评估。

从事安全评估的人员应当具备化妆品质量安全相关专业知识，并具有5年以上相关专业从业经历。

第二十二条 化妆品的功效宣称应当有充分的科学依据。化妆品注册人、备案人应当在国务院药品监督管理部门规定的专门网站公布功效宣称所依据的文献资料、研究数据或者产品功效评价资料的摘要，接受社会监督。

第二十三条 境外化妆品注册人、备案人应当指定我国境内的企业法人办理化妆品注册、备案，协助开展化妆品不良反应监测、实施产品召回。

第二十四条 特殊化妆品注册证有效期为5年。有效期届满需要延续注册的，应当在有效期届满30个工作日前提出延续注册的申请。除有本条第二款规定情形外，国务院药品监督管理部门应当在特殊化妆品注册证有效期届满前作出准予延续的决定；逾期未作决定的，视为准予延续。

有下列情形之一的，不予延续注册：

（一）注册人未在规定期限内提出延续注册申请；

（二）强制性国家标准、技术规范已经修订，申请延续注册的化妆品不能达到修订后标准、技术规范的要求。

第二十五条 国务院药品监督管理部门负责化妆品强制性国家标准的项目提出、组织起草、征求意见和技术审查。国务院标准化行政部门负责化妆品强制性国家标准的立项、编号和对外通报。

化妆品国家标准文本应当免费向社会公开。

化妆品应当符合强制性国家标准。鼓励企业制定严于强制性国家标准的企业标准。

第三章 生产经营

第二十六条 从事化妆品生产活动，应当具备下列条件：

（一）是依法设立的企业；

（二）有与生产的化妆品相适应的生产场地、环境条件、生产设施设备；

（三）有与生产的化妆品相适应的技术人员；

（四）有能对生产的化妆品进行检验的检验人员和检验设备；

（五）有保证化妆品质量安全的管理制度。

第二十七条 从事化妆品生产活动，应当向所在地省、自治区、直辖市人民政府药品监督管理部门提出申请，提交其符合本条例第二十六条规定条件的证明资料，并对资料的真实性负责。

省、自治区、直辖市人民政府药品监督管理部门应当对申请资料进行审核，对申请人的生产场所进行现场核查，并自受理化妆品生产许可申请之日起30个工作日内作出决定。对符合规定条件的，准予许可并发给化妆品生产许可证；对不符合规定条件的，不予许可并书面说明理由。

化妆品生产许可证有效期为5年。有效期届满需要延续的，依照《中华人民共和国行政许可法》的规定办理。

第二十八条 化妆品注册人、备案人可以自行生产化妆品，也可以委托其他企业生产化妆品。

委托生产化妆品的，化妆品注册人、备案人应当委托取得相应化妆品生产许可的企业，并对受委托企业（以下称受托生产企业）的生产活动进行监督，保证其按照法定要求进行生产。受托生产企业应当依照法律、法规、强制性国家标准、技术规范以及合同约定进行生产，对生产活动负责，并接受化妆品注册人、备案人的监督。

第二十九条 化妆品注册人、备案人、受托生产企业应当按照国务院药品监督管理部门制定的化妆品生产质量管理规范的要求组织生产化妆品，建立化妆品生产质量管理体系，建立并执行供应商遴选、原料验收、生产过程及质量控制、设备管理、产品检验及留样等管理制度。

化妆品注册人、备案人、受托生产企业应当按照化妆品注册或者备案资料载明的技术要求生产化妆品。

第三十条 化妆品原料、直接接触化妆品的包装材料应当符合强制性国家标准、技术规范。

不得使用超过使用期限、废弃、回收的化妆品或者化妆品原料生产化妆品。

第三十一条 化妆品注册人、备案人、受托生产企业应当建立并执行原料以及直接接触化妆品的包装材料进货查验记录制度、产品销售记录制度。进货查验记录和产品销售记录应当真实、完整，保证可追溯，保存期限不得少于产品使用期限届满后1年；产品使用期限不足1年的，记录保存期限不得少于2年。

化妆品经出厂检验合格后方可上市销售。

第三十二条 化妆品注册人、备案人、受托生产企业应当设质量安全负责人，承担相应的产品质量安全管理和产品放行职责。

质量安全负责人应当具备化妆品质量安全相关专业知识，并具有5年以上化妆品生产或者质量安全管理经验。

第三十三条　化妆品注册人、备案人、受托生产企业应当建立并执行从业人员健康管理制度。患有国务院卫生主管部门规定的有碍化妆品质量安全疾病的人员不得直接从事化妆品生产活动。

第三十四条　化妆品注册人、备案人、受托生产企业应当定期对化妆品生产质量管理规范的执行情况进行自查；生产条件发生变化，不再符合化妆品生产质量管理规范要求的，应当立即采取整改措施；可能影响化妆品质量安全的，应当立即停止生产并向所在地省、自治区、直辖市人民政府药品监督管理部门报告。

第三十五条　化妆品的最小销售单元应当有标签。标签应当符合相关法律、行政法规、强制性国家标准，内容真实、完整、准确。

进口化妆品可以直接使用中文标签，也可以加贴中文标签；加贴中文标签的，中文标签内容应当与原标签内容一致。

第三十六条　化妆品标签应当标注下列内容：

（一）产品名称、特殊化妆品注册证编号；

（二）注册人、备案人、受托生产企业的名称、地址；

（三）化妆品生产许可证编号；

（四）产品执行的标准编号；

（五）全成分；

（六）净含量；

（七）使用期限、使用方法以及必要的安全警示；

（八）法律、行政法规和强制性国家标准规定应当标注的其他内容。

第三十七条　化妆品标签禁止标注下列内容：

（一）明示或者暗示具有医疗作用的内容；

（二）虚假或者引人误解的内容；

（三）违反社会公序良俗的内容；

（四）法律、行政法规禁止标注的其他内容。

第三十八条　化妆品经营者应当建立并执行进货查验记录制度，查验供货者的市场主体登记证明、化妆品注册或者备案情况、产品出厂检验合格证明，如实记录并保存相关凭证。记录和凭证保存期限应当符合本条例第三十一条第一款的规定。

化妆品经营者不得自行配制化妆品。

第三十九条　化妆品生产经营者应当依照有关法律、法规的规定和化妆品标签标示的要求贮存、运输化妆品，定期检查并及时处理变质或者超过使用期限的化妆品。

第四十条　化妆品集中交易市场开办者、展销会举办者应当审查入场化妆品经营者的市场主体登记证明，承担入场化妆品经营者管理责任，定期对入场化妆品经营者进行检查；发现入场化妆品经营者有违反本条例规定行为的，应当及时制止并报告所在地县级人民政府负责药品监督管理的部门。

第四十一条 电子商务平台经营者应当对平台内化妆品经营者进行实名登记，承担平台内化妆品经营者管理责任，发现平台内化妆品经营者有违反本条例规定行为的，应当及时制止并报告电子商务平台经营者所在地省、自治区、直辖市人民政府药品监督管理部门；发现严重违法行为的，应当立即停止向违法的化妆品经营者提供电子商务平台服务。

平台内化妆品经营者应当全面、真实、准确、及时披露所经营化妆品的信息。

第四十二条 美容美发机构、宾馆等在经营中使用化妆品或者为消费者提供化妆品的，应当履行本条例规定的化妆品经营者义务。

第四十三条 化妆品广告的内容应当真实、合法。

化妆品广告不得明示或者暗示产品具有医疗作用，不得含有虚假或者引人误解的内容，不得欺骗、误导消费者。

第四十四条 化妆品注册人、备案人发现化妆品存在质量缺陷或者其他问题，可能危害人体健康的，应当立即停止生产，召回已经上市销售的化妆品，通知相关化妆品经营者和消费者停止经营、使用，并记录召回和通知情况。化妆品注册人、备案人应当对召回的化妆品采取补救、无害化处理、销毁等措施，并将化妆品召回和处理情况向所在地省、自治区、直辖市人民政府药品监督管理部门报告。

受托生产企业、化妆品经营者发现其生产、经营的化妆品有前款规定情形的，应当立即停止生产、经营，通知相关化妆品注册人、备案人。化妆品注册人、备案人应当立即实施召回。

负责药品监督管理的部门在监督检查中发现化妆品有本条第一款规定情形的，应当通知化妆品注册人、备案人实施召回，通知受托生产企业、化妆品经营者停止生产、经营。

化妆品注册人、备案人实施召回的，受托生产企业、化妆品经营者应当予以配合。

化妆品注册人、备案人、受托生产企业、经营者未依照本条规定实施召回或者停止生产、经营的，负责药品监督管理的部门责令其实施召回或者停止生产、经营。

第四十五条 出入境检验检疫机构依照《中华人民共和国进出口商品检验法》的规定对进口的化妆品实施检验；检验不合格的，不得进口。

进口商应当对拟进口的化妆品是否已经注册或者备案以及是否符合本条例和强制性国家标准、技术规范进行审核；审核不合格的，不得进口。进口商应当如实记录进口化妆品的信息，记录保存期限应当符合本条例第三十一条第一款的规定。

出口的化妆品应当符合进口国（地区）的标准或者合同要求。

第四章　监督管理

第四十六条　负责药品监督管理的部门对化妆品生产经营进行监督检查时，有权采取下列措施：

（一）进入生产经营场所实施现场检查；

（二）对生产经营的化妆品进行抽样检验；

（三）查阅、复制有关合同、票据、账簿以及其他有关资料；

（四）查封、扣押不符合强制性国家标准、技术规范或者有证据证明可能危害人体健康的化妆品及其原料、直接接触化妆品的包装材料，以及有证据证明用于违法生产经营的工具、设备；

（五）查封违法从事生产经营活动的场所。

第四十七条　负责药品监督管理的部门对化妆品生产经营进行监督检查时，监督检查人员不得少于2人，并应当出示执法证件。监督检查人员对监督检查中知悉的被检查单位的商业秘密，应当依法予以保密。被检查单位对监督检查应当予以配合，不得隐瞒有关情况。

负责药品监督管理的部门应当对监督检查情况和处理结果予以记录，由监督检查人员和被检查单位负责人签字；被检查单位负责人拒绝签字的，应当予以注明。

第四十八条　省级以上人民政府药品监督管理部门应当组织对化妆品进行抽样检验；对举报反映或者日常监督检查中发现问题较多的化妆品，负责药品监督管理的部门可以进行专项抽样检验。

进行抽样检验，应当支付抽取样品的费用，所需费用纳入本级政府预算。

负责药品监督管理的部门应当按照规定及时公布化妆品抽样检验结果。

第四十九条　化妆品检验机构按照国家有关认证认可的规定取得资质认定后，方可从事化妆品检验活动。化妆品检验机构的资质认定条件由国务院药品监督管理部门、国务院市场监督管理部门制定。

化妆品检验规范以及化妆品检验相关标准品管理规定，由国务院药品监督管理部门制定。

第五十条　对可能掺杂掺假或者使用禁止用于化妆品生产的原料生产的化妆品，按照化妆品国家标准规定的检验项目和检验方法无法检验的，国务院药品监督管理部门可以制定补充检验项目和检验方法，用于对化妆品的抽样检验、化妆品质量安全案件调查处理和不良反应调查处置。

第五十一条　对依照本条例规定实施的检验结论有异议的，化妆品生产经营者可以自收到检验结论之日起7个工作日内向实施抽样检验的部门或者其上一级负责药品监督管理的部门提出复检申请，由受理复检申请的部门在复检机构名录中随机确定复检机构进行复检。复检机构出具的复检结论为最终检验结论。复检机构与初检机构不得为同一机构。复检机构名录由国务院药品监督管理部门公布。

第五十二条 国家建立化妆品不良反应监测制度。化妆品注册人、备案人应当监测其上市销售化妆品的不良反应，及时开展评价，按照国务院药品监督管理部门的规定向化妆品不良反应监测机构报告。受托生产企业、化妆品经营者和医疗机构发现可能与使用化妆品有关的不良反应的，应当报告化妆品不良反应监测机构。鼓励其他单位和个人向化妆品不良反应监测机构或者负责药品监督管理的部门报告可能与使用化妆品有关的不良反应。

化妆品不良反应监测机构负责化妆品不良反应信息的收集、分析和评价，并向负责药品监督管理的部门提出处理建议。

化妆品生产经营者应当配合化妆品不良反应监测机构、负责药品监督管理的部门开展化妆品不良反应调查。

化妆品不良反应是指正常使用化妆品所引起的皮肤及其附属器官的病变，以及人体局部或者全身性的损害。

第五十三条 国家建立化妆品安全风险监测和评价制度，对影响化妆品质量安全的风险因素进行监测和评价，为制定化妆品质量安全风险控制措施和标准、开展化妆品抽样检验提供科学依据。

国家化妆品安全风险监测计划由国务院药品监督管理部门制定、发布并组织实施。国家化妆品安全风险监测计划应当明确重点监测的品种、项目和地域等。

国务院药品监督管理部门建立化妆品质量安全风险信息交流机制，组织化妆品生产经营者、检验机构、行业协会、消费者协会以及新闻媒体等就化妆品质量安全风险信息进行交流沟通。

第五十四条 对造成人体伤害或者有证据证明可能危害人体健康的化妆品，负责药品监督管理的部门可以采取责令暂停生产、经营的紧急控制措施，并发布安全警示信息；属于进口化妆品的，国家出入境检验检疫部门可以暂停进口。

第五十五条 根据科学研究的发展，对化妆品、化妆品原料的安全性有认识上的改变的，或者有证据表明化妆品、化妆品原料可能存在缺陷的，省级以上人民政府药品监督管理部门可以责令化妆品、化妆品新原料的注册人、备案人开展安全再评估或者直接组织开展安全再评估。再评估结果表明化妆品、化妆品原料不能保证安全的，由原注册部门撤销注册、备案部门取消备案，由国务院药品监督管理部门将该化妆品原料纳入禁止用于化妆品生产的原料目录，并向社会公布。

第五十六条 负责药品监督管理的部门应当依法及时公布化妆品行政许可、备案、日常监督检查结果、违法行为查处等监督管理信息。公布监督管理信息时，应当保守当事人的商业秘密。

负责药品监督管理的部门应当建立化妆品生产经营者信用档案。对有不良信用记录的化妆品生产经营者，增加监督检查频次；对有严重不良信用记录的生产经营者，按照规定实施联合惩戒。

第五十七条　化妆品生产经营过程中存在安全隐患，未及时采取措施消除的，负责药品监督管理的部门可以对化妆品生产经营者的法定代表人或者主要负责人进行责任约谈。化妆品生产经营者应当立即采取措施，进行整改，消除隐患。责任约谈情况和整改情况应当纳入化妆品生产经营者信用档案。

第五十八条　负责药品监督管理的部门应当公布本部门的网站地址、电子邮件地址或者电话，接受咨询、投诉、举报，并及时答复或者处理。对查证属实的举报，按照国家有关规定给予举报人奖励。

第五章　法律责任

第五十九条　有下列情形之一的，由负责药品监督管理的部门没收违法所得、违法生产经营的化妆品和专门用于违法生产经营的原料、包装材料、工具、设备等物品；违法生产经营的化妆品货值金额不足1万元的，并处5万元以上15万元以下罚款；货值金额1万元以上的，并处货值金额15倍以上30倍以下罚款；情节严重的，责令停产停业、由备案部门取消备案或者由原发证部门吊销化妆品许可证件，10年内不予办理其提出的化妆品备案或者受理其提出的化妆品行政许可申请，对违法单位的法定代表人或者主要负责人、直接负责的主管人员和其他直接责任人员处以其上一年度从本单位取得收入的3倍以上5倍以下罚款，终身禁止其从事化妆品生产经营活动；构成犯罪的，依法追究刑事责任：

（一）未经许可从事化妆品生产活动，或者化妆品注册人、备案人委托未取得相应化妆品生产许可的企业生产化妆品；

（二）生产经营或者进口未经注册的特殊化妆品；

（三）使用禁止用于化妆品生产的原料、应当注册但未经注册的新原料生产化妆品，在化妆品中非法添加可能危害人体健康的物质，或者使用超过使用期限、废弃、回收的化妆品或者原料生产化妆品。

第六十条　有下列情形之一的，由负责药品监督管理的部门没收违法所得、违法生产经营的化妆品和专门用于违法生产经营的原料、包装材料、工具、设备等物品；违法生产经营的化妆品货值金额不足1万元的，并处1万元以上5万元以下罚款；货值金额1万元以上的，并处货值金额5倍以上20倍以下罚款；情节严重的，责令停产停业、由备案部门取消备案或者由原发证部门吊销化妆品许可证件，对违法单位的法定代表人或者主要负责人、直接负责的主管人员和其他直接责任人员处以其上一年度从本单位取得收入的1倍以上3倍以下罚款，10年内禁止其从事化妆品生产经营活动；构成犯罪的，依法追究刑事责任：

（一）使用不符合强制性国家标准、技术规范的原料、直接接触化妆品的包装材料，应当备案但未备案的新原料生产化妆品，或者不按照强制性国家标准或者技术规范使用原料；

（二）生产经营不符合强制性国家标准、技术规范或者不符合化妆品注册、备案资料载明的技术要求的化妆品；

（三）未按照化妆品生产质量管理规范的要求组织生产；

（四）更改化妆品使用期限；

（五）化妆品经营者擅自配制化妆品，或者经营变质、超过使用期限的化妆品；

（六）在负责药品监督管理的部门责令其实施召回后拒不召回，或者在负责药品监督管理的部门责令停止或者暂停生产、经营后拒不停止或者暂停生产、经营。

第六十一条 有下列情形之一的，由负责药品监督管理的部门没收违法所得、违法生产经营的化妆品，并可以没收专门用于违法生产经营的原料、包装材料、工具、设备等物品；违法生产经营的化妆品货值金额不足1万元的，并处1万元以上3万元以下罚款；货值金额1万元以上的，并处货值金额3倍以上10倍以下罚款；情节严重的，责令停产停业、由备案部门取消备案或者由原发证部门吊销化妆品许可证件，对违法单位的法定代表人或者主要负责人、直接负责的主管人员和其他直接责任人员处以其上一年度从本单位取得收入的1倍以上2倍以下罚款，5年内禁止其从事化妆品生产经营活动：

（一）上市销售、经营或者进口未备案的普通化妆品；

（二）未依照本条例规定设质量安全负责人；

（三）化妆品注册人、备案人未对受托生产企业的生产活动进行监督；

（四）未依照本条例规定建立并执行从业人员健康管理制度；

（五）生产经营标签不符合本条例规定的化妆品。

生产经营的化妆品的标签存在瑕疵但不影响质量安全且不会对消费者造成误导的，由负责药品监督管理的部门责令改正；拒不改正的，处2000元以下罚款。

第六十二条 有下列情形之一的，由负责药品监督管理的部门责令改正，给予警告，并处1万元以上3万元以下罚款；情节严重的，责令停产停业，并处3万元以上5万元以下罚款，对违法单位的法定代表人或者主要负责人、直接负责的主管人员和其他直接责任人员处1万元以上3万元以下罚款：

（一）未依照本条例规定公布化妆品功效宣称依据的摘要；

（二）未依照本条例规定建立并执行进货查验记录制度、产品销售记录制度；

（三）未依照本条例规定对化妆品生产质量管理规范的执行情况进行自查；

（四）未依照本条例规定贮存、运输化妆品；

（五）未依照本条例规定监测、报告化妆品不良反应，或者对化妆品不良反应监测机构、负责药品监督管理的部门开展的化妆品不良反应调查不予配合。

进口商未依照本条例规定记录、保存进口化妆品信息的，由出入境检验检疫机构依照前款规定给予处罚。

第六十三条 化妆品新原料注册人、备案人未依照本条例规定报告化妆品新原料使用和安全情况的，由国务院药品监督管理部门责令改正，处5万元以上20万元以下罚款；情节严重的，吊销化妆品新原料注册证或者取消化妆品新原料备案，并处20万元以上50万元以下罚款。

第六十四条 在申请化妆品行政许可时提供虚假资料或者采取其他欺骗手段的，不予行政许可，已经取得行政许可的，由作出行政许可决定的部门撤销行政许可，5年内不受理其提出的化妆品相关许可申请，没收违法所得和已经生产、进口的化妆品；已经生产、进口的化妆品货值金额不足1万元的，并处5万元以上15万元以下罚款；货值金额1万元以上的，并处货值金额15倍以上30倍以下罚款；对违法单位的法定代表人或者主要负责人、直接负责的主管人员和其他直接责任人员处以其上一年度从本单位取得收入的3倍以上5倍以下罚款，终身禁止其从事化妆品生产经营活动。

伪造、变造、出租、出借或者转让化妆品许可证件的，由负责药品监督管理的部门或者原发证部门予以收缴或者吊销，没收违法所得；违法所得不足1万元的，并处5万元以上10万元以下罚款；违法所得1万元以上的，并处违法所得10倍以上20倍以下罚款；构成违反治安管理行为的，由公安机关依法给予治安管理处罚；构成犯罪的，依法追究刑事责任。

第六十五条 备案时提供虚假资料的，由备案部门取消备案，3年内不予办理其提出的该项备案，没收违法所得和已经生产、进口的化妆品；已经生产、进口的化妆品货值金额不足1万元的，并处1万元以上3万元以下罚款；货值金额1万元以上的，并处货值金额3倍以上10倍以下罚款；情节严重的，责令停产停业直至由原发证部门吊销化妆品生产许可证，对违法单位的法定代表人或者主要负责人、直接负责的主管人员和其他直接责任人员处以其上一年度从本单位取得收入的1倍以上2倍以下罚款，5年内禁止其从事化妆品生产经营活动。

已经备案的资料不符合要求的，由备案部门责令限期改正，其中，与化妆品、化妆品新原料安全性有关的备案资料不符合要求的，备案部门可以同时责令暂停销售、使用；逾期不改正的，由备案部门取消备案。

备案部门取消备案后，仍然使用该化妆品新原料生产化妆品或者仍然上市销售、进口该普通化妆品的，分别依照本条例第六十条、第六十一条的规定给予处罚。

第六十六条 化妆品集中交易市场开办者、展销会举办者未依照本条例规定履行审查、检查、制止、报告等管理义务的，由负责药品监督管理的部门处2万元以上10万元以下罚款；情节严重的，责令停业，并处10万元以上50万元以下罚款。

第六十七条 电子商务平台经营者未依照本条例规定履行实名登记、制止、报告、停止提供电子商务平台服务等管理义务的，由省、自治区、直辖市人民政府药品监督管理部门依照《中华人民共和国电子商务法》的规定给予处罚。

第六十八条 化妆品经营者履行了本条例规定的进货查验记录等义务，有证据证明其不知道所采购的化妆品是不符合强制性国家标准、技术规范或者不符合化妆品注册、备案资料载明的技术要求的，收缴其经营的不符合强制性国家标准、技术规范或者不符合化妆品注册、备案资料载明的技术要求的化妆品，可以免除行政处罚。

第六十九条 化妆品广告违反本条例规定的，依照《中华人民共和国广告法》的规定给予处罚；采用其他方式对化妆品作虚假或者引人误解的宣传的，依照有关法律的规定给予处罚；构成犯罪的，依法追究刑事责任。

第七十条 境外化妆品注册人、备案人指定的在我国境内的企业法人未协助开展化妆品不良反应监测、实施产品召回的，由省、自治区、直辖市人民政府药品监督管理部门责令改正，给予警告，并处2万元以上10万元以下罚款；情节严重的，处10万元以上50万元以下罚款，5年内禁止其法定代表人或者主要负责人、直接负责的主管人员和其他直接责任人员从事化妆品生产经营活动。

境外化妆品注册人、备案人拒不履行依据本条例作出的行政处罚决定的，10年内禁止其化妆品进口。

第七十一条 化妆品检验机构出具虚假检验报告的，由认证认可监督管理部门吊销检验机构资质证书，10年内不受理其资质认定申请，没收所收取的检验费用，并处5万元以上10万元以下罚款；对其法定代表人或者主要负责人、直接负责的主管人员和其他直接责任人员处以其上一年度从本单位取得收入的1倍以上3倍以下罚款，依法给予或者责令给予降低岗位等级、撤职或者开除的处分，受到开除处分的，10年内禁止其从事化妆品检验工作；构成犯罪的，依法追究刑事责任。

第七十二条 化妆品技术审评机构、化妆品不良反应监测机构和负责化妆品安全风险监测的机构未依照本条例规定履行职责，致使技术审评、不良反应监测、安全风险监测工作出现重大失误的，由负责药品监督管理的部门责令改正，给予警告，通报批评；造成严重后果的，对其法定代表人或者主要负责人、直接负责的主管人员和其他直接责任人员，依法给予或者责令给予降低岗位等级、撤职或者开除的处分。

第七十三条 化妆品生产经营者、检验机构招用、聘用不得从事化妆品生产经营活动的人员或者不得从事化妆品检验工作的人员从事化妆品生产经营或者检验的，由负责药品监督管理的部门或者其他有关部门责令改正，给予警告；拒不改正的，责令停产停业直至吊销化妆品许可证件、检验机构资质证书。

第七十四条 有下列情形之一，构成违反治安管理行为的，由公安机关依法给予治安管理处罚；构成犯罪的，依法追究刑事责任：

（一）阻碍负责药品监督管理的部门工作人员依法执行职务；

（二）伪造、销毁、隐匿证据或者隐藏、转移、变卖、损毁依法查封、扣押的物品。

第七十五条　负责药品监督管理的部门工作人员违反本条例规定，滥用职权、玩忽职守、徇私舞弊的，依法给予警告、记过或者记大过的处分；造成严重后果的，依法给予降级、撤职或者开除的处分；构成犯罪的，依法追究刑事责任。

第七十六条　违反本条例规定，造成人身、财产或者其他损害的，依法承担赔偿责任。

第六章　附　则

第七十七条　牙膏参照本条例有关普通化妆品的规定进行管理。牙膏备案人按照国家标准、行业标准进行功效评价后，可以宣称牙膏具有防龋、抑牙菌斑、抗牙本质敏感、减轻牙龈问题等功效。牙膏的具体管理办法由国务院药品监督管理部门拟订，报国务院市场监督管理部门审核、发布。

香皂不适用本条例，但是宣称具有特殊化妆品功效的适用本条例。

第七十八条　对本条例施行前已经注册的用于育发、脱毛、美乳、健美、除臭的化妆品自本条例施行之日起设置5年的过渡期，过渡期内可以继续生产、进口、销售，过渡期满后不得生产、进口、销售该化妆品。

第七十九条　本条例所称技术规范，是指尚未制定强制性国家标准、国务院药品监督管理部门结合监督管理工作需要制定的化妆品质量安全补充技术要求。

第八十条　本条例自2021年1月1日起施行。《化妆品卫生监督条例》同时废止。

第二篇　部门规章

化妆品注册备案管理办法

（2021 年 1 月 7 日国家市场监督管理总局令第 35 号公布，自 2021 年 5 月 1 日起施行）

第一章　总　则

第一条　为了规范化妆品注册和备案行为，保证化妆品质量安全，根据《化妆品监督管理条例》，制定本办法。

第二条　在中华人民共和国境内从事化妆品和化妆品新原料注册、备案及其监督管理活动，适用本办法。

第三条　化妆品、化妆品新原料注册，是指注册申请人依照法定程序和要求提出注册申请，药品监督管理部门对申请注册的化妆品、化妆品新原料的安全性和质量可控性进行审查，决定是否同意其申请的活动。

化妆品、化妆品新原料备案，是指备案人依照法定程序和要求，提交表明化妆品、化妆品新原料安全性和质量可控性的资料，药品监督管理部门对提交的资料存档备查的活动。

第四条　国家对特殊化妆品和风险程度较高的化妆品新原料实行注册管理，对普通化妆品和其他化妆品新原料实行备案管理。

第五条　国家药品监督管理局负责特殊化妆品、进口普通化妆品、化妆品新原料的注册和备案管理，并指导监督省、自治区、直辖市药品监督管理部门承担的化妆品备案相关工作。国家药品监督管理局可以委托具备相应能力的省、自治区、直辖市药品监督管理部门实施进口普通化妆品备案管理工作。

国家药品监督管理局化妆品技术审评机构（以下简称技术审评机构）负责特殊化妆品、化妆品新原料注册的技术审评工作，进口普通化妆品、化妆品新原料备案后的资料技术核查工作，以及化妆品新原料使用和安全情况报告的评估工作。

国家药品监督管理局行政事项受理服务机构（以下简称受理机构）、审核查验机构、不良反应监测机构、信息管理机构等专业技术机构，承担化妆品注册和备案管理所需的注册受理、现场核查、不良反应监测、信息化建设与管理等工作。

第六条　省、自治区、直辖市药品监督管理部门负责本行政区域内国产普通化妆品备案管理工作，在委托范围内以国家药品监督管理局的名义实施进口普通化妆品备案管理工作，并协助开展特殊化妆品注册现场核查等工作。

第七条　化妆品、化妆品新原料注册人、备案人依法履行产品注册、备案义务，对化妆品、化妆品新原料的质量安全负责。

化妆品、化妆品新原料注册人、备案人申请注册或者进行备案时，应当遵守有关法律、行政法规、强制性国家标准和技术规范的要求，对所提交资料的真实性和科学性负责。

第八条　注册人、备案人在境外的，应当指定我国境内的企业法人作为境内责任人。境内责任人应当履行以下义务：

（一）以注册人、备案人的名义，办理化妆品、化妆品新原料注册、备案；

（二）协助注册人、备案人开展化妆品不良反应监测、化妆品新原料安全监测与报告工作；

（三）协助注册人、备案人实施化妆品、化妆品新原料召回工作；

（四）按照与注册人、备案人的协议，对投放境内市场的化妆品、化妆品新原料承担相应的质量安全责任；

（五）配合药品监督管理部门的监督检查工作。

第九条　药品监督管理部门应当自化妆品、化妆品新原料准予注册、完成备案之日起5个工作日内，向社会公布化妆品、化妆品新原料注册和备案管理有关信息，供社会公众查询。

第十条　国家药品监督管理局加强信息化建设，为注册人、备案人提供便利化服务。

化妆品、化妆品新原料注册人、备案人按照规定通过化妆品、化妆品新原料注册备案信息服务平台（以下简称信息服务平台）申请注册、进行备案。

国家药品监督管理局制定已使用的化妆品原料目录，及时更新并向社会公开，方便企业查询。

第十一条　药品监督管理部门可以建立专家咨询机制，就技术审评、现场核查、监督检查等过程中的重要问题听取专家意见，发挥专家的技术支撑作用。

第二章　化妆品新原料注册和备案管理

第一节　化妆品新原料注册和备案

第十二条　在我国境内首次使用于化妆品的天然或者人工原料为化妆品新原料。

调整已使用的化妆品原料的使用目的、安全使用量等的，应当按照新原料注册、备案要求申请注册、进行备案。

第十三条　申请注册具有防腐、防晒、着色、染发、祛斑美白功能的化妆品新原料，应当按照国家药品监督管理局要求提交申请资料。受理机构应当自收到申请之日起5个工作日内完成对申请资料的形式审查，并根据下列情况分别作出处理：

（一）申请事项依法不需要取得注册的，作出不予受理的决定，出具不予受理通知书；

（二）申请事项依法不属于国家药品监督管理局职权范围的，应当作出不予受理的决定，出具不予受理通知书，并告知申请人向有关行政机关申请；

（三）申请资料不齐全或者不符合规定形式的，出具补正通知书，一次告知申请人需要补正的全部内容，逾期未告知的，自收到申请资料之日起即为受理；

（四）申请资料齐全、符合规定形式要求的，或者申请人按照要求提交全部补正材料的，应当受理注册申请并出具受理通知书。

受理机构应当自受理注册申请后 3 个工作日内，将申请资料转交技术审评机构。

第十四条 技术审评机构应当自收到申请资料之日起 90 个工作日内，按照技术审评的要求组织开展技术审评，并根据下列情况分别作出处理：

（一）申请资料真实完整，能够证明原料安全性和质量可控性，符合法律、行政法规、强制性国家标准和技术规范要求的，技术审评机构应当作出技术审评通过的审评结论；

（二）申请资料不真实，不能证明原料安全性、质量可控性，不符合法律、行政法规、强制性国家标准和技术规范要求的，技术审评机构应当作出技术审评不通过的审评结论；

（三）需要申请人补充资料的，应当一次告知需要补充的全部内容；申请人应当在 90 个工作日内按照要求一次提供补充资料，技术审评机构收到补充资料后审评时限重新计算；未在规定时限内补充资料的，技术审评机构应当作出技术审评不通过的审评结论。

第十五条 技术审评结论为审评不通过的，技术审评机构应当告知申请人并说明理由。申请人有异议的，可以自收到技术审评结论之日起 20 个工作日内申请复核。复核的内容仅限于原申请事项以及申请资料。

技术审评机构应当自收到复核申请之日起 30 个工作日内作出复核结论。

第十六条 国家药品监督管理局应当自收到技术审评结论之日起 20 个工作日内，对技术审评程序和结论的合法性、规范性以及完整性进行审查，并作出是否准予注册的决定。

受理机构应当自国家药品监督管理局作出行政审批决定之日起 10 个工作日内，向申请人发出化妆品新原料注册证或者不予注册决定书。

第十七条 技术审评机构作出技术审评结论前，申请人可以提出撤回注册申请。技术审评过程中，发现涉嫌提供虚假资料或者化妆品新原料存在安全性问题的，技术审评机构应当依法处理，申请人不得撤回注册申请。

第十八条 化妆品新原料备案人按照国家药品监督管理局的要求提交资料后即完成备案。

第二节 安全监测与报告

第十九条 已经取得注册、完成备案的化妆品新原料实行安全监测制度。安全监测的期限为 3 年，自首次使用化妆品新原料的化妆品取得注册或者完成备案之日起算。

第二十条 安全监测的期限内，化妆品新原料注册人、备案人可以使用该化妆品新原料生产化妆品。

化妆品注册人、备案人使用化妆品新原料生产化妆品的，相关化妆品申请注册、办理备案时应当通过信息服务平台经化妆品新原料注册人、备案人关联确认。

第二十一条 化妆品新原料注册人、备案人应当建立化妆品新原料上市后的安全风险监测和评价体系，对化妆品新原料的安全性进行追踪研究，对化妆品新原料的使用和安全情况进行持续监测和评价。

化妆品新原料注册人、备案人应当在化妆品新原料安全监测每满一年前 30 个工作日内，汇总、分析化妆品新原料使用和安全情况，形成年度报告报送国家药品监督管理局。

第二十二条 发现下列情况的，化妆品新原料注册人、备案人应当立即开展研究，并向技术审评机构报告：

（一）其他国家（地区）发现疑似因使用同类原料引起严重化妆品不良反应或者群体不良反应事件的；

（二）其他国家（地区）化妆品法律、法规、标准对同类原料提高使用标准、增加使用限制或者禁止使用的；

（三）其他与化妆品新原料安全有关的情况。

有证据表明化妆品新原料存在安全问题的，化妆品新原料注册人、备案人应当立即采取措施控制风险，并向技术审评机构报告。

第二十三条 使用化妆品新原料生产化妆品的化妆品注册人、备案人，应当及时向化妆品新原料注册人、备案人反馈化妆品新原料的使用和安全情况。

出现可能与化妆品新原料相关的化妆品不良反应或者安全问题时，化妆品注册人、备案人应当立即采取措施控制风险，通知化妆品新原料注册人、备案人，并按照规定向所在地省、自治区、直辖市药品监督管理部门报告。

第二十四条 省、自治区、直辖市药品监督管理部门收到使用了化妆品新原料的化妆品不良反应或者安全问题报告后，应当组织开展研判分析，认为化妆品新原料可能存在造成人体伤害或者危害人体健康等安全风险的，应当按照有关规定采取措施控制风险，并立即反馈技术审评机构。

第二十五条 技术审评机构收到省、自治区、直辖市药品监督管理部门或者化妆品新原料注册人、备案人的反馈或者报告后，应当结合不良反应监测机构的化妆品年度不良反应统计分析结果进行评估，认为通过调整化妆品新原料技术要求能够消除安全风险的，可以提出调整意见并报告国家药品监督管理局；认为存在安全性问题的，应当报请国家药品监督管理局撤销注册或者取消备案。国家药品监督管理局应当及时作出决定。

第二十六条 化妆品新原料安全监测期满 3 年后，技术审评机构应当向国家药品监督管理局提出化妆品新原料是否符合安全性要求的意见。

对存在安全问题的化妆品新原料，由国家药品监督管理局撤销注册或者取消备案；

未发生安全问题的，由国家药品监督管理局纳入已使用的化妆品原料目录。

第二十七条 安全监测期内化妆品新原料被责令暂停使用的，化妆品注册人、备案人应当同时暂停生产、经营使用该化妆品新原料的化妆品。

第三章 化妆品注册和备案管理

第一节 一般要求

第二十八条 化妆品注册申请人、备案人应当具备下列条件：

（一）是依法设立的企业或者其他组织；

（二）有与申请注册、进行备案化妆品相适应的质量管理体系；

（三）有不良反应监测与评价的能力。

注册申请人首次申请特殊化妆品注册或者备案人首次进行普通化妆品备案的，应当提交其符合前款规定要求的证明资料。

第二十九条 化妆品注册人、备案人应当依照法律、行政法规、强制性国家标准、技术规范和注册备案管理等规定，开展化妆品研制、安全评估、注册备案检验等工作，并按照化妆品注册备案资料规范要求提交注册备案资料。

第三十条 化妆品注册人、备案人应当选择符合法律、行政法规、强制性国家标准和技术规范要求的原料用于化妆品生产，对其使用的化妆品原料安全性负责。化妆品注册人、备案人申请注册、进行备案时，应当通过信息服务平台明确原料来源和原料安全相关信息。

第三十一条 化妆品注册人、备案人委托生产化妆品的，国产化妆品应当在申请注册或者进行备案时，经化妆品生产企业通过信息服务平台关联确认委托生产关系；进口化妆品由化妆品注册人、备案人提交存在委托关系的相关材料。

第三十二条 化妆品注册人、备案人应当明确产品执行的标准，并在申请注册或者进行备案时提交药品监督管理部门。

第三十三条 化妆品注册申请人、备案人应当委托取得资质认定、满足化妆品注册和备案检验工作需要的检验机构，按照强制性国家标准、技术规范和注册备案检验规定的要求进行检验。

第二节 备案管理

第三十四条 普通化妆品上市或者进口前，备案人按照国家药品监督管理局的要求通过信息服务平台提交备案资料后即完成备案。

第三十五条 已经备案的进口普通化妆品拟在境内责任人所在省、自治区、直辖市行政区域以外的口岸进口的，应当通过信息服务平台补充填报进口口岸以及办理通关手续的联系人信息。

第三十六条 已经备案的普通化妆品，无正当理由不得随意改变产品名称；没有充分的科学依据，不得随意改变功效宣称。

已经备案的普通化妆品不得随意改变产品配方，但因原料来源改变等原因导致产品配方发生微小变化的情况除外。

备案人、境内责任人地址变化导致备案管理部门改变的，备案人应当重新进行备案。

第三十七条　普通化妆品的备案人应当每年向承担备案管理工作的药品监督管理部门报告生产、进口情况，以及符合法律法规、强制性国家标准、技术规范的情况。

已经备案的产品不再生产或者进口的，备案人应当及时报告承担备案管理工作的药品监督管理部门取消备案。

第三节　注册管理

第三十八条　特殊化妆品生产或者进口前，注册申请人应当按照国家药品监督管理局的要求提交申请资料。

特殊化妆品注册程序和时限未作规定的，适用本办法关于化妆品新原料注册的规定。

第三十九条　技术审评机构应当自收到申请资料之日起90个工作日内，按照技术审评的要求组织开展技术审评，并根据下列情况分别作出处理：

（一）申请资料真实完整，能够证明产品安全性和质量可控性、产品配方和产品执行的标准合理，且符合现行法律、行政法规、强制性国家标准和技术规范要求的，作出技术审评通过的审评结论；

（二）申请资料不真实，不能证明产品安全性和质量可控性、产品配方和产品执行的标准不合理，或者不符合现行法律、行政法规、强制性国家标准和技术规范要求的，作出技术审评不通过的审评结论；

（三）需要申请人补充资料的，应当一次告知需要补充的全部内容；申请人应当在90个工作日内按照要求一次提供补充资料，技术审评机构收到补充资料后审评时限重新计算；未在规定时限内补充资料的，技术审评机构应当作出技术审评不通过的审评结论。

第四十条　国家药品监督管理局应当自收到技术审评结论之日起20个工作日内，对技术审评程序和结论的合法性、规范性以及完整性进行审查，并作出是否准予注册的决定。

受理机构应当自国家药品监督管理局作出行政审批决定之日起10个工作日内，向申请人发出化妆品注册证或者不予注册决定书。化妆品注册证有效期5年。

第四十一条　已经注册的特殊化妆品的注册事项发生变化的，国家药品监督管理局根据变化事项对产品安全、功效的影响程度实施分类管理：

（一）不涉及安全性、功效宣称的事项发生变化的，注册人应当及时向国家药品监督管理局备案；

（二）涉及安全性的事项发生变化的，以及生产工艺、功效宣称等方面发生实质性变化的，注册人应当向国家药品监督管理局提出产品注册变更申请；

（三）产品名称、配方等发生变化，实质上构成新的产品的，注册人应当重新申请注册。

第四十二条 已经注册的产品不再生产或者进口的，注册人应当主动申请注销注册证。

第四节 注册证延续

第四十三条 特殊化妆品注册证有效期届满需要延续的，注册人应当在产品注册证有效期届满前 90 个工作日至 30 个工作日期间提出延续注册申请，并承诺符合强制性国家标准、技术规范的要求。注册人应当对提交资料和作出承诺的真实性、合法性负责。

逾期未提出延续注册申请的，不再受理其延续注册申请。

第四十四条 受理机构应当在收到延续注册申请后 5 个工作日内对申请资料进行形式审查，符合要求的予以受理，并自受理之日起 10 个工作日内向申请人发出新的注册证。注册证有效期自原注册证有效期届满之日的次日起重新计算。

第四十五条 药品监督管理部门应当对已延续注册的特殊化妆品的申报资料和承诺进行监督，经监督检查或者技术审评发现存在不符合强制性国家标准、技术规范情形的，应当依法撤销特殊化妆品注册证。

第四章 监督管理

第四十六条 药品监督管理部门依照法律法规规定，对注册人、备案人的注册、备案相关活动进行监督检查，必要时可以对注册、备案活动涉及的单位进行延伸检查，有关单位和个人应当予以配合，不得拒绝检查和隐瞒有关情况。

第四十七条 技术审评机构在注册技术审评过程中，可以根据需要通知审核查验机构开展现场核查。境内现场核查应当在 45 个工作日内完成，境外现场核查应当按照境外核查相关规定执行。现场核查所用时间不计算在审评时限之内。

注册申请人应当配合现场核查工作，需要抽样检验的，应当按照要求提供样品。

第四十八条 特殊化妆品取得注册证后，注册人应当在产品投放市场前，将上市销售的产品标签图片上传至信息服务平台，供社会公众查询。

第四十九条 化妆品注册证不得转让。因企业合并、分立等法定事由导致原注册人主体资格注销，将注册人变更为新设立的企业或者其他组织的，应当按照本办法的规定申请变更注册。

变更后的注册人应当符合本办法关于注册人的规定，并对已经上市的产品承担质量安全责任。

第五十条 根据科学研究的发展，对化妆品、化妆品原料的安全性认识发生改变的，或者有证据表明化妆品、化妆品原料可能存在缺陷的，承担注册、备案管理工作的药品监督管理部门可以责令化妆品、化妆品新原料注册人、备案人开展安全再评估，或者直接组织相关原料企业和化妆品企业开展安全再评估。

再评估结果表明化妆品、化妆品原料不能保证安全的，由原注册部门撤销注册、备案部门取消备案，由国务院药品监督管理部门将该化妆品原料纳入禁止用于化妆品生产的原料目录，并向社会公布。

第五十一条　根据科学研究的发展、化妆品安全风险监测和评价等，发现化妆品原料存在安全风险，能够通过设定原料的使用范围和条件消除安全风险的，应当在已使用的化妆品原料目录中明确原料限制使用的范围和条件。

第五十二条　承担注册、备案管理工作的药品监督管理部门通过注册、备案信息无法与注册人、备案人或者境内责任人取得联系的，可以在信息服务平台将注册人、备案人、境内责任人列为重点监管对象，并通过信息服务平台予以公告。

第五十三条　药品监督管理部门根据备案人、境内责任人、化妆品生产企业的质量管理体系运行、备案后监督、产品上市后的监督检查情况等，实施风险分类分级管理。

第五十四条　药品监督管理部门、技术审评、现场核查、检验机构及其工作人员应当严格遵守法律、法规、规章和国家药品监督管理局的相关规定，保证相关工作科学、客观和公正。

第五十五条　未经注册人、备案人同意，药品监督管理部门、专业技术机构及其工作人员、参与审评的人员不得披露注册人、备案人提交的商业秘密、未披露信息或者保密商务信息，法律另有规定或者涉及国家安全、重大社会公共利益的除外。

第五章　法律责任

第五十六条　化妆品、化妆品新原料注册人未按照本办法规定申请特殊化妆品、化妆品新原料变更注册的，由原发证的药品监督管理部门责令改正，给予警告，处1万元以上3万元以下罚款。

化妆品、化妆品新原料备案人未按照本办法规定更新普通化妆品、化妆品新原料备案信息的，由承担备案管理工作的药品监督管理部门责令改正，给予警告，处5000元以上3万元以下罚款。

化妆品、化妆品新原料注册人未按照本办法的规定重新注册的，依照化妆品监督管理条例第五十九条的规定给予处罚；化妆品、化妆品新原料备案人未按照本办法的规定重新备案的，依照化妆品监督管理条例第六十一条第一款的规定给予处罚。

第五十七条　化妆品新原料注册人、备案人违反本办法第二十一条规定的，由省、自治区、直辖市药品监督管理部门责令改正；拒不改正的，处5000元以上3万元以下罚款。

第五十八条　承担备案管理工作的药品监督管理部门发现已备案化妆品、化妆品新原料的备案资料不符合要求的，应当责令限期改正，其中，与化妆品、化妆品新原料安全性有关的备案资料不符合要求的，可以同时责令暂停销售、使用。

已进行备案但备案信息尚未向社会公布的化妆品、化妆品新原料，承担备案管理工作的药品监督管理部门发现备案资料不符合要求的，可以责令备案人改正并在符合要求后向社会公布备案信息。

第五十九条 备案人存在以下情形的，承担备案管理工作的药品监督管理部门应当取消化妆品、化妆品新原料备案：

（一）备案时提交虚假资料的；

（二）已经备案的资料不符合要求，未按要求在规定期限内改正的，或者未按要求暂停化妆品、化妆品新原料销售、使用的；

（三）不属于化妆品新原料或者化妆品备案范围的。

第六章 附则

第六十条 注册受理通知、技术审评意见告知、注册证书发放和备案信息发布、注册复核、化妆品新原料使用情况报告提交等所涉及时限以通过信息服务平台提交或者发出的时间为准。

第六十一条 化妆品最后一道接触内容物的工序在境内完成的为国产产品，在境外完成的为进口产品，在中国台湾、香港和澳门地区完成的参照进口产品管理。

以一个产品名称申请注册或者进行备案的配合使用产品或者组合包装产品，任何一剂的最后一道接触内容物的工序在境外完成的，按照进口产品管理。

第六十二条 化妆品、化妆品新原料取得注册或者进行备案后，按照下列规则进行编号。

（一）化妆品新原料备案编号规则：国妆原备字 + 四位年份数 + 本年度备案化妆品新原料顺序数。

（二）化妆品新原料注册编号规则：国妆原注字 + 四位年份数 + 本年度注册化妆品新原料顺序数。

（三）普通化妆品备案编号规则：

国产产品：省、自治区、直辖市简称 +G 妆网备字 + 四位年份数 + 本年度行政区域内备案产品顺序数；

进口产品：国妆网备进字（境内责任人所在省、自治区、直辖市简称）+ 四位年份数 + 本年度全国备案产品顺序数；

中国台湾、香港、澳门产品：国妆网备制字（境内责任人所在省、自治区、直辖市简称）+ 四位年份数 + 本年度全国备案产品顺序数。

（四）特殊化妆品注册编号规则：

国产产品：国妆特字 + 四位年份数 + 本年度注册产品顺序数；

进口产品：国妆特进字 + 四位年份数 + 本年度注册产品顺序数；

中国台湾、香港、澳门产品：国妆特制字 + 四位年份数 + 本年度注册产品顺序数。

第六十三条 本办法自 2021 年 5 月 1 日起施行。

化妆品生产经营监督管理办法

（2021 年 8 月 2 日国家市场监督管理总局令第 46 号公布，自 2022 年 1 月 1 日起施行）

第一章　总　则

第一条　为了规范化妆品生产经营活动，加强化妆品监督管理，保证化妆品质量安全，根据《化妆品监督管理条例》，制定本办法。

第二条　在中华人民共和国境内从事化妆品生产经营活动及其监督管理，应当遵守本办法。

第三条　国家药品监督管理局负责全国化妆品监督管理工作。

县级以上地方人民政府负责药品监督管理的部门负责本行政区域的化妆品监督管理工作。

第四条　化妆品注册人、备案人应当依法建立化妆品生产质量管理体系，履行产品不良反应监测、风险控制、产品召回等义务，对化妆品的质量安全和功效宣称负责。化妆品生产经营者应当依照法律、法规、规章、强制性国家标准、技术规范从事生产经营活动，加强管理，诚信自律，保证化妆品质量安全。

第五条　国家对化妆品生产实行许可管理。从事化妆品生产活动，应当依法取得化妆品生产许可证。

第六条　化妆品生产经营者应当依法建立进货查验记录、产品销售记录等制度，确保产品可追溯。

鼓励化妆品生产经营者采用信息化手段采集、保存生产经营信息，建立化妆品质量安全追溯体系。

第七条　国家药品监督管理局加强信息化建设，为公众查询化妆品信息提供便利化服务。

负责药品监督管理的部门应当依法及时公布化妆品生产许可、监督检查、行政处罚等监督管理信息。

第八条　负责药品监督管理的部门应当充分发挥行业协会、消费者协会和其他消费者组织、新闻媒体等的作用，推进诚信体系建设，促进化妆品安全社会共治。

第二章　生产许可

第九条　申请化妆品生产许可，应当符合下列条件：

（一）是依法设立的企业；

（二）有与生产的化妆品品种、数量和生产许可项目等相适应的生产场地，且与有毒、有害场所以及其他污染源保持规定的距离；

（三）有与生产的化妆品品种、数量和生产许可项目等相适应的生产设施设备且布局合理，空气净化、水处理等设施设备符合规定要求；

（四）有与生产的化妆品品种、数量和生产许可项目等相适应的技术人员；

（五）有与生产的化妆品品种、数量相适应，能对生产的化妆品进行检验的检验人员和检验设备；

（六）有保证化妆品质量安全的管理制度。

第十条 化妆品生产许可申请人应当向所在地省、自治区、直辖市药品监督管理部门提出申请，提交其符合本办法第九条规定条件的证明资料，并对资料的真实性负责。

第十一条 省、自治区、直辖市药品监督管理部门对申请人提出的化妆品生产许可申请，应当根据下列情况分别作出处理：

（一）申请事项依法不需要取得许可的，应当作出不予受理的决定，出具不予受理通知书；

（二）申请事项依法不属于药品监督管理部门职权范围的，应当作出不予受理的决定，出具不予受理通知书，并告知申请人向有关行政机关申请；

（三）申请资料存在可以当场更正的错误的，应当允许申请人当场更正，由申请人在更正处签名或者盖章，注明更正日期；

（四）申请资料不齐全或者不符合法定形式的，应当当场或者在5个工作日内一次告知申请人需要补正的全部内容以及提交补正资料的时限。逾期不告知的，自收到申请资料之日起即为受理；

（五）申请资料齐全、符合法定形式，或者申请人按照要求提交全部补正资料的，应当受理化妆品生产许可申请。

省、自治区、直辖市药品监督管理部门受理或者不予受理化妆品生产许可申请的，应当出具受理或者不予受理通知书。决定不予受理的，应当说明不予受理的理由，并告知申请人依法享有申请行政复议或者提起行政诉讼的权利。

第十二条 省、自治区、直辖市药品监督管理部门应当对申请人提交的申请资料进行审核，对申请人的生产场所进行现场核查，并自受理化妆品生产许可申请之日起30个工作日内作出决定。

第十三条 省、自治区、直辖市药品监督管理部门应当根据申请资料审核和现场核查等情况，对符合规定条件的，作出准予许可的决定，并自作出决定之日起5个工作日内向申请人颁发化妆品生产许可证；对不符合规定条件的，及时作出不予许可的书面决定并说明理由，同时告知申请人依法享有申请行政复议或者提起行政诉讼的权利。

化妆品生产许可证发证日期为许可决定作出的日期，有效期为5年。

第十四条 化妆品生产许可证分为正本、副本。正本、副本具有同等法律效力。

国家药品监督管理局负责制定化妆品生产许可证式样。省、自治区、直辖市药品监督管理部门负责化妆品生产许可证的印制、发放等管理工作。

药品监督管理部门制作的化妆品生产许可电子证书与印制的化妆品生产许可证书具有同等法律效力。

第十五条 化妆品生产许可证应当载明许可证编号、生产企业名称、住所、生产地址、统一社会信用代码、法定代表人或者负责人、生产许可项目、有效期、发证机关、发证日期等。

化妆品生产许可证副本还应当载明化妆品生产许可变更情况。

第十六条 化妆品生产许可项目按照化妆品生产工艺、成品状态和用途等，划分为一般液态单元、膏霜乳液单元、粉单元、气雾剂及有机溶剂单元、蜡基单元、牙膏单元、皂基单元、其他单元。国家药品监督管理局可以根据化妆品质量安全监督管理实际需要调整生产许可项目划分单元。

具备儿童护肤类、眼部护肤类化妆品生产条件的，应当在生产许可项目中特别标注。

第十七条 化妆品生产许可证有效期内，申请人的许可条件发生变化，或者需要变更许可证载明事项的，应当向原发证的药品监督管理部门申请变更。

第十八条 生产许可项目发生变化，可能影响产品质量安全的生产设施设备发生变化，或者在化妆品生产场地原址新建、改建、扩建车间的，化妆品生产企业应当在投入生产前向原发证的药品监督管理部门申请变更，并依照本办法第十条的规定提交与变更有关的资料。原发证的药品监督管理部门应当进行审核，自受理变更申请之日起30个工作日内作出是否准予变更的决定，并在化妆品生产许可证副本上予以记录。需要现场核查的，依照本办法第十二条的规定办理。

因生产许可项目等的变更需要进行全面现场核查，经省、自治区、直辖市药品监督管理部门现场核查并符合要求的，颁发新的化妆品生产许可证，许可证编号不变，有效期自发证之日起重新计算。

同一个化妆品生产企业在同一个省、自治区、直辖市申请增加化妆品生产地址的，可以依照本办法的规定办理变更手续。

第十九条 生产企业名称、住所、法定代表人或者负责人等发生变化的，化妆品生产企业应当自发生变化之日起30个工作日内向原发证的药品监督管理部门申请变更，并提交与变更有关的资料。原发证的药品监督管理部门应当自受理申请之日起3个工作日内办理变更手续。

质量安全负责人、预留的联系方式等发生变化的，化妆品生产企业应当在变化后10个工作日内向原发证的药品监督管理部门报告。

第二十条 化妆品生产许可证有效期届满需要延续的，申请人应当在生产许可证有效期届满前90个工作日至30个工作日期间向所在地省、自治区、直辖市药品监督管理部门提出延续许可申请，并承诺其符合本办法规定的化妆品生产许可条件。申请人应当对提交资料和作出承诺的真实性、合法性负责。

逾期未提出延续许可申请的，不再受理其延续许可申请。

第二十一条 省、自治区、直辖市药品监督管理部门应当自收到延续许可申请后5个工作日内对申请资料进行形式审查，符合要求的予以受理，并自受理之日起10个工作日内向申请人换发新的化妆品生产许可证。许可证有效期自原许可证有效期届满之日的次日起重新计算。

第二十二条 省、自治区、直辖市药品监督管理部门应当对已延续许可的化妆品生产企业的申报资料和承诺进行监督，发现不符合本办法第九条规定的化妆品生产许可条件的，应当依法撤销化妆品生产许可。

第二十三条 化妆品生产企业有下列情形之一的，原发证的药品监督管理部门应当依法注销其化妆品生产许可证，并在政府网站上予以公布：

（一）企业主动申请注销的；

（二）企业主体资格被依法终止的；

（三）化妆品生产许可证有效期届满未申请延续的；

（四）化妆品生产许可依法被撤回、撤销或者化妆品生产许可证依法被吊销的；

（五）法律法规规定应当注销化妆品生产许可的其他情形。

化妆品生产企业申请注销生产许可时，原发证的药品监督管理部门发现注销可能影响案件查处的，可以暂停办理注销手续。

第三章 化妆品生产

第二十四条 国家药品监督管理局制定化妆品生产质量管理规范，明确质量管理机构与人员、质量保证与控制、厂房设施与设备管理、物料与产品管理、生产过程管理、产品销售管理等要求。

化妆品注册人、备案人、受托生产企业应当按照化妆品生产质量管理规范的要求组织生产化妆品，建立化妆品生产质量管理体系并保证持续有效运行。生产车间等场所不得贮存、生产对化妆品质量有不利影响的产品。

第二十五条 化妆品注册人、备案人、受托生产企业应当建立并执行供应商遴选、原料验收、生产过程及质量控制、设备管理、产品检验及留样等保证化妆品质量安全的管理制度。

第二十六条 化妆品注册人、备案人委托生产化妆品的，应当委托取得相应化妆品生产许可的生产企业生产，并对其生产活动全过程进行监督，对委托生产的化妆品的质量安全负责。受托生产企业应当具备相应的生产条件，并依照法律、法规、强制性国家标准、技术规范和合同约定组织生产，对生产活动负责，接受委托方的监督。

第二十七条 化妆品注册人、备案人、受托生产企业应当建立化妆品质量安全责任制，落实化妆品质量安全主体责任。

化妆品注册人、备案人、受托生产企业的法定代表人、主要负责人对化妆品质量安全工作全面负责。

第二十八条 质量安全负责人按照化妆品质量安全责任制的要求协助化妆品注册人、备案人、受托生产企业法定代表人、主要负责人承担下列相应的产品质量安全管理和产品放行职责：

（一）建立并组织实施本企业质量管理体系，落实质量安全管理责任；

（二）产品配方、生产工艺、物料供应商等的审核管理；

（三）物料放行管理和产品放行；

（四）化妆品不良反应监测管理；

（五）受托生产企业生产活动的监督管理。

质量安全负责人应当具备化妆品、化学、化工、生物、医学、药学、食品、公共卫生或者法学等化妆品质量安全相关专业知识和法律知识，熟悉相关法律、法规、规章、强制性国家标准、技术规范，并具有5年以上化妆品生产或者质量管理经验。

第二十九条 化妆品注册人、备案人、受托生产企业应当建立并执行从业人员健康管理制度，建立从业人员健康档案。健康档案至少保存3年。

直接从事化妆品生产活动的人员应当每年接受健康检查。患有国务院卫生行政主管部门规定的有碍化妆品质量安全疾病的人员不得直接从事化妆品生产活动。

第三十条 化妆品注册人、备案人、受托生产企业应当制定从业人员年度培训计划，开展化妆品法律、法规、规章、强制性国家标准、技术规范等知识培训，并建立培训档案。生产岗位操作人员、检验人员应当具有相应的知识和实际操作技能。

第三十一条 化妆品经出厂检验合格后方可上市销售。

化妆品注册人、备案人应当按照规定对出厂的化妆品留样并记录。留样应当保持原始销售包装且数量满足产品质量检验的要求。留样保存期限不得少于产品使用期限届满后6个月。

委托生产化妆品的，受托生产企业也应当按照前款的规定留样并记录。

第三十二条 化妆品注册人、备案人、受托生产企业应当建立并执行原料以及直接接触化妆品的包装材料进货查验记录制度、产品销售记录制度。进货查验记录和产品销售记录应当真实、完整，保证可追溯，保存期限不得少于产品使用期限期满后1年；产品使用期限不足1年的，记录保存期限不得少于2年。

委托生产化妆品的，原料以及直接接触化妆品的包装材料进货查验等记录可以由受托生产企业保存。

第三十三条 化妆品注册人、备案人、受托生产企业应当每年对化妆品生产质量管理规范的执行情况进行自查。自查报告应当包括发现的问题、产品质量安全评价、整改措施等，保存期限不得少于2年。

经自查发现生产条件发生变化，不再符合化妆品生产质量管理规范要求的，化妆品注册人、备案人、受托生产企业应当立即采取整改措施；发现可能影响化妆品质量安全的，应当立即停止生产，并向所在地省、自治区、直辖市药品监督管理部门报告。影响质量安全的风险因素消除后，方可恢复生产。省、自治区、直辖市药品监督管理部门可以根据实际情况组织现场检查。

第三十四条 化妆品注册人、备案人、受托生产企业连续停产1年以上，重新生产前，应当进行全面自查，确认符合要求后，方可恢复生产。自查和整改情况应当在恢复生产之日起10个工作日内向所在地省、自治区、直辖市药品监督管理部门报告。

第三十五条 化妆品的最小销售单元应当有中文标签。标签内容应当与化妆品注册或者备案资料中产品标签样稿一致。

化妆品的名称、成分、功效等标签标注的事项应当真实、合法，不得含有明示或者暗示具有医疗作用，以及虚假或者引人误解、违背社会公序良俗等违反法律法规的内容。化妆品名称使用商标的，还应当符合国家有关商标管理的法律法规规定。

第三十六条 供儿童使用的化妆品应当符合法律、法规、强制性国家标准、技术规范以及化妆品生产质量管理规范等关于儿童化妆品质量安全的要求，并按照国家药品监督管理局的规定在产品标签上进行标注。

第三十七条 化妆品的标签存在下列情节轻微，不影响产品质量安全且不会对消费者造成误导的情形，可以认定为化妆品监督管理条例第六十一条第二款规定的标签瑕疵：

（一）文字、符号、数字的字号不规范，或者出现多字、漏字、错别字、非规范汉字的；

（二）使用期限、净含量的标注方式和格式不规范等的；

（三）化妆品标签不清晰难以辨认、识读的，或者部分印字脱落或者粘贴不牢的；

（四）化妆品成分名称不规范或者成分未按照配方含量的降序列出的；

（五）其他违反标签管理规定但不影响产品质量安全且不会对消费者造成误导的情形。

第三十八条 化妆品注册人、备案人、受托生产企业应当采取措施避免产品性状、外观形态等与食品、药品等产品相混淆，防止误食、误用。

生产、销售用于未成年人的玩具、用具等，应当依法标明注意事项，并采取措施防止产品被误用为儿童化妆品。

普通化妆品不得宣称特殊化妆品相关功效。

第四章　化妆品经营

第三十九条 化妆品经营者应当建立并执行进货查验记录制度，查验直接供货者的市场主体登记证明、特殊化妆品注册证或者普通化妆品备案信息、化妆品的产品质量检验合格证明并保存相关凭证，如实记录化妆品名称、特殊化妆品注册证编号或者普通化妆品备案编号、使用期限、净含量、购进数量、供货者名称、地址、联系方式、购进日期等内容。

第四十条 实行统一配送的化妆品经营者，可以由经营者总部统一建立并执行进货查验记录制度，按照本办法的规定，统一进行查验记录并保存相关凭证。经营者总部应当保证所属分店能提供所经营化妆品的相关记录和凭证。

第四十一条 美容美发机构、宾馆等在经营服务中使用化妆品或者为消费者提供化妆品的，应当依法履行化妆品监督管理条例以及本办法规定的化妆品经营者义务。

美容美发机构经营中使用的化妆品以及宾馆等为消费者提供的化妆品应当符合最小销售单元标签的规定。

美容美发机构应当在其服务场所内显著位置展示其经营使用的化妆品的销售包装，方便消费者查阅化妆品标签的全部信息，并按照化妆品标签或者说明书的要求，正确使用或者引导消费者正确使用化妆品。

第四十二条 化妆品集中交易市场开办者、展销会举办者应当建立保证化妆品质量安全的管理制度并有效实施，承担入场化妆品经营者管理责任，督促入场化妆品经营者依法履行义务，每年或者展销会期间至少组织开展一次化妆品质量安全知识培训。

化妆品集中交易市场开办者、展销会举办者应当建立入场化妆品经营者档案，审查入场化妆品经营者的市场主体登记证明，如实记录经营者名称或者姓名、联系方式、住所等信息。入场化妆品经营者档案信息应当及时核验更新，保证真实、准确、完整，保存期限不少于经营者在场内停止经营后2年。

化妆品展销会举办者应当在展销会举办前向所在地县级负责药品监督管理的部门报告展销会的时间、地点等基本信息。

第四十三条 化妆品集中交易市场开办者、展销会举办者应当建立化妆品检查制度，对经营者的经营条件以及化妆品质量安全状况进行检查。发现入场化妆品经营者有违反化妆品监督管理条例以及本办法规定行为的，应当及时制止，依照集中交易市场管理规定或者与经营者签订的协议进行处理，并向所在地县级负责药品监督管理的部门报告。

鼓励化妆品集中交易市场开办者、展销会举办者建立化妆品抽样检验、统一销售凭证格式等制度。

第四十四条 电子商务平台内化妆品经营者以及通过自建网站、其他网络服务经营化妆品的电子商务经营者应当在其经营活动主页面全面、真实、准确披露与化妆品注册或者备案资料一致的化妆品标签等信息。

第四十五条 化妆品电子商务平台经营者应当对申请入驻的平台内化妆品经营者进行实名登记，要求其提交身份、地址、联系方式等真实信息，进行核验、登记，建立登记档案，并至少每6个月核验更新一次。化妆品电子商务平台经营者对平台内化妆品经营者身份信息的保存时间自其退出平台之日起不少于3年。

第四十六条 化妆品电子商务平台经营者应当设置化妆品质量管理机构或者配备专兼职管理人员，建立平台内化妆品日常检查、违法行为制止及报告、投诉举报处理等化妆品质量安全管理制度并有效实施，加强对平台内化妆品经营者相关法规知识宣传。鼓励化妆品电子商务平台经营者开展抽样检验。

化妆品电子商务平台经营者应当依法承担平台内化妆品经营者管理责任，对平台内化妆品经营者的经营行为进行日常检查，督促平台内化妆品经营者依法履行化妆品监督管理条例以及本办法规定的义务。发现违法经营化妆品行为的，应当依法或者依据平台服务协议和交易规则采取删除、屏蔽、断开链接等必要措施及时制止，并报告所在地省、自治区、直辖市药品监督管理部门。

第四十七条 化妆品电子商务平台经营者收到化妆品不良反应信息、投诉举报信息的，应当记录并及时转交平台内化妆品经营者处理；涉及产品质量安全的重大信息，应当及时报告所在地省、自治区、直辖市药品监督管理部门。

负责药品监督管理的部门因监督检查、案件调查等工作需要，要求化妆品电子商务平台经营者依法提供相关信息的，化妆品电子商务平台经营者应当予以协助、配合。

第四十八条 化妆品电子商务平台经营者发现有下列严重违法行为的，应当立即停止向平台内化妆品经营者提供电子商务平台服务：

（一）因化妆品质量安全相关犯罪被人民法院判处刑罚的；

（二）因化妆品质量安全违法行为被公安机关拘留或者给予其他治安管理处罚的；

（三）被药品监督管理部门依法作出吊销许可证、责令停产停业等处罚的；

（四）其他严重违法行为。

因涉嫌化妆品质量安全犯罪被立案侦查或者提起公诉，且有证据证明可能危害人体健康的，化妆品电子商务平台经营者可以依法或者依据平台服务协议和交易规则暂停向平台内化妆品经营者提供电子商务平台服务。

化妆品电子商务平台经营者知道或者应当知道平台内化妆品经营者被依法禁止从事化妆品生产经营活动的，不得向其提供电子商务平台服务。

第四十九条 以免费试用、赠予、兑换等形式向消费者提供化妆品的，应当依法履行化妆品监督管理条例以及本办法规定的化妆品经营者义务。

第五章 监督管理

第五十条 负责药品监督管理的部门应当按照风险管理的原则，确定监督检查的重点品种、重点环节、检查方式和检查频次等，加强对化妆品生产经营者的监督检查。

必要时，负责药品监督管理的部门可以对化妆品原料、直接接触化妆品的包装材料的供应商、生产企业开展延伸检查。

第五十一条 国家药品监督管理局根据法律、法规、规章、强制性国家标准、技术规范等有关规定，制定国家化妆品生产质量管理规范检查要点等监督检查要点，明确监督检查的重点项目和一般项目，以及监督检查的判定原则。省、自治区、直辖市药品监督管理部门可以结合实际，细化、补充本行政区域化妆品监督检查要点。

第五十二条 国家药品监督管理局组织开展国家化妆品抽样检验。省、自治区、直辖市药品监督管理部门组织开展本行政区域内的化妆品抽样检验。设区的市级、县级人民政府负责药品监督的部门根据工作需要，可以组织开展本行政区域内的化妆品抽样检验。

对举报反映或者日常监督检查中发现问题较多的化妆品，以及通过不良反应监测、安全风险监测和评价等发现可能存在质量安全问题的化妆品，负责药品监督管理的部门可以进行专项抽样检验。

负责药品监督管理的部门应当按照规定及时公布化妆品抽样检验结果。

第五十三条　化妆品抽样检验结果不合格的，化妆品注册人、备案人应当依照化妆品监督管理条例第四十四条的规定，立即停止生产，召回已经上市销售的化妆品，通知相关经营者和消费者停止经营、使用，按照本办法第三十三条第二款的规定开展自查，并进行整改。

第五十四条　对抽样检验结论有异议申请复检的，申请人应当向复检机构先行支付复检费用。复检结论与初检结论一致的，复检费用由复检申请人承担。复检结论与初检结论不一致的，复检费用由实施抽样检验的药品监督管理部门承担。

第五十五条　化妆品不良反应报告遵循可疑即报的原则。国家药品监督管理局建立并完善化妆品不良反应监测制度和化妆品不良反应监测信息系统。

第五十六条　未经化妆品生产经营者同意，负责药品监督管理的部门、专业技术机构及其工作人员不得披露在监督检查中知悉的化妆品生产经营者的商业秘密，法律另有规定或者涉及国家安全、重大社会公共利益的除外。

第六章　法律责任

第五十七条　化妆品生产经营的违法行为，化妆品监督管理条例等法律法规已有规定的，依照其规定。

第五十八条　违反本办法第十七条、第十八条第一款、第十九条第一款，化妆品生产企业许可条件发生变化，或者需要变更许可证载明的事项，未按规定申请变更的，由原发证的药品监督管理部门责令改正，给予警告，并处1万元以上3万元以下罚款。

违反本办法第十九条第二款，质量安全负责人、预留的联系方式发生变化，未按规定报告的，由原发证的药品监督管理部门责令改正；拒不改正的，给予警告，并处5000元以下罚款。

化妆品生产企业生产的化妆品不属于化妆品生产许可证上载明的许可项目划分单元，未经许可擅自迁址，或者化妆品生产许可有效期届满且未获得延续许可的，视为未经许可从事化妆品生产活动。

第五十九条　监督检查中发现化妆品注册人、备案人、受托生产企业违反化妆品生产质量管理规范检查要点，未按照化妆品生产质量管理规范的要求组织生产的，由负责药品监督管理的部门依照化妆品监督管理条例第六十条第三项的规定处罚。

监督检查中发现化妆品注册人、备案人、受托生产企业违反国家化妆品生产质量管理规范检查要点中一般项目规定，违法行为轻微并及时改正，没有造成危害后果的，不予行政处罚。

第六十条 违反本办法第四十二条第三款，展销会举办者未按要求向所在地负责药品监督管理的部门报告展销会基本信息的，由负责药品监督管理的部门责令改正，给予警告；拒不改正的，处5000元以上3万元以下罚款。

第六十一条 有下列情形之一的，属于化妆品监督管理条例规定的情节严重情形：

（一）使用禁止用于化妆品生产的原料、应当注册但未经注册的新原料生产儿童化妆品，或者在儿童化妆品中非法添加可能危害人体健康的物质；

（二）故意提供虚假信息或者隐瞒真实情况；

（三）拒绝、逃避监督检查；

（四）因化妆品违法行为受到行政处罚后1年内又实施同一性质的违法行为，或者因违反化妆品质量安全法律、法规受到刑事处罚后又实施化妆品质量安全违法行为；

（五）其他情节严重的情形。

对情节严重的违法行为处以罚款时，应当依法从重从严。

第六十二条 化妆品生产经营者违反法律、法规、规章、强制性国家标准、技术规范，属于初次违法且危害后果轻微并及时改正的，可以不予行政处罚。

当事人有证据足以证明没有主观过错的，不予行政处罚。法律、行政法规另有规定的，从其规定。

第七章 附 则

第六十三条 配制、填充、灌装化妆品内容物，应当取得化妆品生产许可证。标注标签的生产工序，应当在完成最后一道接触化妆品内容物生产工序的化妆品生产企业内完成。

第六十四条 化妆品监督管理条例第六十条第二项规定的化妆品注册、备案资料载明的技术要求，是指对化妆品质量安全有实质性影响的技术性要求。

第六十五条 化妆品生产许可证编号的编排方式为：× 妆 × × × × × × × ×。其中，第一位 × 代表许可部门所在省、自治区、直辖市的简称，第二位到第五位 × 代表4位数许可年份，第六位到第九位 × 代表4位数许可流水号。

第六十六条 本办法自2022年1月1日起施行。

牙膏监督管理办法

（2023 年 3 月 16 日国家市场监督管理总局令第 71 号公布，自 2023 年 12 月 1 日起施行）

第一条　为了规范牙膏生产经营活动，加强牙膏监督管理，保证牙膏质量安全，保障消费者健康，促进牙膏产业健康发展，根据《化妆品监督管理条例》，制定本办法。

第二条　在中华人民共和国境内从事牙膏生产经营活动及其监督管理，适用本办法。

第三条　本办法所称牙膏，是指以摩擦的方式，施用于人体牙齿表面，以清洁为主要目的的膏状产品。

第四条　国家药品监督管理局负责全国牙膏监督管理工作。

县级以上地方人民政府负责药品监督管理的部门负责本行政区域的牙膏监督管理工作。

第五条　牙膏实行备案管理，牙膏备案人对牙膏的质量安全和功效宣称负责。

牙膏生产经营者应当依照法律、法规、强制性国家标准、技术规范从事生产经营活动，加强管理，诚信自律，保证牙膏产品质量安全。

第六条　境外牙膏备案人应当指定我国境内的企业法人作为境内责任人办理备案，协助开展牙膏不良反应监测、实施产品召回，并配合药品监督管理部门的监督检查工作。

第七条　牙膏行业协会应当加强行业自律，督促引导生产经营者依法从事生产经营活动，推动行业诚信建设。

第八条　在中华人民共和国境内首次使用于牙膏的天然或者人工原料为牙膏新原料。

牙膏新原料应当遵守化妆品新原料管理的有关规定，具有防腐、着色等功能的牙膏新原料，经国家药品监督管理局注册后方可使用；其他牙膏新原料实行备案管理。

已经取得注册、完成备案的牙膏新原料实行安全监测制度，安全监测的期限为 3 年。安全监测期满未发生安全问题的牙膏新原料，纳入国家药品监督管理局制定的已使用的牙膏原料目录。

第九条　牙膏备案人应当选择符合法律、法规、强制性国家标准、技术规范要求的原料用于牙膏生产，对其使用的牙膏原料安全性负责。牙膏备案人进行备案时，应当通过备案信息服务平台明确原料来源和原料安全相关信息。

第十条　国产牙膏应当在上市销售前向备案人所在地省、自治区、直辖市药品监督管理部门备案。

进口牙膏应当在进口前向国家药品监督管理局备案。国家药品监督管理局可以依法委托具备相应能力的省、自治区、直辖市药品监督管理部门实施进口牙膏备案管理工作。

第十一条　备案人或者境内责任人进行牙膏备案，应当提交下列资料：

（一）备案人的名称、地址、联系方式；

（二）生产企业的名称、地址、联系方式；

（三）产品名称；

（四）产品配方；

（五）产品执行的标准；

（六）产品标签样稿；

（七）产品检验报告；

（八）产品安全评估资料。

进口牙膏备案，应当同时提交产品在生产国（地区）已经上市销售的证明文件以及境外生产企业符合化妆品生产质量管理规范的证明资料；专为向我国出口生产、无法提交产品在生产国（地区）已经上市销售的证明文件的，应当提交面向我国消费者开展的相关研究和试验的资料。

第十二条 牙膏备案前，备案人应当自行或者委托专业机构开展安全评估。

从事安全评估的人员应当具备牙膏或者化妆品质量安全相关专业知识，并具有5年以上相关专业从业经历。

第十三条 牙膏的功效宣称应当有充分的科学依据。牙膏备案人应当在备案信息服务平台公布功效宣称所依据的文献资料、研究数据或者产品功效评价资料的摘要，接受社会监督。

国家药品监督管理局根据牙膏的功效宣称、使用人群等因素，制定、公布并调整牙膏分类目录。牙膏的功效宣称范围和用语应当符合法律、法规、强制性国家标准、技术规范和国家药品监督管理局的规定。

第十四条 牙膏的功效宣称评价应当符合法律、法规、强制性国家标准、技术规范和国家药品监督管理局规定的质量安全和功效宣称评价有关要求，保证功效宣称评价结果的科学性、准确性和可靠性。

第十五条 从事牙膏生产活动，应当依法向所在地省、自治区、直辖市药品监督管理部门申请取得生产许可。牙膏备案人、受托生产企业应当建立生产质量管理体系，按照化妆品生产质量管理规范的要求组织生产。

第十六条 牙膏不良反应报告遵循可疑即报的原则。牙膏生产经营者、医疗机构应当按照国家药品监督管理局制定的化妆品不良反应监测制度的要求，开展牙膏不良反应监测工作。

第十七条 牙膏标签应当标注下列内容：

（一）产品名称；

（二）备案人、受托生产企业的名称、地址，备案人为境外的应当同时标注境内责任人的名称、地址；

（三）生产企业的名称、地址，国产牙膏应当同时标注生产企业生产许可证编号；

（四）产品执行的标准编号；

（五）全成分；

（六）净含量；

（七）使用期限；

（八）必要的安全警示用语；

（九）法律、行政法规、强制性国家标准规定应当标注的其他内容。

根据产品特点，需要特别标注产品使用方法的，应当在销售包装可视面进行标注。

第十八条 牙膏产品名称一般由商标名、通用名和属性名三部分组成。牙膏的属性名统一使用“牙膏”字样进行表述。

非牙膏产品不得通过标注“牙膏”字样等方式欺骗误导消费者。

第十九条 牙膏标签禁止标注下列内容：

（一）明示或者暗示具有医疗作用的内容；

（二）虚假或者引人误解的内容；

（三）违反社会公序良俗的内容；

（四）法律、行政法规、强制性国家标准、技术规范禁止标注的其他内容。

第二十条 宣称适用于儿童的牙膏产品应当符合法律、行政法规、强制性国家标准、技术规范等关于儿童牙膏的规定，并按照国家药品监督管理局的规定在产品标签上进行标注。

第二十一条 牙膏及其使用的原料不符合强制性国家标准、技术规范、备案资料载明的技术要求或者本办法规定的，依照化妆品监督管理条例相关规定处理。

第二十二条 牙膏备案人、受托生产企业、经营者和境内责任人，有下列违法行为的，依照化妆品监督管理条例相关规定处理：

（一）申请牙膏行政许可或者办理备案提供虚假资料，或者伪造、变造、出租、出借、转让牙膏许可证件；

（二）未经许可从事牙膏生产活动，或者未按照化妆品生产质量管理规范的要求组织生产；

（三）在牙膏中非法添加可能危害人体健康的物质；

（四）更改牙膏使用期限；

（五）未按照本办法规定公布功效宣称依据的摘要；

（六）未按照本办法规定监测、报告牙膏不良反应；

（七）拒不实施药品监督管理部门依法作出的责令召回、责令停止或者暂停生产经营的决定；

（八）境内责任人未履行本办法规定的义务，或者境外牙膏备案人拒不履行依法作出的行政处罚决定。

第二十三条 牙膏的监督管理，本办法未作规定的，参照适用《化妆品注册备案管理办法》《化妆品生产经营监督管理办法》等的规定。

第二十四条 牙膏、牙膏新原料取得注册或者进行备案后，按照下列规则进行编号：

（一）牙膏新原料：国牙膏原注 / 备字 + 四位年份数 + 木年度注册 / 备案牙膏原料顺序数；

（二）国产牙膏：省、自治区、直辖市简称 + 国牙膏网备字 + 四位年份数 + 本年度行政区域内的备案产品顺序数；

（三）进口牙膏：国牙膏网备进字（境内责任人所在省、自治区、直辖市简称）+ 四位年份数 + 本年度全国备案产品顺序数；

（四）中国台湾、香港、澳门牙膏：国牙膏网备制字（境内责任人所在省、自治区、直辖市简称）+ 四位年份数 + 本年度全国备案产品顺序数。

第二十五条 本办法自 2023 年 12 月 1 日起施行。

第三篇　工作文件

一、综合类

国家药监局关于贯彻实施《化妆品监督管理条例》有关事项的公告

2020 年第 144 号

2020 年 6 月 29 日，国务院颁布《化妆品监督管理条例》(以下简称《条例》)，自 2021 年 1 月 1 日起施行。国家药品监督管理局正在组织开展《条例》配套部门规章和规范性文件的制修订工作，并按照相关立法程序审议发布。为保证化妆品质量安全，促进化妆品产业健康发展，现就贯彻实施《条例》有关事项公告如下：

一、关于化妆品注册人、备案人

自 2021 年 1 月 1 日起，凡持有特殊化妆品注册证书（特殊用途化妆品行政许可批件）或者已办理普通化妆品（非特殊用途化妆品）备案的企业或者其他组织，应当按照《条例》关于化妆品注册人、备案人的要求，依法对化妆品的质量安全和功效宣称负责。

二、关于化妆品注册和备案管理

自 2021 年 1 月 1 日起，化妆品、化妆品新原料实行分类管理，在《条例》配套的注册、备案相关规定发布实施前，化妆品注册人、备案人应当按照现行注册备案有关规定提交注册和备案资料，化妆品新原料注册人、备案人应当按照《化妆品新原料申报与审评指南》中的资料要求提交注册和备案资料。化妆品、化妆品新原料备案人提交备案资料即完成备案；药品监督管理部门按照《条例》规定的程序和时限开展注册管理相关工作。

2021 年 1 月 1 日以后作出予以注册决定的特殊化妆品，产品注册证有效期为 5 年。

三、关于育发等五类特殊用途化妆品过渡期管理

自 2021 年 1 月 1 日起，《化妆品卫生监督条例》规定的育发、脱毛、美乳、健美、除臭类特殊用途化妆品不再按照特殊化妆品管理，国家药品监督管理局不再受理相关产品的注册申请，不再发放相关特殊用途化妆品行政许可批件。此前已经受理尚未作出行政许可决定的行政许可申请，按照《条例》属于普通化妆品或者不属于化妆品的产品，国家药品监督管理局应当终止审批；按照《条例》属于特殊化妆品的产品，申请人可以调整申报资料后继续按程序审评审批。

四、关于香皂和牙膏管理

自2021年1月1日起，宣称具有特殊化妆品功效的香皂，应当按照《条例》规定申请特殊化妆品注册并取得注册证。

在《条例》配套的牙膏监督管理相关规定发布实施前，药品监督管理部门按照现行有关规定对牙膏实施监督管理。

五、关于功效宣称评价和标签管理

在《条例》配套的化妆品分类规则和分类目录、化妆品功效宣称评价规范、化妆品标签管理办法等发布实施之前，化妆品注册人、备案人暂不需要公布产品功效评价资料的摘要，化妆品功效宣称评价和标签管理按照现行有关规定执行。

六、关于化妆品生产许可

2021年1月1日起，此前已取得的《化妆品生产许可证》在有效期内继续有效，新办化妆品生产许可和许可证变更、延续、补发，依照《条例》的规定执行。在《条例》配套的化妆品生产许可管理相关规定发布实施前，化妆品生产许可资料要求等依照《化妆品生产许可工作规范》的规定执行，核发新版《化妆品生产许可证》，证书样式见附件。发放、使用电子证书的地区，电子证书样式应当与新版纸质证书样式保持一致。

七、关于违法行为查处

化妆品违法行为发生在2021年1月1日以前的，适用《化妆品卫生监督条例》，但依据《条例》认为不违法或者应当作出较轻处罚的，适用《条例》。违法行为发生在2021年1月1日以后的，适用《条例》。

特此公告。

附件：化妆品生产许可证（样式）

国家药监局

2020年12月28日

附件

化妆品生产许可证
（样式）

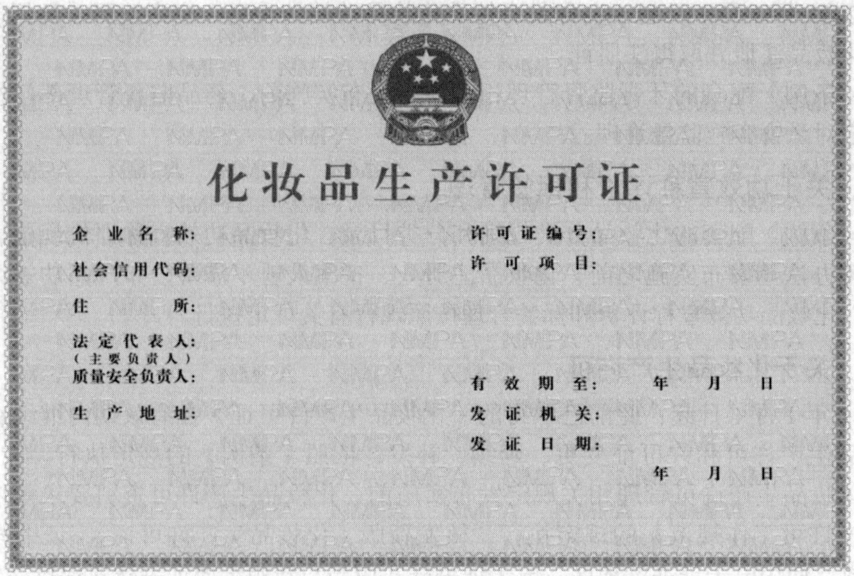
化妆品生产许可证

企业名称：
社会信用代码：
住所：
法定代表人：
（主要负责人）
质量安全负责人：
生产地址：

许可证编号：
许可项目：

有效期至： 年 月 日
发证机关：
发证日期：
年 月 日

国家药品监督管理局监制

许可证编号：
许可项目：

有效期至： 年 月 日
发证机关：
发证日期：
年 月 日

化妆品生产许可证
（副本）

企业名称：
社会信用代码：
住所：
法定代表人：
（主要负责人）
质量安全负责人：
生产地址：

国家药监局关于发布《企业落实化妆品质量安全主体责任监督管理规定》的公告

2022 年第 125 号

为督促企业落实化妆品质量安全主体责任，强化企业质量安全责任意识，规范化妆品质量安全管理行为，保证化妆品质量安全，根据《化妆品监督管理条例》及《化妆品注册备案管理办法》《化妆品生产经营监督管理办法》《化妆品生产质量管理规范》等，国家药监局组织制定了《企业落实化妆品质量安全主体责任监督管理规定》，现予公布，自 2023 年 3 月 1 日起施行。

特此公告。

附件：企业落实化妆品质量安全主体责任监督管理规定

国家药监局

2022 年 12 月 29 日

附件

企业落实化妆品质量安全主体责任监督管理规定

第一章　总　则

第一条　为了督促企业落实化妆品质量安全主体责任，强化企业质量安全责任意识，规范化妆品质量安全管理行为，保证化妆品质量安全，根据《化妆品监督管理条例》及《化妆品注册备案管理办法》《化妆品生产经营监督管理办法》《化妆品生产质量管理规范》等，制定本规定。

第二条　在中华人民共和国境内，化妆品注册人、备案人、受托生产企业（以下统称“企业”）依法落实化妆品质量安全责任行为及其监督管理，适用本规定。

第三条　化妆品注册人、备案人对化妆品的质量安全和功效宣称负责，对其注册或者备案的化妆品从研发、生产、经营全过程质量安全进行管理。

化妆品注册人、备案人委托生产化妆品的，应当对生产活动全过程进行监督，对委托生产的化妆品的质量安全负责。受托生产企业对生产活动负责，接受委托方的监督。

第四条　企业应当建立化妆品质量安全责任制，明确化妆品质量安全相关岗位的职责，各岗位人员应当按照岗位职责要求，逐级履行相应的化妆品质量安全义务，落实化妆品质量安全主体责任。

第二章 质量安全关键岗位要求

第五条 企业法定代表人（或者主要负责人，下同）对化妆品质量安全工作全面负责，应当负责提供必要的资源，合理制定并组织实施质量方针，确保实现质量目标。

企业应当设质量安全负责人。质量安全负责人应当按照质量安全责任制的要求，协助法定代表人组织企业质量安全管理相关人员依法履行质量安全管理职责。

第六条 企业法定代表人在委托本企业其他人员对企业进行全面管理的情况下，法定代表人可以委托上述被委托人代为履行化妆品质量安全全面管理工作。法定代表人应当与被委托人签订授权委托书，明确被委托人应当履行的质量管理职责并授予相应的权限，且其代为履行职责行为可追溯。法定代表人应当对被委托人代为履行职责情况进行监督。

第七条 企业法定代表人或者其委托的代为履行化妆品质量安全全面管理工作的被委托人，应当加强化妆品质量安全管理和相关法律法规知识学习，具备对化妆品质量安全重大问题正确决策的能力。

第八条 企业质量安全负责人应当具备化妆品、化学、化工、生物、医学、药学、食品、公共卫生或者法学等化妆品质量安全相关专业知识，熟悉相关法律法规、强制性国家标准、技术规范，并具有5年以上化妆品生产或者质量管理经验。

第九条 从事化妆品生产活动的企业设置的质量安全负责人应当协助法定代表人承担下列相应的产品质量安全管理和产品放行职责：

（一）建立并组织实施本企业质量管理体系，落实质量安全管理责任，定期向法定代表人报告质量管理体系运行情况；

（二）产品质量安全问题的决策及有关文件的签发；

（三）产品安全评估报告、配方、生产工艺、物料供应商、产品标签等的审核管理，以及化妆品注册、备案资料的审核（受托生产企业除外）；

（四）物料放行管理和产品放行；

（五）化妆品不良反应监测管理。

委托生产的化妆品注册人、备案人设置的质量安全负责人应当协助本企业法定代表人承担下列相应的产品质量安全管理和产品放行职责：

（一）建立并组织实施本企业质量管理体系，落实质量安全管理责任，定期向法定代表人报告质量管理体系运行情况；

（二）产品质量安全问题的决策及有关文件的签发；

（三）审核化妆品注册、备案资料；

（四）委托方采购、提供物料的，物料供应商、物料放行的审核管理；

（五）产品的上市放行；

（六）受托生产企业遴选和生产活动的监督管理；

（七）化妆品不良反应监测管理。

第十条 企业质量安全负责人应当具备下列履职能力：

（一）专业知识应用能力。具备满足履行岗位职责要求的化妆品质量安全相关专业知识，并能够在质量安全管理工作中应用；

（二）法律知识应用能力。熟悉化妆品相关的法律法规，能够保证企业质量安全管理工作符合法律法规规定；

（三）组织协调能力。具备组织落实本企业化妆品质量安全责任制的领导能力，能够有效组织协调企业涉及质量安全相关部门开展工作；

（四）风险研判能力。熟悉化妆品质量安全风险管理工作，能够对企业生产经营活动中可能产生的产品质量风险进行准确识别和判断，并提出解决对策；

（五）其他应当具备的化妆品质量安全管理能力。

第十一条 企业法定代表人应当保障质量安全负责人依法开展化妆品质量安全管理工作，并督促本企业质量安全相关部门配合质量安全负责人工作。法定代表人在作出涉及化妆品质量安全的重大决策前，应当充分听取质量安全负责人的意见和建议。

第十二条 质量安全负责人应当负责组织落实本企业化妆品质量安全责任制。

企业应当明确质量安全相关部门。各质量安全相关部门应当对本部门的化妆品质量安全风险进行识别和判断，根据风险控制需要提出整改措施，并向质量安全负责人报告。

质量安全负责人应当定期对本企业质量安全相关部门落实化妆品质量安全责任制情况进行评估，并将评估结果报告法定代表人。

第十三条 企业质量安全负责人应当独立履行职责，不受企业其他人员的干扰，不得兼任生产部门负责人等可能影响独立履行职责的工作岗位。

第十四条 根据企业质量管理体系运行需要，经法定代表人书面同意，质量安全负责人可以指定本企业其他人员协助履行有关职责。被指定人员应当具备相应资质和履职能力，且其协助履行职责的时间、具体事项等应当如实记录，确保协助履行职责行为可追溯。

质量安全负责人指定他人协助履行职责的，企业应当建立质量安全负责人协助履职监督制度，明确质量安全负责人对被指定人的监督方式、监督频次等，并形成履职监督记录。

第三章　质量安全管理机制

第十五条 企业应当建立基于化妆品质量安全风险防控的动态管理机制，结合企业实际，建立并执行化妆品注册备案资料审核、生产一致性审核、产品逐批放行、有因启动自查、质量管理体系自查等工作制度和机制。

第十六条 化妆品注册人、备案人应当建立化妆品注册备案资料审核制度。在产品注册或者备案（含首次申请注册或者提交备案、注册备案变更、注册延续）前，质量安全负责人应当对产品名称、产品配方、产品执行的标准、产品标签、产品检验报告、产品安全评估等注册或者备案资料以及功效宣称评价资料的合法性、真实性、科学性、完整性等进行审核；发现问题的，应当立即组织整改，在整改完成前不得提交产品注册申请或者进行备案。

普通化妆品在提交化妆品年度报告前，质量安全负责人应当组织对年度报告内容的真实性、准确性等进行审核；发现问题的，应当立即组织整改。

第十七条 企业应当建立化妆品生产一致性审核制度。质量安全负责人应当在首次生产前对生产的化妆品产品配方、生产工艺、产品标签等内容进行审核管理，形成化妆品生产一致性审核记录，并定期对相关内容进行回顾性审核，确保生产的产品符合化妆品注册、备案资料载明的技术要求。记录应当包括审核产品名称、特殊化妆品注册证编号或者普通化妆品备案编号、审核内容等。质量安全负责人发现生产的化妆品产品配方、生产工艺、产品标签等内容存在与注册、备案资料载明的技术要求不一致或者其他不符合法律法规要求的，应当立即组织采取风险控制等措施。

第十八条 企业应当建立产品逐批放行制度。质量安全负责人应当组织对产品进行逐批审核，确保每批放行产品均检验合格且相关生产和质量活动记录经其审核批准，并形成产品放行记录。记录应当包括产品放行时间，放行产品的名称、批号、数量，以及放行检查内容。质量安全负责人发现产品存在质量安全风险的，不予放行，立即组织采取风险控制等措施，并及时报告法定代表人。

第十九条 企业应当建立有因启动自查制度。发生产品抽样检验结果不符合规定、产品可能引发较大社会影响的化妆品不良反应或者引发严重化妆品不良反应等涉及产品质量安全情形的，质量安全负责人应当立即组织采取风险控制等措施，并组织制定自查方案，开展自查工作，查找产品存在质量安全风险的原因，消除风险隐患，并形成产品质量安全风险有因启动自查报告。有因启动自查报告应当包括启动自查原因、发现的问题、产品质量安全评价、整改措施等，经质量安全负责人批准，报告法定代表人，并反馈企业质量安全相关部门。自查整改完成后，质量安全负责人应当组织对化妆品生产质量管理体系进行评估，经评估认为影响化妆品质量安全的风险因素消除，方可解除相应控制措施。

质量安全负责人发现上述涉及产品质量安全情形属于重大安全风险的，应当立即报告法定代表人，并提出停止相关化妆品生产经营活动等否决建议。法定代表人应当组织研究，并采取处置措施。

第二十条 企业应当建立质量管理体系自查制度。质量安全负责人应当每年组织对化妆品生产质量管理规范的执行情况进行自查，自查完成后应当形成化妆品生产质量管理体系自查报告。自查报告应当包括发现的问题、产品质量安全评价、整改措施等，经质量安全负责人批准，报告法定代表人，并反馈企业质量安全相关部门。质量安全负责人应当组织对整改情况进行跟踪评价。企业连续停产1年以上，重新生产前，质量安全负责人应当组织开展全面自查，确认企业是否符合化妆品生产质量管理规范的要求。

第二十一条　企业应当建立对质量安全负责人的考核制度，定期对质量安全负责人的履职能力和履行职责情况开展考核评估。

经考核评估，发现质量安全负责人未按照相关规定履行职责或者履职能力未达到岗位职责要求的，法定代表人应当立即采取督促质量安全负责人改进、更换质量安全负责人等措施，确保质量安全负责人能够依法有效履职。

第二十二条　企业应当为质量安全负责人学习培训提供必要条件，确保质量安全负责人持续更新质量安全管理的专业知识和法律知识，提高履职能力。质量安全负责人每年相关学习培训不少于40学时。

第二十三条　企业应当为质量安全负责人提供必要的工作条件和岗位待遇，充分保障其依法履行职责。

鼓励企业建立对质量安全负责人的激励机制，对工作成效显著的给予表彰和奖励。

第二十四条　企业应当将法定代表人、质量安全负责人等人员的设置变更、岗位职责、职责履行、考核评估、学习培训情况，以及质量安全负责人提出的意见建议和风险防控动态管理机制执行等情况予以记录并存档备查。

记录应当真实、完整、准确，清晰易辨，相互关联可追溯，保存期限不得少于2年。

第四章　监督管理

第二十五条　负责药品监督管理的部门应当将企业建立并落实化妆品质量安全责任制的情况、质量安全负责人履职情况以及风险防控动态管理机制执行情况等，作为监督检查的重要内容。

第二十六条　负责药品监督管理的部门应当加强对质量安全负责人履职能力的随机抽查考核，根据工作需要，公布考核结果。

第二十七条　检查发现企业未按照本规定落实质量安全主体责任的，负责药品监督管理的部门应当责令企业立即采取措施，进行整改，消除隐患，必要时可以对企业法定代表人进行责任约谈。责任约谈情况和整改情况应当纳入企业信用档案。

发现企业存在违法行为的，负责药品监督管理的部门依法予以查处。

第二十八条　企业未设质量安全负责人，或者企业所设质量安全负责人不符合规定的任职条件或者不具备相应的履职能力，依照化妆品监督管理条例第六十一条第一款第二项的规定处罚。

第二十九条　化妆品监督管理条例规定的直接负责的主管人员是指在违法行为中负有直接管理责任的人员，包括企业法定代表人委托的代为履行化妆品质量安全全面管理工作的人员、质量安全负责人等。

化妆品监督管理条例规定的其他直接责任人员是指具体实施违法行为并起较大作用

的人员，既可以是企业的生产经营管理人员，也可以是企业的职工，包括质量管理部门负责人、生产部门负责人等化妆品质量安全相关部门负责人、被指定协助质量安全负责人履行职责的人员等。

第三十条 企业因违法行为被行政处罚时，有证据足以证明企业有关责任人员已履行化妆品质量安全义务，且没有主观过错的，对有关责任人员不予行政处罚。

企业有关责任人员主动供述负责药品监督管理的部门尚未掌握的化妆品生产经营者的违法行为，或者配合负责药品监督管理的部门查处化妆品生产经营者违法行为有立功表现的，应当从轻或者减轻行政处罚。

第五章 附 则

第三十一条 鼓励化妆品经营者参照本规定建立化妆品质量安全责任制，将进货查验记录、不良反应报告、配合产品召回等化妆品质量安全责任落实到人。

第三十二条 境外化妆品注册人、备案人指定的境内责任人，应当按照法律法规规定和其与注册人、备案人的协议，承担相应的化妆品质量安全责任，配合负责药品监督管理的部门的监督检查工作。

第三十三条 本规定自2023年3月1日起施行。

国家药监局关于发布实施《化妆品标签管理办法》的公告

2021 年第 77 号

为加强化妆品标签监督管理，规范化妆品标签使用，保障消费者合法权益，依据《化妆品监督管理条例》，国家药监局组织起草了《化妆品标签管理办法》（以下简称《办法》），现予公布。现就《办法》实施有关事宜公告如下：

鼓励化妆品注册人、备案人自本公告发布之日起，按照《办法》规定对化妆品进行标签标识。自 2022 年 5 月 1 日起，申请注册或者进行备案的化妆品，必须符合《办法》的规定和要求；此前申请注册或者进行备案的化妆品，未按照本《办法》规定进行标签标识的，化妆品注册人、备案人必须在 2023 年 5 月 1 日前完成产品标签的更新，使其符合《办法》的规定和要求。

特此公告。

附件：化妆品标签管理办法

国家药监局

2021 年 5 月 31 日

附件

化妆品标签管理办法

第一条 为加强化妆品标签监督管理，规范化妆品标签使用，保障消费者合法权益，根据《化妆品监督管理条例》等有关法律法规规定，制定本办法。

第二条 在中华人民共和国境内生产经营的化妆品的标签管理适用本办法。

第三条 本办法所称化妆品标签，是指产品销售包装上用以辨识说明产品基本信息、属性特征和安全警示等的文字、符号、数字、图案等标识，以及附有标识信息的包装容器、包装盒和说明书。

第四条 化妆品注册人、备案人对化妆品标签的合法性、真实性、完整性、准确性和一致性负责。

第五条 化妆品的最小销售单元应当有标签。标签应当符合相关法律、行政法规、部门规章、强制性国家标准和技术规范要求，标签内容应当合法、真实、完整、准确，并与产品注册或者备案的相关内容一致。

化妆品标签应当清晰、持久，易于辨认、识读，不得有印字脱落、粘贴不牢等现象。

第六条 化妆品应当有中文标签。中文标签应当使用规范汉字，使用其他文字或者符号的，应当在产品销售包装可视面使用规范汉字对应解释说明，网址、境外企业的名称和地址以及约定俗成的专业术语等必须使用其他文字的除外。

加贴中文标签的，中文标签有关产品安全、功效宣称的内容应当与原标签相关内容对应一致。

除注册商标之外，中文标签同一可视面上其他文字字体的字号应当小于或者等于相应的规范汉字字体的字号。

第七条 化妆品中文标签应当至少包括以下内容：

（一）产品中文名称、特殊化妆品注册证书编号；

（二）注册人、备案人的名称、地址，注册人或者备案人为境外企业的，应当同时标注境内责任人的名称、地址；

（三）生产企业的名称、地址，国产化妆品应当同时标注生产企业生产许可证编号；

（四）产品执行的标准编号；

（五）全成分；

（六）净含量；

（七）使用期限；

（八）使用方法；

（九）必要的安全警示用语；

（十）法律、行政法规和强制性国家标准规定应当标注的其他内容。

具有包装盒的产品，还应当同时在直接接触内容物的包装容器上标注产品中文名称和使用期限。

第八条 化妆品产品中文名称一般由商标名、通用名和属性名三部分组成，约定俗成、习惯使用的化妆品名称可以省略通用名或者属性名，商标名、通用名和属性名应当符合下列规定要求：

（一）商标名的使用除符合国家商标有关法律法规的规定外，还应当符合国家化妆品管理相关法律法规的规定。不得以商标名的形式宣称医疗效果或者产品不具备的功效。以暗示含有某类原料的用语作为商标名，产品配方中含有该类原料的，应当在销售包装可视面对其使用目的进行说明；产品配方不含有该类原料的，应当在销售包装可视面明确标注产品不含该类原料，相关用语仅作商标名使用；

（二）通用名应当准确、客观，可以是表明产品原料或者描述产品用途、使用部位等的文字。使用具体原料名称或者表明原料类别的词汇的，应当与产品配方成分相符，且该原料在产品中产生的功效作用应当与产品功效宣称相符。使用动物、植物或者矿物等名称描述产品的香型、颜色或者形状的，配方中可以不含此原料，命名时可以在通用名中采用动物、植物或者矿物等名称加香型、颜色或者形状的形式，也可以在属性名后加以注明；

（三）属性名应当表明产品真实的物理性状或者形态；

（四）不同产品的商标名、通用名、属性名相同时，其他需要标注的内容应当在属性名后加以注明，包括颜色或者色号、防晒指数、气味、适用发质、肤质或者特定人群等内容；

（五）商标名、通用名或者属性名单独使用时符合本条上述要求，组合使用时可能使消费者对产品功效产生歧义的，应当在销售包装可视面予以解释说明。

第九条 产品中文名称应当在销售包装可视面显著位置标注，且至少有一处以引导语引出。

化妆品中文名称不得使用字母、汉语拼音、数字、符号等进行命名，注册商标、表示防晒指数、色号、系列号，或者其他必须使用字母、汉语拼音、数字、符号等的除外。产品中文名称中的注册商标使用字母、汉语拼音、数字、符号等的，应当在产品销售包装可视面对其含义予以解释说明。

特殊化妆品注册证书编号应当是国家药品监督管理局核发的注册证书编号，在销售包装可视面进行标注。

第十条 化妆品注册人、备案人、境内责任人和生产企业的名称、地址等相关信息，应当按照下列规定在产品销售包装可视面进行标注：

（一）注册人、备案人、境内责任人和生产企业的名称和地址，应当标注产品注册证书或者备案信息载明的企业名称和地址，分别以相应的引导语引出；

（二）化妆品注册人或者备案人与生产企业相同时，可使用“注册人/生产企业”或者“备案人/生产企业”作为引导语，进行简化标注；

（三）生产企业名称和地址应当标注完成最后一道接触内容物的工序的生产企业的名称、地址。注册人、备案人同时委托多个生产企业完成最后一道接触内容物的工序的，可以同时标注各受托生产企业的名称、地址，并通过代码或者其他方式指明产品的具体生产企业；

（四）生产企业为境内的，还应当在企业名称和地址之后标注化妆品生产许可证编号，以相应的引导语引出。

第十一条 化妆品标签应当在销售包装可视面标注产品执行的标准编号，以相应的引导语引出。

第十二条 化妆品标签应当在销售包装可视面标注化妆品全部成分的原料标准中文名称，以“成分”作为引导语引出，并按照各成分在产品配方中含量的降序列出。化妆品配方中存在含量不超过0.1%（w/w）的成分的，所有不超过0.1%（w/w）的成分应当以“其他微量成分”作为引导语引出另行标注，可以不按照成分含量的降序列出。

以复配或者混合原料形式进行配方填报的，应当以其中每个成分在配方中的含量作为成分含量的排序和判别是否为微量成分的依据。

第十三条 化妆品的净含量应当使用国家法定计量单位表示，并在销售包装展示面标注。

第十四条　产品使用期限应当按照下列方式之一在销售包装可视面标注，并以相应的引导语引出：

（一）生产日期和保质期，生产日期应当使用汉字或者阿拉伯数字，以四位数年份、二位数月份和二位数日期的顺序依次进行排列标识；

（二）生产批号和限期使用日期。

具有包装盒的产品，在直接接触内容物的包装容器上标注使用期限时，除可以选择上述方式标注外，还可以采用标注生产批号和开封后使用期限的方式。

销售包装内含有多个独立包装产品时，每个独立包装应当分别标注使用期限，销售包装可视面上的使用期限应当按照其中最早到期的独立包装产品的使用期限标注；也可以分别标注单个独立包装产品的使用期限。

第十五条　为保证消费者正确使用，需要标注产品使用方法的，应当在销售包装可视面或者随附于产品的说明书中进行标注。

第十六条　存在下列情形之一的，应当以“注意”或者“警告”作为引导语，在销售包装可视面标注安全警示用语：

（一）法律、行政法规、部门规章、强制性国家标准、技术规范对化妆品限用组分、准用组分有警示用语和安全事项相关标注要求的；

（二）法律、行政法规、部门规章、强制性国家标准、技术规范对适用于儿童等特殊人群化妆品要求标注的相关注意事项的；

（三）法律、行政法规、部门规章、强制性国家标准、技术规范规定其他应当标注安全警示用语、注意事项的。

第十七条　化妆品净含量不大于15g或者15mL的小规格包装产品，仅需在销售包装可视面标注产品中文名称、特殊化妆品注册证书编号、注册人或者备案人的名称、净含量、使用期限等信息，其他应当标注的信息可以标注在随附于产品的说明书中。

具有包装盒的小规格包装产品，还应当同时在直接接触内容物的包装容器上标注产品中文名称和使用期限。

第十八条　化妆品标签中使用尚未被行业广泛使用导致消费者不易理解，但不属于禁止标注内容的创新用语的，应当在相邻位置对其含义进行解释说明。

第十九条　化妆品标签禁止通过下列方式标注或者宣称：

（一）使用医疗术语、医学名人的姓名、描述医疗作用和效果的词语或者已经批准的药品名明示或者暗示产品具有医疗作用；

（二）使用虚假、夸大、绝对化的词语进行虚假或者引人误解地描述；

（三）利用商标、图案、字体颜色大小、色差、谐音或者暗示性的文字、字母、汉语拼音、数字、符号等方式暗示医疗作用或者进行虚假宣称；

（四）使用尚未被科学界广泛接受的术语、机理编造概念误导消费者；

（五）通过编造虚假信息、贬低其他合法产品等方式误导消费者；

（六）使用虚构、伪造或者无法验证的科研成果、统计资料、调查结果、文摘、引用语等信息误导消费者；

（七）通过宣称所用原料的功能暗示产品实际不具有或者不允许宣称的功效；

（八）使用未经相关行业主管部门确认的标识、奖励等进行化妆品安全及功效相关宣称及用语；

（九）利用国家机关、事业单位、医疗机构、公益性机构等单位及其工作人员、聘任的专家的名义、形象作证明或者推荐；

（十）表示功效、安全性的断言或者保证；

（十一）标注庸俗、封建迷信或者其他违反社会公序良俗的内容；

（十二）法律、行政法规和化妆品强制性国家标准禁止标注的其他内容。

第二十条 化妆品标签存在下列情形，但不影响产品质量安全且不会对消费者造成误导的，由负责药品监督管理的部门依照《化妆品监督管理条例》第六十一条第二款规定处理：

（一）文字、符号、数字的字号不规范，或者出现多字、漏字、错别字、非规范汉字的；

（二）使用期限、净含量的标注方式和格式不规范等的；

（三）化妆品标签不清晰难以辨认、识读，或者部分印字脱落或者粘贴不牢的；

（四）化妆品成分名称不规范或者成分未按照配方含量的降序列出的；

（五）未按照本办法规定使用引导语的；

（六）产品中文名称未在显著位置标注的；

（七）其他违反本办法规定但不影响产品质量安全且不会对消费者造成误导的情形。

化妆品标签违反本办法规定，构成《化妆品监督管理条例》第六十一条第一款第（五）项规定情形的，依法予以处罚。

第二十一条 以免费试用、赠予、兑换等形式向消费者提供的化妆品，其标签适用本办法。

第二十二条 本办法所称最小销售单元等名词术语的含义如下：

最小销售单元：以产品销售为目的，将产品内容物随产品包装容器、包装盒以及产品说明书等一起交付消费者时的最小包装的产品形式。

销售包装：最小销售单元的包装。包括直接接触内容物的包装容器、放置包装容器的包装盒以及随附于产品的说明书。

内容物：包装容器内所装的产品。

展示面：化妆品在陈列时，除底面外能被消费者看到的任何面。

可视面：化妆品在不破坏销售包装的情况下，能被消费者看到的任何面。

引导语：用以引出标注内容的用语，如“产品名称”“净含量”等。

第二十三条 本办法自2022年5月1日起施行。

国家药监局关于发布《儿童化妆品监督管理规定》的公告

2021 年第 123 号

为规范儿童化妆品生产经营活动，加强儿童化妆品监督管理，保障儿童使用化妆品安全，依据《化妆品监督管理条例》等法律法规，国家药监局组织制定了《儿童化妆品监督管理规定》(以下简称《规定》)，现予公布，并就《规定》实施有关事宜公告如下：

一、除标签的要求以外，其他关于儿童化妆品的规定自 2022 年 1 月 1 日起施行。

二、自 2022 年 5 月 1 日起，申请注册或者进行备案的儿童化妆品，必须按照《规定》进行标签标识；此前申请注册或者进行备案的儿童化妆品，未按照《规定》进行标签标识的，化妆品注册人、备案人应当在 2023 年 5 月 1 日前完成产品标签的更新，使其符合《规定》。

三、儿童化妆品标志另行公布。

特此公告。

附件：儿童化妆品监督管理规定

国家药监局

2021 年 9 月 30 日

附件

儿童化妆品监督管理规定

第一条　为了规范儿童化妆品生产经营活动，加强儿童化妆品监督管理，保障儿童使用化妆品安全，根据《化妆品监督管理条例》等法律法规，制定本规定。

第二条　在中华人民共和国境内从事儿童化妆品生产经营活动及其监督管理，应当遵守本规定。

第三条　本规定所称儿童化妆品，是指适用于年龄在 12 岁以下（含 12 岁）儿童，具有清洁、保湿、爽身、防晒等功效的化妆品。

标识“适用于全人群”“全家使用”等词语或者利用商标、图案、谐音、字母、汉语拼音、数字、符号、包装形式等暗示产品使用人群包含儿童的产品按照儿童化妆品管理。

第四条　化妆品注册人、备案人对儿童化妆品的质量安全和功效宣称负责。

化妆品生产经营者应当依照法律、法规、强制性国家标准、技术规范从事生产经营活动，加强儿童化妆品质量管理，诚信自律，保证产品质量安全。

化妆品生产经营者应当建立并执行进货查验记录等制度，确保儿童化妆品可追溯。鼓励化妆品生产经营者采用信息化手段采集、保存生产经营信息，建立儿童化妆品质量安全追溯体系。

第五条 化妆品注册人、备案人应当根据儿童的生理特点和可能的应用场景，遵循科学性、必要性的原则，研制开发儿童化妆品。

第六条 儿童化妆品应当在销售包装展示面标注国家药品监督管理局规定的儿童化妆品标志。

非儿童化妆品不得标注儿童化妆品标志。

儿童化妆品应当以“注意”或者“警告”作为引导语，在销售包装可视面标注“应当在成人监护下使用”等警示用语。

鼓励化妆品注册人、备案人在标签上采用防伪技术等手段方便消费者识别、选择合法产品。

第七条 儿童化妆品配方设计应当遵循安全优先原则、功效必需原则、配方极简原则：

（一）应当选用有长期安全使用历史的化妆品原料，不得使用尚处于监测期的新原料，不允许使用基因技术、纳米技术等新技术制备的原料，如无替代原料必须使用时，应当说明原因，并针对儿童化妆品使用的安全性进行评价；

（二）不允许使用以祛斑美白、祛痘、脱毛、除臭、去屑、防脱发、染发、烫发等为目的的原料，如因其他目的使用可能具有上述功效的原料时，应当对使用的必要性及针对儿童化妆品使用的安全性进行评价；

（三）儿童化妆品应当从原料的安全、稳定、功能、配伍等方面，结合儿童生理特点，评估所用原料的科学性和必要性，特别是香料香精、着色剂、防腐剂及表面活性剂等原料。

第八条 儿童化妆品应当通过安全评估和必要的毒理学试验进行产品安全性评价。

化妆品注册人、备案人对儿童化妆品进行安全评估时，在危害识别、暴露量计算等方面，应当考虑儿童的生理特点。

第九条 国家药品监督管理局组织化妆品技术审评机构制定专门的儿童化妆品技术指导原则，对申请人提交的注册申请资料进行严格审查。

药品监督管理部门应当加强儿童化妆品的上市后监督管理，重点对产品安全性资料进行技术核查，发现不符合规定的，依法从严处理。

第十条 儿童化妆品应当按照化妆品生产质量管理规范的要求生产，儿童护肤类化妆品生产车间的环境要求应当符合有关规定。

化妆品注册人、备案人、受托生产企业应当按照规定对化妆品生产质量管理规范的执行情况进行自查，确保持续符合化妆品生产质量管理规范的要求。

鼓励化妆品注册人、备案人针对儿童化妆品制定严于强制性国家标准、技术规范的产品执行的标准。

第十一条　化妆品注册人、备案人、受托生产企业应当制定并实施从业人员入职培训和年度培训计划，确保员工熟悉岗位职责，具备履行岗位职责的专业知识和儿童化妆品相关的法律知识。企业应当建立员工培训档案。

企业应当加强质量文化建设，不断提高员工质量意识及履行职责能力，鼓励员工报告其工作中发现的不合法或者不规范情况。

第十二条　化妆品注册人、备案人、受托生产企业应当严格执行物料进货查验记录制度，企业经评估认为必要时开展相关项目的检验，避免通过原料、直接接触化妆品的包装材料带入激素、抗感染类药物等禁用原料或者可能危害人体健康的物质。

化妆品注册人、备案人发现原料、直接接触化妆品的包装材料中存在激素、抗感染类药物等禁用原料或者可能危害人体健康的物质的，应当立即采取措施控制风险，并向所在地省级药品监督管理部门报告。

第十三条　化妆品注册人、备案人、受托生产企业应当采取措施避免儿童化妆品性状、气味、外观形态等与食品、药品等产品相混淆，防止误食、误用。

儿童化妆品标签不得标注“食品级”“可食用”等词语或者食品有关图案。

第十四条　化妆品经营者应当建立并执行进货查验记录制度，查验直接供货者的市场主体登记证明、特殊化妆品注册证或者普通化妆品备案信息、儿童化妆品标志、产品质量检验合格证明并保存相关凭证，如实记录化妆品名称、特殊化妆品注册证编号或者普通化妆品备案编号、使用期限、净含量、购进数量、供货者名称、地址、联系方式、购进日期等内容。

化妆品经营者应当对所经营儿童化妆品标签信息与国家药品监督管理局官方网站上公布的相应产品信息进行核对，包括：化妆品名称、特殊化妆品注册证编号或者普通化妆品备案编号、化妆品注册人或者备案人名称、受托生产企业名称、境内责任人名称，确保上述信息与公布信息一致。

鼓励化妆品经营者分区陈列儿童化妆品，在销售区域公示儿童化妆品标志。鼓励化妆品经营者在销售儿童化妆品时主动提示消费者查询产品注册或者备案信息。

第十五条　电子商务平台内儿童化妆品经营者以及通过自建网站、其他网络服务经营儿童化妆品的电子商务经营者应当在其经营活动主页面全面、真实、准确披露与化妆品注册或者备案资料一致的化妆品标签等信息，并在产品展示页面显著位置持续公示儿童化妆品标志。

第十六条　化妆品生产经营者、医疗机构发现或者获知儿童化妆品不良反应，应当按照规定向所在地市县级不良反应监测机构报告不良反应。

化妆品注册人、备案人应当对收集或者获知的儿童化妆品不良反应报告进行分析评价，自查可能引发不良反应的原因。对可能属于严重不良反应的，应当按照规定进行调查分析并形成自查报告，报送所在地省级不良反应监测机构，同时报送所在地省级药品监督管理部门。发现产品存在安全风险的，应当立即采取措施控制风险；发现产品存在质量缺陷或者其他问题，可能危害人体健康的，应当依照《化妆品监督管理条例》第四十四条的规定，立即停止生产，召回已经上市销售的化妆品，通知相关化妆品经营者和消费者停止经营、使用。

第十七条 抽样检验发现儿童化妆品存在质量安全问题的，化妆品注册人、备案人、受托生产企业应当立即停止生产，对化妆品生产质量管理规范的执行情况进行自查，并向所在地省级药品监督管理部门报告。影响质量安全的风险因素消除后，方可恢复生产。省级药品监督管理部门可以根据实际情况组织现场检查。

化妆品注册人、备案人发现化妆品存在质量缺陷或者其他问题，可能危害人体健康的，应当依照《化妆品监督管理条例》第四十四条的规定，立即停止生产，召回已经上市销售的化妆品，通知相关化妆品经营者和消费者停止经营、使用。

化妆品注册人、备案人应当根据检验不合格的原因，对其他相关产品进行分析、评估，确保产品质量安全。

第十八条 负责药品监督管理的部门应当按照风险管理的原则，结合本地实际，将化妆品注册人、备案人、境内责任人、受托生产企业以及儿童化妆品销售行为较为集中的化妆品经营者列入重点监管对象，加大监督检查频次。

第十九条 负责药品监督管理的部门应当将儿童化妆品作为年度抽样检验和风险监测重点类别。经抽样检验或者风险监测发现儿童化妆品中含有可能危害人体健康的物质，负责药品监督管理的部门可以采取责令暂停生产、经营的紧急控制措施，并发布安全警示信息；属于进口儿童化妆品的，依法提请有关部门暂停进口。

第二十条 负责药品监督管理的部门依法查处儿童化妆品违法行为时，有下列情形之一的，应当认定为《化妆品监督管理条例》规定的情节严重情形：

（一）使用禁止用于化妆品生产的原料、应当注册但未经注册的新原料生产儿童化妆品；

（二）在儿童化妆品中非法添加可能危害人体健康的物质。

第二十一条 儿童牙膏参照本规定进行管理。

第二十二条 本规定自2022年1月1日起施行。

国家药监局关于发布儿童化妆品标志的公告

2021 年第 143 号

为加强儿童化妆品监督管理，提升儿童化妆品辨识度，保障消费者知情权，根据《化妆品生产经营监督管理办法》《儿童化妆品监督管理规定》，国家药品监督管理局组织制定了儿童化妆品标志，现予公布。

儿童化妆品标志应当按照国家药品监督管理局规定的图案，等比例标注在销售包装容易被观察到的展示面（以下称主要展示版面）的左上方，清晰易识别。当主要展示版面的表面积大于 100 平方厘米时，儿童化妆品标志最宽处的宽度不得小于 2 厘米。当主要展示版面的表面积小于等于 100 平方厘米时，儿童化妆品标志最宽处的宽度不得小于 1 厘米。

特此公告。

附件：1. 儿童化妆品标志
　　　2. 儿童化妆品标志 AI 格式设计图（略）

国家药监局

2021 年 11 月 29 日

附件 1

儿童化妆品标志

儿童化妆品

备注：标志的名称为“小金盾”，意在表达包括药品监督管理部门在内的社会各方共同努力，不断提升儿童化妆品的质量安全，为婴幼儿和儿童提供良好的成长环境，守护与关爱儿童健康成长。标志整体采用金色、盾牌造型，金色体现了儿童健康活泼、乐观阳光、积极向上的状态；盾牌代表了对儿童的守护与关爱，对违法违规产品的抵制，同时又增加了标志的辨识度；盾牌中心是儿童张开双手的形象设计，强调守护儿童健康成长的坚定决心。

推荐的配色信息：

C：38 M：49 Y：81 K：0
C：20 M：31 Y：66 K：0
C：1 M：16 Y：34 K：0

国家药监局综合司关于标示名称为“儿童彩妆”产品定性有关问题的复函

药监综妆函〔2021〕713 号

山东省药品监督管理局：

你局《关于对“儿童彩妆”产品定性问题的请示》（鲁药监字〔2021〕73 号）收悉。经研究，现函复如下：

一、依据《化妆品监督管理条例》第三条的规定，化妆品是指以涂擦、喷洒或者其他类似方法，施用于皮肤、毛发、指甲、口唇等人体表面，以清洁、保护、美化、修饰为目的的日用化学工业产品。据此，判定一种产品是否属于化妆品，应当根据该产品的使用方法、施用部位、使用目的、产品属性等进行界定。如果产品的标签、说明书、外观形态等表明该产品符合化妆品定义，无论其单独销售或与玩具等其他产品一并销售，该产品都属于化妆品，依法应当按照化妆品进行管理。

二、请示中涉及的产品符合化妆品的定义，故该产品应当按照化妆品管理。生产经营未经注册或者备案的化妆品、未经许可从事化妆品生产活动的，负责药品监督管理的部门应当依据《化妆品监督管理条例》的规定予以查处。

国家药监局综合司
2021 年 12 月 3 日

二、注册备案

国家药监局关于发布《化妆品注册备案资料管理规定》的公告

2021年第32号

为贯彻落实《化妆品注册备案管理办法》，规范和指导化妆品注册与备案工作，国家药监局制定了《化妆品注册备案资料管理规定》，现予公布，自2021年5月1日起施行。

特此公告。

附件：化妆品注册备案资料管理规定

国家药监局

2021年2月26日

附件

化妆品注册备案资料管理规定

第一章 总 则

第一条 为规范化妆品注册备案管理工作，保证化妆品注册、备案各项资料的规范提交，依据《化妆品监督管理条例》《化妆品注册备案管理办法》等有关法律法规要求，制定本管理规定。

第二条 在中华人民共和国境内申请化妆品注册或办理备案时，应当按照本管理规定的要求提交资料。

第三条 化妆品注册人、备案人应当遵循风险管理的原则，以科学研究为基础，对提交的注册备案资料的合法性、真实性、准确性、完整性和可追溯性负责，并且承担相应的法律责任。境外化妆品注册人、备案人应当对境内责任人的注册备案工作进行监督。

第四条 化妆品注册备案资料应当使用国家公布的规范汉字。除注册商标、网址、专利名称、境外企业的名称和地址等必须使用其他文字的，或约定俗成的专业术语（如SPF、PFA、PA、UVA、UVB、维生素C等），所有其他文字均应完整、规范地翻译为中文，并将原文附在相应的译文之后。

第五条 化妆品注册备案资料应当符合国家有关用章规定，签章齐全，具有法律效力。境外企业及其他组织不使用公章的，应当由法定代表人或者企业（其他组织）负责人签字。除用户信息相关资料外，产品的注册备案资料中如需境外化妆品注册人、备案人签章的，其法定代表人或者负责人可授权该注册人、备案人或者境内责任人的签字人签字。授权委托签字的，应当提交授权委托书原件及其公证书原件，授权委托书中应当写明授权签字的事项和范围。

除政府主管部门或者有关机构、注册和备案检验机构、公证机关等出具的资料原件外，化妆品注册备案资料均应由境内注册人、备案人或者境内责任人逐页加盖公章。使用带有电子加密证书的公章的，可直接在电子资料上加盖电子公章。

第六条 化妆品注册备案资料中应当使用我国法定计量单位，使用其他计量单位时，应当折算为我国法定计量单位；应当准确引用参考文献，标明出处，确保有效溯源；应当规范使用标点符号、图表、术语等，保证资料内容准确规范。

第七条 化妆品注册备案资料中，出现的同项内容应当保持前后一致；有相关证明文件的，应当与证明文件中所载内容一致。

第八条 化妆品注册备案的文本资料中主体文字颜色应当为黑色，内容易于辨认，设置合适的行间距和页面边距，确保在打印或者装订中不丢失文本信息。

第九条 化妆品注册备案的纸质资料应当使用国际标准A4型规格纸张，内容完整清晰、不得涂改。化妆品的包装展开图片等确需更大尺寸纸张的，可使用其他规格纸张，确保妥善置于A4规格资料内。纸质文件资料的载体和书写材料应当符合耐久性的要求。

第二章 用户信息相关资料要求

第一节 资料项目及要求

第十条 首次申请特殊化妆品注册或者办理普通化妆品备案时，境内的注册申请人、备案人和境内责任人应当提交以下用户信息相关资料：

（一）注册人备案人信息表（附1）及质量安全负责人简历；

（二）注册人备案人质量管理体系概述（附2）；

（三）注册人备案人不良反应监测和评价体系概述（附3）；

（四）境外注册人、备案人应当提交境内责任人信息表（附4）；

（五）境内责任人授权书原件（式样见附5）及其公证书原件；

（六）注册人、备案人有自行生产或者委托境外生产企业生产的，应当提交生产企业信息表（附6）和质量安全负责人信息，一次性填报已有生产企业及其信息。生产企业为境外的，应当提交境外生产规范证明资料原件。

第十一条 我国境内仅从事受托生产的企业，应当提交第十条第（六）项中的生产企业信息表，以便关联确认委托生产关系。

第十二条 具有境内注册人或者备案人、境内责任人、生产企业等多重身份的，或者同一境内责任人对应多个境外注册人、备案人的，可以一次性提交全部相关资料，取得相应的用户权限。已有用户可以根据情况补充提供相关资料，增加用户权限。

第十三条 质量安全负责人的简历应当包括与其要求相关的教育背景、工作经历以及其他内容。

第十四条 质量管理体系概述是对注册人、备案人质量管理控制能力和过程的总结描述，应当如实客观地反映实际情况，包括供应商遴选、原料验收、生产及质量控制、产品留样等管理制度。语言应当简明扼要，体现出质量控制关键点设置和日常执行管理要求。

注册人、备案人同时存在自行生产和委托生产的，应当分别提交相应版本的质量管理体系概述。

第十五条 不良反应监测和评价体系概述是对注册人、备案人和境内责任人不良反应监测评价能力和过程的总结描述，应当如实客观地反映实际情况。语言应当简明扼要，体现出不良反应监测关键点、各环节设置和日常执行管理要求。

第十六条 境内责任人授权书应当至少明确体现以下内容和信息：注册人、备案人和境内责任人名称，授权和被授权关系，授权范围，授权期限。同一产品不得授权多个境内责任人，境内责任人应当在授权范围内开展注册备案工作。

第十七条 境外生产企业应当提交生产企业符合质量管理体系或者生产质量管理规范的资质证书、文件等证明资料，证明资料应当由所在国（地区）政府主管部门、认证机构或者具有所在国（地区）认证认可资质的第三方出具或者认可，载明生产企业名称和实际生产地址信息。

无法提供证明资料原件的，应当提供由中国公证机关公证的或由我国使（领）馆确认的复印件。

第二节 用户信息和资料更新

第十八条 用户信息或者相关资料发生变化时，应当及时进行更新，确保注册备案信息服务平台中的用户信息和相关资料真实准确。

更新方式主要包括自行更新、一般审核更新、生产场地更新以及其他各具体规定情形的审核更新。属于审核更新的，经药品监督管理部门审核后，完成相关信息和资料的更新。

第十九条 用户权限相关资料中，可自行更新的内容包括法定代表人信息、质量安全负责人信息、联系信息。

以上信息发生变化时，用户应当及时自行更新。

第二十条 用户权限相关资料中，可进行一般审核更新的内容包括基本信息、质量管理体系概述、不良反应监测和评价体系概述、境内责任人的授权范围和授权期限。

一般审核更新时，应当提交一般审核更新信息表（附7），同时一并提交符合要求的相关资料。其中，境外注册人、备案人名称发生变化的，应当提供由所在国（地区）政府主管部门或者有关机构出具的主体未发生变化的相关证明文件原件，无法提交原件的，应当提供由中国公证机关公证的或者由我国使（领）馆确认的复印件；境外生产企业生产场地仅地址文字改变的，应当提供由所在国（地区）政府主管部门或者有关机构出具的生产现场未改变的证明文件原件，无法提交原件的，应当提供由中国公证机关公证的或者由我国使（领）馆确认的复印件；境内责任人授权范围改变的，新授权范围应当包括原授权范围。

第二十一条 用户权限相关资料中，可进行生产场地更新的内容为生产企业的生产场地信息。具体情形包括：生产场地搬迁、生产场地增加、生产场地减少、仅生产规范证明文件更新。

进行生产场地更新时，应当提交生产场地更新信息表（附8）。其中，境外生产企业的生产场地搬迁或者增加，或生产质量管理规范证明文件进行更新的，应当按要求提供境外生产质量管理规范证明相关资料。

第二十二条 根据实际生产经营情况，如需增加自行生产或者委托境外生产企业的，可提交相关资料增加生产企业信息，必要时还需补充提交相应的质量管理体系概述。

第二十三条 在进行用户信息更新时，企业应当首先对照用户名下全部信息自行检查。如有多个信息同时发生变化的，应同时更新，一并提交相关资料。

第二十四条 境内责任人授权书所载授权期限到期后，应当重新提交更新的授权书，延长授权期限。逾期未重新提交的，境内责任人将无法继续为对应的境外注册人、备案人办理新增的注册或者备案事项，名下已开展的注册或者备案事项可继续办理完毕。

境外生产质量管理规范证明资料有有效期限的，应当及时更新证明资料，最长不得超过有效期限截止后90日；无有效期限的，应当每五年提交最新版本。

第二十五条 根据实际生产经营情况，需对用户权限进行注销的，应当在相关产品全部完成注销或变更后，提交用户权限注销信息表（附9），进行用户权限注销。

第三章 注册与备案资料要求

第二十六条 注册人、备案人办理注册或者备案时，应当提交以下资料：

（一）《化妆品注册备案信息表》及相关资料；

（二）产品名称信息；

（三）产品配方；

（四）产品执行的标准；

（五）产品标签样稿；

（六）产品检验报告；

（七）产品安全评估资料。

第二十七条 注册人、备案人应当逐项填写《化妆品注册备案信息表》（附10），并提交相关资料。

（一）产品名称包括中文名称和进口产品的外文名称，产品中文名称应当符合化妆品标签管理相关规定。

（二）注册人、备案人应当按照《化妆品监督管理条例》和化妆品分类规则与分类目录的规定，确定产品类别以及相应的产品分类编码，涉及特殊化妆品功效宣称的，应当按照特殊化妆品申报。

（三）委托境内企业生产的化妆品，注册人、备案人或者境内责任人应当选择已开通用户权限的生产企业进行关联，经生产企业确认后提交注册申请或者办理备案。

委托境外企业生产的化妆品，注册人、备案人或者境内责任人应当提交委托关系文件。委托关系文件应当至少载明产品名称、委托方、受托生产企业名称、生产地址、本产品接受委托的日期、受托生产企业法人或者法人授权人的签章。注册人、备案人与受托生产企业属于同一集团公司的，可提交属于同一集团公司的证明资料以及企业集团出具的产品质量保证文件以确认委托关系。

（四）进口产品应当提供由化妆品注册人、备案人所在国或生产国（地区）政府主管部门或者行业协会等机构出具的已上市销售证明文件，境内注册人、备案人委托境外生产企业生产的和产品配方专为中国市场设计的除外。已上市销售证明文件应当至少载明注册人、备案人或者生产企业的名称、产品名称、出具文件的机构名称以及文件出具日期，并由机构签章确认。

1. 组合包装产品同时存在进口部分和国产部分的，仅提交进口部分的已上市销售证明文件。

2. 专为中国市场设计销售包装的，应当提交该产品在化妆品注册人、备案人所在国或生产国（地区）的已上市销售证明文件，同时提交产品配方、生产工艺与化妆品注册人、备案人所在国或者生产国（地区）产品一致的说明资料。

（五）产品配方专为中国市场设计的进口产品（境内委托境外生产的除外），应当提交以下资料：

1. 针对中国消费者的肤质类型、消费需求等进行配方设计的说明资料；

2. 在中国境内选用中国消费者开展消费者测试研究或者人体功效试验资料。

（六）进口产品的已上市销售证明文件、委托关系文件或者属于一个集团公司的证明资料等文件可同时列明多个产品。这些产品申请注册或者办理备案时，其中一个产品可使用原件，其他产品可使用复印件，并说明原件所在的产品名称以及相关受理编号、注册证号或者备案编号等信息。

第二十八条 注册人、备案人应当提交产品名称命名依据，产品名称命名依据中应当指明商标名、通用名、属性名，并分别说明其具体含义。进口产品应当对外文名称和中文名称分别进行说明，并说明中文名称与外文名称的对应关系（专为中国市场设计无外文名称的除外）。

产品中文名称中商标名使用字母、汉语拼音、数字、符号等的，应当提供商标注册证。

第二十九条 产品配方为生产投料配方，应当符合以下要求：

（一）配方表要求。产品配方表应当包括原料序号、原料名称、百分含量、使用目的等内容（附11）。

1. 原料名称。产品配方应当提供全部原料的名称，原料名称包括标准中文名称、国际化妆品原料名称（简称INCI名称）或者英文名称。配方成分的原料名称应当使用已使用的化妆品原料目录中载明的标准中文名称、INCI名称或者英文名称；配方中含有尚在安全监测中化妆品新原料的，应当使用已注册或者备案的原料名称；进口产品原包装标注成分的INCI名称与配方成分名称不一致的，应当予以说明。

使用来源于石油、煤焦油的碳氢化合物（单一组分除外）的，应当在产品配方表备注栏中标明相关原料的化学文摘索引号（简称CAS号）；使用着色剂的，应当在产品配方原料名称栏中标明《化妆品安全技术规范》载明的着色剂索引号（简称CI号），无CI号的除外；使用着色剂为色淀的，应当在着色剂后标注"（色淀）"，并在配方备注栏中说明所用色淀的种类；含有与产品内容物直接接触的推进剂的，应当在配方备注栏中标明推进剂的种类、添加量等；使用纳米原料的，应当在此类成分名称后标注"（纳米级）"。

2. 百分含量。产品配方应当提供全部原料的含量，含量以质量百分比计，全部原料应当按含量递减顺序排列；含两种或者两种以上成分的原料（香精除外）应当列明组成成分及相应含量。

3. 使用目的。应当根据原料在产品中的实际作用标注主要使用目的；申请祛斑美白、防晒、染发、烫发、防脱发的产品，应当在配方表使用目的栏中标注相应的功效成分，如果功效原料不是单一成分的，应当在配方表使用目的栏中明确其具体的功效成分。

4. 备注栏。以下情形应当在备注栏中说明：使用变性乙醇的，应当说明变性剂的名称及用量；使用类别原料的，应当说明具体的原料名称；直接来源于植物的，应当说明原植物的具体使用部位。

（二）注册人、备案人或者境内责任人应当填写产品所使用原料的生产商信息并上传由原料生产商出具的原料安全信息文件。原料生产商已根据《化妆品原料安全相关信息报送指南》（附12以及附13）报送原料安全相关信息（附14）的，注册人、备案人或者境内责任人可填写原料报送码关联原料安全信息文件。

（三）使用了尚在安全监测中化妆品新原料的，注册人、备案人或者境内责任人应当经新原料注册人、备案人确认后，方可提交注册申请或者办理备案。

（四）产品配方香精可按两种方式填写，分别提交以下资料：

1. 产品配方表中仅填写"香精"原料的，无须提交香精中具体香料组分的种类和含量；产品标签标识香精中的具体香料组分的，以及进口产品原包装标签标识含具体香料组分的，应当在配方表备注栏中说明。

2. 产品配方表中同时填写"香精"及香精中的具体香料组分的，应当提交香精原料生产商出具的关于该香精所含全部香料组分种类及含量的资料。

（五）使用贴、膜类载体材料的，应当在备注栏内注明主要载体材料的材质组成，同时提供其来源、制备工艺、质量控制指标等资料。

（六）产品配方中使用动物脏器组织及血液制品提取物作为原料的，应当提供其来源、组成以及制备工艺，并提供原料生产国允许使用的相关文件。

第三十条 产品执行的标准包括全成分、生产工艺简述、感官指标、微生物和理化指标及其质量控制措施、使用方法、贮存条件、使用期限等内容，应当符合国家有关法律法规、强制性国家标准和技术规范的要求（式样及编制说明见附15，样例见附16）。

（一）产品名称。包括中文名称和进口产品的外文名称。

（二）全成分。包括生产该产品所使用的全部原料的序号、原料名称和使用目的，所有原料应当按含量递减顺序排列。

（三）生产工艺简述。

1. 应当简要描述实际生产过程的主要步骤，包括投料、混合、灌装等。配方表2个以上原料的预混合、灌装等生产步骤在不同生产企业配合完成的，应当予以注明。

2. 应当体现主要生产工艺参数范围，全部原料应当在生产步骤中明确列出，所用原料名称或者序号应当与产品配方中所列原料一致；若同一原料在不同步骤阶段中使用，应当予以区分；若生产过程中需使用但在后续生产步骤中去除的水、挥发性溶剂等助剂，应当予以注明。

（四）感官指标。应当分别描述产品内容物的颜色、性状、气味等指标。套装产品应当分别说明各部分的感官指标，使用贴、膜类载体材料的产品应当分别描述贴、膜类材料以及浸液的颜色、性状等。

1. 颜色是指产品内容物的客观色泽。同一产品具有可区分的多种颜色，应当逐一描述；难以区分颜色的，可描述产品目视呈现或者使用时的主要色泽，也可描述颜色范围。

2. 性状是指产品内容物的形态。

3. 气味是指产品内容物是否有气味。

（五）微生物和理化指标及质量控制措施。

1. 应当提交对产品实际控制的微生物和理化指标，微生物和理化指标应当符合《化妆品安全技术规范》《化妆品注册和备案检验工作规范》的要求。

2. 应当根据产品实际控制的微生物和理化指标提交相应的质量控制措施。

3. 采用检验方式作为质量控制措施的，应当注明检验频次，所用方法与《化妆品安全技术规范》所载方法完全一致的，应当填写《化妆品安全技术规范》的检验方法名称；与《化妆品安全技术规范》所载方法不一致的，应当填写检验方法名称，说明该方法是否与《化妆品安全技术规范》所载方法开展过验证，完整的检验方法和方法验证资料留档备查。

4. 采用非检验方式作为质量控制措施的，应当明确具体的实施方案，对质量控制措施的合理性进行说明，以确保产品符合《化妆品安全技术规范》要求。

（六）使用方法。应当阐述化妆品的使用方法，对使用人群和使用部位有特殊要求的，应当予以说明；安全警示用语应当符合化妆品标签管理规定和《化妆品安全技术规范》等相关法规的要求。

（七）贮存条件。应当根据产品包装及产品自身稳定性等特点设定产品贮存条件。

（八）使用期限。应当根据产品包装、产品自身稳定性或者相关实验结果，设定产品的使用期限。

第三十一条　注册人、备案人或者境内责任人应当逐项填写《产品标签样稿》（附17），填写的使用方法、安全警示用语、贮存条件、使用期限等内容应当符合产品执行的标准。

进口化妆品应当提交生产国（地区）产品的销售包装（含说明书），以及外文标签的中文翻译件。

第三十二条　普通化妆品办理备案时、特殊化妆品上市前，注册人、备案人或者境内责任人应当上传产品销售包装的标签图片，图片应当符合以下要求：

（一）图片包括全部包装可视面的平面图和可体现产品外观的立体展示图，图片应当完整、清晰。平面图应当容易辨别所有标注内容；无法清晰显示所有标注内容的，还应当提交局部放大图或者产品包装设计图；

（二）使用电子标签的，应当提交电子标签内容，销售包装上的图码应当是注册备案信息服务平台生成的预置图码；

（三）上传图片的标签内容和说明书内容不得超出产品标签样稿载明的内容；

（四）存在多种销售包装的，应当提交所有的销售包装的标签图片。符合以下一种或多种情形的，提交其中一种销售包装的标签图片，其他销售包装的标签图片可不重复上传：

1. 仅净含量规格不同的；

2. 仅在已上传销售包装上附加标注销售渠道、促销、节日专款、赠品等信息的；

3. 仅销售包装颜色存在差异的；

4. 已注册或者备案产品以套盒、礼盒等形式组合销售，组合过程不接触产品内容物，除增加组合包装产品名称外，其他标注的内容未超出每个产品标签内容的；

5. 通过文字描述能够清楚反映与已上传销售包装差异，并已备注说明的。

第三十三条　注册或者备案产品的产品检验报告，由化妆品注册和备案检验机构出具，应当符合《化妆品安全技术规范》《化妆品注册和备案检验工作规范》等相关法规的规定。

（一）产品检验报告包括微生物与理化检验、毒理学试验、人体安全性试验报告和人体功效试验报告等。

1. 产品检验报告的受检样品应当为同一产品名称、同一批号的产品。

2. 产品检验报告中载明的产品信息应当与注册或者备案产品相关信息保持一致。由于更名等原因，导致检验报告中产品名称、企业名称等不影响检验结果的信息与注册备案信息不一致的，应当予以说明，并提交检验报告变更申请表和检验检测机构出具的补充检验报告或者更正函。

3. 多个生产企业生产同一产品的，应当提供其中一个生产企业样品完整的产品检验报告，并提交其他生产企业样品的微生物与理化检验报告。

4. 多色号系列普通化妆品按《化妆品注册和备案检验工作规范》抽样进行毒理学试验的，可作为一组产品进行备案，每个产品均应附上系列产品的名单、基础配方和着色剂一览表以及抽检产品名单。

5. 宣称新功效的化妆品，按照《化妆品注册和备案检验工作规范》以及相关技术法规文件开展检验。

（二）普通化妆品的生产企业已取得所在国（地区）政府主管部门出具的生产质量管理体系相关资质认证，且产品安全风险评估结果能够充分确认产品安全性的，可免于提交该产品的毒理学试验报告，有下列情形的除外：

1. 产品宣称婴幼儿和儿童使用的；

2. 产品使用尚在安全监测中化妆品新原料的；

3. 根据量化分级评分结果，备案人、境内责任人、生产企业被列为重点监管对象的。

有多个生产企业生产的，所有生产企业均已取得所在国（地区）政府主管部门出具的生产质量管理体系相关资质认证的，方可免于提交毒理学试验报告。

（三）申请特殊化妆品注册时应当提交符合化妆品功效宣称评价相关规定的人体功效试验报告。

1. 特殊化妆品宣称的功效试验报告应当由化妆品注册和备案检验机构出具。

2. 多色号系列防晒化妆品按《化妆品注册和备案检验工作规范》抽样进行人体功效试验的，可作为一组产品同时申请注册，每个产品资料中均应附上系列产品的名单、基础配方和着色剂一览表以及抽检产品名单。

第三十四条 注册人、备案人应当按照化妆品安全评估相关技术指南的要求开展产品安全评估，形成产品安全评估报告。

必须配合仪器或者工具（仅辅助涂擦的毛刷、气垫、烫发工具等除外）使用的化妆品，应当评估配合仪器或者工具使用条件下的安全性；并应当提供在产品使用过程中仪器或者工具是否具有化妆品功能，是否参与化妆品的再生产过程，是否改变产品与皮肤的作用机理等情况的说明资料。

第三十五条 包含两个或者两个以上必须配合使用或者包装容器不可拆分的独立配方的化妆品，应当分别填写配方，按一个产品申请注册或者办理备案。

其中一个（剂）或者多个（剂）产品为特殊化妆品的，应当按照特殊化妆品申请注册；其中一个（剂）或者多个（剂）产品在境外生产的，应当按照进口化妆品申请注册或者办理备案。

第三十六条 化妆品注册人备案人应当留存每一批生产的化妆品样品备查，留存样品数量应当能够满足开展注册备案检验所需。同时，特殊化妆品应当留存由首家注册和备案检验机构封样的1件样品；进口特殊化妆品在产品注册检验时提交试制样品的，应当同时留存经检验机构封样的试制样品和未启封的市售产品各1件；普通化妆品应当由境内备案人或者境内责任人留存1件市售产品备查；专为中国市场设计销售包装的进口普通产品，应当由境内责任人留存1件原产国市售产品备查。

第三十七条 仅供出口的特殊化妆品和普通化妆品，应当在注册备案信息服务平台进行备案，由生产企业提交以下资料：

1. 产品名称；

2. 拟出口国家（地区）；

3. 产品标签图片，包括产品销售包装正面立体图、产品包装平面图和产品说明书（如有）。

第四章 变更事项要求

第三十八条 已注册产品的注册事项发生变更的，应当在拟变更产品生产或者进口前提交相应资料，完成相应的变更之后，方可生产或者进口。

已备案产品的备案事项发生变更的，应当在拟变更产品上市或者进口前提交相应资料，完成相应的变更之后，方可上市或者进口。

变更前已生产、上市或者进口的产品可以销售至保质期结束。

第三十九条 已注册或者备案产品的注册人、备案人、境内责任人或者生产企业的名称、住所等发生变化的（生产场地未改变），应当按照本管理规定第二章第二节相关要求完成信息更新后，对涉及的特殊化妆品注册证或者普通化妆品备案信息以及产品标签样稿的上述相关信息分别进行一次性变更。

第四十条 已注册或者备案产品的产品名称发生变化的，应当合理说明理由并提交以下资料：

（一）特殊化妆品变更申请表（附18）或者普通化妆品变更信息表（附19）；

（二）按照本管理规定第二十八条要求提交产品名称相关资料。

第四十一条 生产场地改变或者增加的，应当提交以下资料：

（一）特殊化妆品变更申请表或者普通化妆品变更信息表；

（二）拟变更场地生产产品的微生物和理化检验报告；

（三）拟变更备案产品仅通过产品安全评估方式评价产品安全，且拟增加的生产企业不能提供其所在国（地区）政府主管部门出具的生产质量管理体系相关资质认证文件的，应当提交该产品的相关毒理学试验资料；

（四）拟变更产品委托生产关系发生改变的，国产产品应当按照本管理规定第二十七条（三）的要求，对变化的委托生产关系进行确认；进口产品应当提交委托关系文件或者属于同一集团公司的证明资料以及企业集团出具的产品质量保证文件。

第四十二条 已注册或者备案产品所使用原料的生产商、原料质量规格增加或者改变的，所使用的原料在配方中的含量以及原料中具体成分的种类、比例均未发生变化的，应当通过注册备案信息平台对原料生产商信息和原料安全信息进行更新维护。涉及产品安全评估资料发生变化的，还应当进行产品安全评估资料变更。

已注册或者备案产品所使用原料的生产商、原料质量规格增加或者改变的，原料在配方中的含量和原料中主要功能成分含量及溶剂未发生变化，为了保证原料质量而添加的微量稳定剂、抗氧化剂、防腐剂等成分发生种类或者含量变化的，应当提交以下资料：

（一）特殊化妆品变更申请表或者普通化妆品变更信息表；

（二）产品配方；

（三）发生变更的情况说明，包括变更的原因，变化的成分在原料中的使用目的等；

（四）拟变更产品的产品安全评估资料；

（五）涉及产品执行的标准发生变化的，应当提交拟变更产品执行的标准；

（六）拟变更事项涉及产品标签样稿中的全成分标注、安全警示用语等发生变化的，应当提交拟变更产品的产品标签样稿。

第四十三条 产品执行的标准中生产工艺简述、微生物和理化指标及质量控制措施、使用方法、安全警示用语、贮存条件、使用期限等发生变化的，应当提交以下资料：

（一）特殊化妆品变更申请表或者普通化妆品变更信息表；

（二）拟变更产品执行的标准；

（三）涉及生产工艺简述变化的，应当提交发生变更的情况说明，并提交拟变更产品的微生物和理化检验报告；

（四）涉及产品使用方法变更的，应当提交拟变更产品的产品安全评估资料；

（五）涉及产品使用期限延长的，应当提交拟变更产品的稳定性研究资料；

（六）涉及产品安全评估资料内容发生变化的，应当提交产品安全评估资料；

（七）涉及进口产品原销售包装和标签变化的，应当提交拟变更产品的原销售包装（含说明书）和外文标签的中文翻译件；

（八）涉及产品标签样稿变化的，还应当按照第四十四条要求进行产品标签样稿变更。

第四十四条 产品标签样稿内容发生变化的，应当提交以下资料：

（一）特殊化妆品变更申请表或者普通化妆品变更信息表；

（二）拟变更的产品标签样稿；

（三）防晒类化妆品增加PA、广谱防晒或者浴后SPF等标识的，应当提交拟变更产品相应的功效试验报告；

（四）祛斑美白类化妆品增加祛斑或者美白功效宣称的，应当提交拟变更产品相应的人体功效试验报告；

（五）涉及进口产品原销售包装和标签变化的，应当提交拟变更产品的原销售包装（含说明书）和外文标签的中文翻译件。

第四十五条 产品安全评估资料内容发生变化的，应当提交以下资料：

（一）特殊化妆品变更申请表或者普通化妆品变更信息表；

（二）拟变更的产品安全评估资料；

（三）化妆品安全评估人员发生变化的，应当提交拟变更化妆品安全评估人员的相关信息。

第四十六条 产品分类发生变化的，应当提交以下资料：

（一）特殊化妆品变更申请表或者普通化妆品变更信息表；

（二）按照拟变更产品分类的要求补充或者更新资料；

（三）涉及已注册特殊化妆品拟增加染发、烫发、祛斑美白、防晒、防脱发功效或者新功效的，应当按照第三章的要求补充提交资料。

第四十七条 注册人因公司吸收合并、新设合并、分立等原因发生改变的，由新的境内注册人或者具有新的境外注册人相应用户权限的境内责任人提交以下资料，对涉及的特殊化妆品注册证进行一次性变更：

（一）公司合并注销、分立、成立全资子公司或者由同一集团内不同子公司运营的声明及相关文件；

（二）利益相关方（如原注册人，新注册人，境内责任人等）及其法定代表人对特殊化妆品注册证所有权归属无异议的声明及其公证文件原件。

第四十八条 变更境内责任人的，应当提交以下资料：

（一）拟变更境内责任人的产品清单；

（二）原境内责任人盖章同意更换境内责任人的知情同意书，或者能够证明境内责任人发生变更生效的判决文书；

（三）拟变更境内责任人承担产品（含变更前已上市的产品）原境内责任人相关各项责任的承诺书。

第四十九条 涉及其他事项变更的，应当提交拟变更事项的情况说明，并根据具体情况提交相关资料。

第五十条 已注册或者备案产品的销售包装发生变化的，按照第三十二条原则，在新销售包装产品上市前，重新上传产品销售包装的标签图片或者对拟变更部分予以备注说明。

第五十一条 已注册特殊化妆品完成变更之后，领取变更后纸质产品注册证时，应当交还原产品注册证。

第五章 延续、注销等事项要求

第五十二条 申请特殊化妆品注册证有效期延续的，应当提交以下资料：

（一）注册延续申请表（附20）；

（二）产品自查情况说明（式样见附21），主要内容包括：

1. 生产（进口）销售证明材料（限上一注册周期）；

2. 监督抽检、查处、召回情况（限上一注册周期）；

3. 该产品不良反应统计分析情况及采取措施；

4. 其他需要说明的内容。

（三）根据现行法规、标准调整情况，应当提交相应的产品检验报告。

第五十三条 普通化妆品年度报告应当包括以下内容：

（一）产品的生产、进口概况，以及期间产品的停产情况；

（二）产品符合法规、强制性国家标准、技术规范的自查情况。

第五十四条 申请补发产品注册证的，应当提交以下资料：

（一）补发申请表（附 22）；

（二）因产品注册证原件破损申请补发的，领取新产品注册证时，应当交还原产品注册证；

（三）因产品注册证遗失申请补发的，应当提交承诺书。

第五十五条 注册人申请撤回注册申请的，应当提交撤回申请表（附 23）。

第五十六条 注册人申请注销已注册特殊产品注册证的，应当提交注销申请表（附 24）。

第五十七条 已备案普通产品因备案人、境内责任人地址变化导致备案管理部门改变，备案人主动注销原备案信息后重新办理备案的，可使用原备案资料。

第五十八条 对于非安全性原因不予注册的特殊产品再次申请注册时，可使用原注册资料的复印件，同时提交不予注册未涉及安全性的说明，包括对不予注册原因的解释。

第五十九条 普通产品注销后再次备案时，应当提交情况说明。对于非安全性原因注销的，再次申请备案时可使用原备案资料的复印件。

第六章 附 则

第六十条 本管理规定自 2021 年 5 月 1 日起实施。

附：1. 注册人 / 备案人信息表

2. 质量管理体系概述表

3. 不良反应监测和评价体系概述表

4. 境内责任人信息表

5. 化妆品注册备案境内责任人授权书

6. 生产企业信息表

7. 一般审核更新信息表

8. 生产场地审核更新信息表

9. 用户权限注销信息表

10. 化妆品注册备案信息表

11. 配方表式样

12. 化妆品原料安全信息报送指南

13. 原料安全相关信息备案企业信息表

14. 原料安全相关信息
15. 产品执行的标准式样
16. 产品执行的标准样例
17. 化妆品产品标签样稿式样
18. 特殊化妆品变更申请表
19. 普通化妆品变更信息表
20. 化妆品产品注册延续申请表
21. 化妆品注册延续自查情况报告样例
22. 化妆品注册补发申请表
23. 化妆品注册撤回申请表
24. 化妆品注册注销申请表

附 1

注册人 / 备案人信息表（境内注册人 / 备案人）

基本信息（一般审核维护）	名称	
	统一社会信用代码	
	住所地址	
	所在地	省　　　市　　　区
法定代表人信息（自行维护）	法定代表人	
	法定代表人证件类型	
	法定代表人证件号码	
质量安全负责人信息（自行维护）	姓名	
	证件类型	
	证件号码	
联系信息（自行维护）	联系人	
	联系电话（手机）	
	联系电话（座机）	
	电子邮箱	
	传真号	
	实际办公地址	
	邮政编码	

续表

承诺书
1、本企业注册或备案产品符合《化妆品监督管理条例》《化妆品注册备案管理办法》及其他中华人民共和国化妆品监管相关法规要求。 2、本企业提供的注册备案相关资料均真实合法。本企业对资料内容负责，并承担相应的法律责任。 3、本企业将妥善保管用户密码，通过该用户进行的注册备案相关行为均代表本企业行为，因密码丢失或泄密造成的损失将由本企业自行承担。
（注册人 / 备案人盖章） 年 月 日

注册人 / 备案人信息表（境外注册人 / 备案人）

基本信息（一般审核维护）	名称（中文）	
	名称（外文）	
	住所地址	
	所在国家 / 地区	
法定代表人信息（自行维护）	姓名	
	证件类型	
	证件号码	
质量安全负责人信息（自行维护）	姓名	
	证件类型	
	证件号码	
联系信息（自行维护）	联系人	
	联系电话（手机）	
	联系电话（座机）	
	电子邮箱	
	传真号	
	邮政编码	
承诺书 1、本企业注册或备案产品符合《化妆品监督管理条例》《化妆品注册备案管理办法》及其他中华人民共和国化妆品监管相关法规要求。 2、本企业指定境内责任人，并自行建立对境内责任人的管理约束制度。境内责任人以本企业名义办理化妆品或新原料注册备案相关事项，所进行的注册备案行为均代表本企业行为。 3、本企业提供以及通过境内责任人提供的注册备案相关资料均真实合法。本企业对资料内容负责，并承担相应的法律责任。		
（注册人 / 备案人盖章） 年 月 日		

附 2

质量管理体系概述表（自行生产）

模块	内容或措施（概述）
人员健康卫生管理	请简述从业人员健康管理相关制度，至少包括： 1、是否建立有人员健康档案； 2、对直接从事生产人员的日常基本卫生要求； 3、直接从事生产活动人员接受健康检查的频率。
质量管理制度	请根据企业实际质量体系情况，对具有的管理制度进行勾选（可多选）： □文件管理制度 □产品检验制度 □追溯管理制度 □留样管理制度 □供应商遴选制度 □产品销售制度 □原料验收制度 □记录管理制度 □设备管理制度 □质量投诉制度 □生产过程及质量控制制度 □产品召回制度
记录管理	请简述记录管理方面要求及记录保存期限，如批生产记录、检验记录、不合格品处理记录、厂房设备设施使用维护保养记录等。
车间基本情况	请简述车间清洁等级相关基本情况。
设备使用维护	请简述设备使用、校验、维护等的相关制度，包括日常使用、清洁、消毒的基本要求，校验维护基本要求和频率等。
生产用水	请简述是否具有水处理系统以及工艺用水标准。
合格放行	请简述产品合格放行标准和相关制度；请简述不合格品管理相关制度。
留样管理	请简述产品留样管理制度，至少包括： 1、产品留样规则和留样数量； 2、样品保留期限。
质量自查纠错	请简述企业质量管理体系的自查和纠错制度，至少包括： 1、不合格品追溯、原因分析和纠正措施； 2、企业内审制度和内审频率； 3、不良反应、消费投诉、抽检不合格等信息的收集措施及必要整改措施。
其他	
（注册人 / 备案人盖章） 年 月 日	

质量管理体系概述表（委托生产）

模块	内容或措施（概述）
配方来源	注册人 / 备案人是否具有配方研发能力： ☐是，请简述相关人员教育背景和工作经历的最低要求，以及最少人数设置； ☐否，请简述产品配方来源以及确保配方质量和产品质量安全的控制措施。
物料采购	注册人 / 备案人是否自行采购物料： ☐是，请简述物料采购和供应商管理相关制度； ☐否，请简述物料采购方式和相应的质量安全控制措施。
生产企业遴选和管理制度	请简述生产企业遴选相关制度，至少包括： 1、生产企业遴选标准； 2、实地考察相关制度，包括实地考察频率； 3、生产企业的淘汰和更换制度
	请勾选遴选生产企业时，考虑生产企业应具有的管理制度（可多选）： ☐文件管理制度 ☐产品检验制度 ☐追溯管理制度 ☐留样管理制度 ☐供应商遴选制度 ☐产品销售制度 ☐原料验收制度 ☐记录管理制度 ☐设备管理制度 ☐质量投诉制度 ☐生产过程及质量控制制度 ☐产品召回制度
产品放行	请简述注册人 / 备案人的产品合格放行标准，以及确保生产企业按照该标准执行产品放行的相关制度。
独立于生产企业的质量管理措施	请简述独立于生产企业的质量管理措施，至少包括： 1、产品档案管理和质量追溯制度； 2、是否有定期自行抽检或送检行为，检验范围、检验频率、检验项目等； 3、销售管理相关制度。
质量自查纠错	请简述企业质量管理体系的自查和纠错制度，至少包括： 1、不合格品追溯、原因分析和纠正措施； 2、企业内审制度和内审频率； 3、不良反应、消费投诉、抽检不合格等信息的收集措施及必要整改措施。
其他	

（注册人 / 备案人盖章）
年　月　日

附 3

不良反应监测和评价体系概述表（境内注册人 / 备案人）

项目	内容或措施（概述）
岗位职责	请简述注册人 / 备案人的不良反应监测和评价相关岗位设置情况，至少包括： 1、相关机构和岗位设置情况； 2、相关人员基本要求。
不良反应监测	请简述不良反应监测相关制度，至少包括： 1、不良反应监测体系的整体构成和运行模式； 2、请简述所有主动或被动的不良反应信息收集渠道，以及信息收集的频率。
不良反应评价	请简述不良反应评价相关制度，至少包括： 1、不良反应评价的完成方式，如由注册人 / 备案人自行完成或委托相关专业机构完成； 2、不良反应评价标准； 3、不良反应评价后相应处置措施。

（注册人 / 备案人盖章）

年　月　日

不良反应监测和评价体系概述表
（境外注册人 / 备案人）

模块	项目	内容或措施（概述）
注册人 / 备案人措施	岗位职责	请简述注册人 / 备案人的不良反应监测和评价相关岗位设置情况，至少包括： 1、相关机构和岗位设置情况； 2、相关人员基本要求。
	不良反应监测	请简述注册人 / 备案人的不良反应监测相关制度，至少包括： 1、不良反应监测体系的整体构成和运行模式； 2、请简述所有主动或被动的不良反应信息收集渠道，以及信息收集的频率。
	不良反应评价	请简述注册人 / 备案人的不良反应评价相关制度，至少包括： 1、不良反应评价的完成方式，如由注册人 / 备案人自行完成或委托相关专业机构完成； 2、不良反应评价标准； 3、不良反应评价后相应处置措施。
境内责任人的配合措施	岗位职责	请简述境内责任人的不良反应监测和评价相关岗位设置情况，至少包括： 1、相关机构和岗位设置情况； 2、相关人员基本要求。
	不良反应监测	请简述境内责任人的不良反应监测相关制度，至少包括： 1、不良反应监测体系的整体构成和运行模式； 2、请简述所有主动或被动的不良反应信息收集渠道，以及信息收集的频率。
	不良反应评价	请简述境内责任人的不良反应评价相关制度，至少包括： 1、不良反应评价的完成方式，如由注册人 / 备案人自行完成或委托相关专业机构完成； 2、不良反应评价标准； 3、不良反应评价后相应处置措施。
沟通交流机制	请简述境外注册人 / 备案人、境内责任人在不良反应监测和评价方面的信息交流、数据共享、风险联动等方面的机制和措施。	
（注册人 / 备案人盖章） 年　月　日		

附 4

境内责任人信息表

基本信息（一般审核维护）	企业名称	
	统一社会信用代码	
	住所地址	
	所在地	省　　市　　区
法定代表人信息（自行维护）	法定代表人	
	法定代表人证件类型	
	法定代表人证件号码	
联系信息（自行维护）	联系人	
	联系电话（手机）	
	联系电话（座机）	
	电子邮箱	
	传真号	
	实际办公地址	
	邮政编码	

承 诺 书

1、本企业作为境内责任人，在授权范围内，以境外注册人 / 备案人名义办理化妆品或新原料注册备案相关事项。

2、本企业将认真履行境内责任人相关各项责任，协助开展化妆品不良反应监测、产品召回等工作，如实提交各项注册和备案资料，并承担相应的法律责任。

3、本企业将妥善保管用户密码，通过该用户进行的注册备案相关行为均代表本企业行为，因密码丢失或泄密造成的损失将由本企业自行承担。

（境内责任人盖章）

年　　月　　日

附 5

化妆品注册备案境内责任人授权书
（式样）

经双方协商一致，现就化妆品注册备案境内责任人授权和承诺有关事宜明确如下：

授权方：______________________

被授权方：______________________

授权范围：______________________

授权期限至：××××-××-××（年-月-日）

授权方（盖章）：

法定代表人（签字）：

联系方式：

年　月　日

被授权方（盖章）：

法定代表人（签字）：

联系方式：

年　月　日

附 6

生产企业信息表（境内注册人 / 备案人自行生产）

基本信息（一般审核维护）	名称（由“注册人 / 备案人信息表”关联而来）	
	生产许可证编号	
生产场地信息（生产场地审核维护）	实际生产地址 1	
	实际生产地址 2	
	……	
联系信息（自行维护）	联系人	
	联系电话（手机）	
	联系电话（座机）	
	电子邮箱	
	传真号	
	邮政编码	
（注册人 / 备案人盖章） 年 月 日		

生产企业信息表（境外注册人/备案人自行生产）

<table>
<tr><td rowspan="2">基本信息
（由“注册人/备案人信息表”关联而来）</td><td>名称（中文）</td><td colspan="2"></td></tr>
<tr><td>名称（外文）</td><td colspan="2"></td></tr>
<tr><td rowspan="7">生产场地信息
（生产场地审核维护）</td><td rowspan="3">实际生产地址 1</td><td colspan="2"></td></tr>
<tr><td rowspan="2">生产规范证明类型</td><td>□由所在国（地区）政府主管部门出具</td></tr>
<tr><td>□由认证机构或第三方出具或认可</td></tr>
<tr><td rowspan="3">实际生产地址 2</td><td colspan="2"></td></tr>
<tr><td rowspan="2">生产规范证明类型</td><td>□由所在国（地区）政府主管部门出具</td></tr>
<tr><td>□由认证机构或第三方出具或认可</td></tr>
<tr><td>……</td><td colspan="2"></td></tr>
<tr><td rowspan="6">联系信息
（自行维护）</td><td>联系人</td><td colspan="2"></td></tr>
<tr><td>联系电话（手机）</td><td colspan="2"></td></tr>
<tr><td>联系电话（座机）</td><td colspan="2"></td></tr>
<tr><td>电子邮箱</td><td colspan="2"></td></tr>
<tr><td>传真号</td><td colspan="2"></td></tr>
<tr><td>邮政编码</td><td colspan="2"></td></tr>
<tr><td colspan="4">（注册人/备案人盖章）
年　月　日</td></tr>
</table>

生产企业信息表（委托境外生产）

<table>
<tr><td rowspan="3">生产企业基本信息（一般审核维护）</td><td>企业名称</td><td colspan="2"></td></tr>
<tr><td>住所地址</td><td colspan="2"></td></tr>
<tr><td>所在国家 / 地区</td><td colspan="2"></td></tr>
<tr><td rowspan="3">法定代表人信息（自行维护）</td><td>姓名</td><td colspan="2"></td></tr>
<tr><td>证件类型</td><td colspan="2"></td></tr>
<tr><td>证件号码</td><td colspan="2"></td></tr>
<tr><td rowspan="5">生产场地信息（生产场地审核维护）</td><td rowspan="2">实际生产地址 1</td><td rowspan="2">生产规范证明类型</td><td>□由所在国（地区）政府主管部门出具</td></tr>
<tr><td>□由认证机构或第三方出具或认可</td></tr>
<tr><td rowspan="2">实际生产地址 2</td><td rowspan="2">生产规范证明类型</td><td>□由所在国（地区）政府主管部门出具</td></tr>
<tr><td>□由认证机构或第三方出具或认可</td></tr>
<tr><td>……</td><td colspan="2"></td></tr>
<tr><td rowspan="3">质量安全负责人信息（自行维护）</td><td>姓名</td><td colspan="2"></td></tr>
<tr><td>证件类型</td><td colspan="2"></td></tr>
<tr><td>证件号码</td><td colspan="2"></td></tr>
<tr><td rowspan="6">联系信息（自行维护）</td><td>联系人</td><td colspan="2"></td></tr>
<tr><td>联系电话（手机）</td><td colspan="2"></td></tr>
<tr><td>联系电话（座机）</td><td colspan="2"></td></tr>
<tr><td>电子邮箱</td><td colspan="2"></td></tr>
<tr><td>传真号</td><td colspan="2"></td></tr>
<tr><td>邮政编码</td><td colspan="2"></td></tr>
<tr><td colspan="4">（注册人 / 备案人盖章）
年 月 日</td></tr>
</table>

生产企业信息表
（我国境内仅从事受托生产的企业）

基本信息（一般审核维护）	名称						
	统一社会信用代码						
	住所地址						
	所在地	省		市		区	
	生产许可证编号						
法定代表人信息（自行维护）	姓名						
	法定代表人证件类型						
	法定代表人证件号码						
质量安全负责人信息（自行维护）	姓名						
	证件类型						
	证件号码						
生产场地信息（生产场地审核维护）	实际生产地址 1						
	实际生产地址 2						
	……						
联系信息（自行维护）	联系人						
	联系电话（手机）						
	联系电话（座机）						
	电子邮箱						
	传真号						
	邮政编码						

（生产企业盖章）
年 月 日

附 7

一般审核更新信息表（境内注册人 / 备案人）

注册人 / 备案人：

资料项	具体模块	具体项目	更新内容	需提交资料
（一）注册人 / 备案人信息表	基本信息	□名称		
		□住所地址		
		□所在地		
（二）质量管理体系概述表	□质量管理体系概述表			质量管理体系概述表
（三）不良反应监测和评价体系概述表	□不良反应监测和评价体系概述表			不良反应监测和评价体系概述表
（六）生产企业信息表（境内自行生产）	生产许可信息	□生产许可证编号		
（六）生产企业信息表（委托境外生产）——先选择名下已有的具体生产企业，再对其信息进行更新	基本信息	□企业名称		
		□住所地址		
		□所在国家 / 地区		

（注册人 / 备案人盖章）

年　月　日

一般审核更新信息表
（境内责任人及其境外注册人 / 备案人）

境外注册人 / 备案人：
境内责任人：

资料项	具体模块	具体项目	更新内容	需提交资料
（一）注册人 / 备案人信息表	基本信息	□名称（中文）		名称发生变化的，应提供由所在国（地区）政府主管部门或有关机构出具的主体未发生变化的相关证明文件原件
		□名称（外文）		
		□住所地址		
		□所在国家 / 地区		
（二）质量管理体系概述表	□质量管理体系概述表			质量管理体系概述表
（三）不良反应监测和评价体系概述表	□不良反应监测和评价体系概述表			不良反应监测和评价体系概述表
（四）境内责任人信息表	基本信息	□企业名称		
		□住所地址		
		□所在地		
（五）境内责任人授权书	□授权范围		（新授权范围应包括原授权范围）	重新提交境内责任人授权书及相关资料
	□授权期限		（授权书其他内容不得改变）	
（六）生产企业信息表（委托境外生产）——先选择名下已有的具体生产企业，再对其信息进行更新	基本信息	□企业名称		
		□住所地址		
		□所在国家 / 地区		

（注册人 / 备案人盖章）
年　　月　　日

一般审核更新信息表
（我国境内仅从事受托生产的企业）

生产企业：

资料项	具体模块	具体项目	更新内容
（六）生产企业信息表	基本信息	□名称	
		□住所地址	
		□所在地	
		□生产许可证编号	

（生产企业盖章）
年 月 日

附 8

生产场地更新信息表（境内注册人 / 备案人）

<table>
<tr><td colspan="6">注册人 / 备案人：</td></tr>
<tr><th>资料项</th><th>维护模块</th><th>维护类型</th><th colspan="2">更新内容</th><th>需提交的相关资料</th></tr>
<tr><td rowspan="4">（六）生产企业信息表（境内）</td><td rowspan="4">生产场地信息</td><td>仅地址文字改变</td><td colspan="2"></td><td></td></tr>
<tr><td>生产场地搬迁</td><td colspan="2"></td><td></td></tr>
<tr><td>生产场地增加</td><td colspan="2"></td><td></td></tr>
<tr><td>生产场地减少</td><td colspan="2"></td><td>应确保该实际生产地址下已无产品关联</td></tr>
<tr><td rowspan="7">（六）生产企业信息表（境外）——先选择名下已有的具体生产企业，再对其信息进行维护</td><td rowspan="7">生产场地信息</td><td>仅地址文字改变</td><td colspan="2"></td><td>所在国（地区）政府主管部门或有关机构出具的生产现场未改变的证明文件原件</td></tr>
<tr><td>生产场地搬迁</td><td colspan="2"></td><td>重新提交境外生产规范证明相关资料</td></tr>
<tr><td>生产场地增加</td><td colspan="2"></td><td>重新提交境外生产规范证明相关资料</td></tr>
<tr><td>生产场地减少</td><td colspan="2"></td><td>应确保该实际生产地址下已无产品关联</td></tr>
<tr><td rowspan="3">仅生产规范证明类型变化</td><td colspan="2">实际生产地址：</td><td rowspan="3">提交相应的境外生产规范证明相关资料</td></tr>
<tr><td rowspan="2">更新类型</td><td>□由所在国（地区）政府主管部门出具</td></tr>
<tr><td>□由认证机构或第三方出具或认可</td></tr>
<tr><td colspan="6">（注册人 / 备案人盖章）
年　月　日</td></tr>
</table>

生产场地更新信息表（境外注册人 / 备案人）

境内责任人：
境外注册人 / 备案人：

<table>
<tr><th>资料项</th><th>维护模块</th><th>维护类型</th><th colspan="2">更新内容</th><th>需提交的相关资料</th></tr>
<tr><td rowspan="6">（六）生产企业信息表（境外）——先选择名下已有的具体生产企业，再对其信息进行维护</td><td rowspan="6">生产场地信息</td><td>仅地址文字改变</td><td colspan="2"></td><td>所在国（地区）政府主管部门或有关机构出具的生产现场未改变的证明文件原件</td></tr>
<tr><td>生产场地搬迁</td><td colspan="2"></td><td>重新提交境外生产规范证明资料</td></tr>
<tr><td>生产场地增加</td><td colspan="2"></td><td>重新提交境外生产规范证明资料</td></tr>
<tr><td>生产场地减少</td><td colspan="2"></td><td>应确保该实际生产地址下已无产品关联</td></tr>
<tr><td rowspan="2">仅生产规范证明类型变化</td><td colspan="2">实际生产地址：</td><td rowspan="2">提交相应的境外生产规范证明相关资料</td></tr>
<tr><td>更新类型</td><td>□由所在国（地区）政府主管部门出具
□由认证机构或第三方出具或认可</td></tr>
</table>

（注册人 / 备案人盖章）
年 月 日

生产场地更新信息表
（我国境内仅从事受托生产的企业）

生产企业：

资料项	维护模块	维护类型	更新内容	需提交的相关资料
（六）生产企业信息表	生产场地信息	仅地址文字改变		
		生产场地搬迁		
		生产场地增加		
		生产场地减少		应确保该实际生产地址下已无产品关联

（生产企业盖章）
年 月 日

附 9

用户权限注销信息表（境内注册人 / 备案人）

注册人 / 备案人：
现申请对该注册人 / 备案人用户权限予以注销，该用户权限下所有产品已全部注销。
（注册人 / 备案人盖章） 年　月　日

用户权限注销信息表（境内责任人）

境内责任人：
境外注册人 / 备案人：
现申请对该注册人 / 备案人对应的境内责任人用户权限予以注销，该用户权限下所有产品已全部完成注销或变更。
（境内责任人盖章） 年　月　日

用户权限注销信息表（我国境内仅从事受托生产的企业）

生产企业：
现申请对该生产企业用户权限予以注销，该用户权限下所有关联产品已全部完成注销或变更。
（生产企业盖章） 年　月　日

附 10

化妆品注册备案信息表
（国产产品，境内注册人 / 备案人）

<table>
<tr><td rowspan="12">产品信息</td><td colspan="2">产品名称（中文）</td><td colspan="4"></td></tr>
<tr><td rowspan="5">分类编码</td><td>功效宣称</td><td colspan="4"></td></tr>
<tr><td>作用部位</td><td colspan="4"></td></tr>
<tr><td>产品剂型</td><td colspan="4"></td></tr>
<tr><td>适用人群</td><td colspan="4"></td></tr>
<tr><td>使用方法</td><td colspan="4"></td></tr>
<tr><td rowspan="6">申报类别
（特殊化妆品填报）</td><td>□染发类</td><td colspan="2">□烫发类</td><td colspan="2">□防脱类</td></tr>
<tr><td>□祛斑美白类</td><td colspan="4">□祛斑美白类（仅具物理遮盖作用）</td></tr>
<tr><td rowspan="2">□防晒类</td><td>SPF 值</td><td>PA</td><td colspan="2">浴后 SPF 值</td></tr>
<tr><td></td><td></td><td colspan="2"></td></tr>
<tr><td>□新功效</td><td colspan="4">（填写宣称功效）</td></tr>
<tr><td colspan="5"></td></tr>
<tr><td rowspan="5">注册人 / 备案人信息</td><td colspan="2">名称</td><td colspan="4"></td></tr>
<tr><td colspan="2">统一社会信用代码</td><td colspan="4"></td></tr>
<tr><td colspan="2">住所地址</td><td colspan="4"></td></tr>
<tr><td colspan="2">所在地</td><td>省</td><td>市</td><td colspan="2">区</td></tr>
<tr><td colspan="2">联系人</td><td></td><td>联系电话</td><td colspan="2"></td></tr>
<tr><td rowspan="6">生产信息</td><td rowspan="2">□境内自行生产</td><td>生产许可证编号</td><td colspan="4"></td></tr>
<tr><td>生产地址</td><td colspan="4"></td></tr>
<tr><td rowspan="4">□委托境内生产</td><td>生产企业名称</td><td colspan="4"></td></tr>
<tr><td>生产许可证编号</td><td colspan="4"></td></tr>
<tr><td>住所地址</td><td colspan="4"></td></tr>
<tr><td>生产地址</td><td colspan="4"></td></tr>
<tr><td rowspan="8">其他信息</td><td colspan="2" rowspan="2">检验受理编号
（补充检验报告编号无需单独填报）</td><td colspan="4"></td></tr>
<tr><td colspan="4"></td></tr>
<tr><td rowspan="3">是否使用新原料</td><td>□使用已注册新原料</td><td>注册号</td><td colspan="3"></td></tr>
<tr><td>□使用已备案新原料</td><td>备案号</td><td colspan="3"></td></tr>
<tr><td>□不使用</td><td colspan="4"></td></tr>
<tr><td colspan="2">□套装产品</td><td colspan="4"></td></tr>
<tr><td colspan="2">□配合仪器使用产品</td><td colspan="4"></td></tr>
<tr><td colspan="2">……</td><td colspan="4"></td></tr>
<tr><td colspan="7">（注册人 / 备案人盖章）
年 月 日</td></tr>
</table>

化妆品注册备案信息表
（进口产品，境外注册人 / 备案人）

<table>
<tr><td rowspan="14">产品信息</td><td colspan="2">产品名称（中文）</td><td colspan="6"></td></tr>
<tr><td colspan="2">产品名称（外文）</td><td colspan="6"></td></tr>
<tr><td rowspan="5">分类编码</td><td>功效宣称</td><td colspan="6"></td></tr>
<tr><td>作用部位</td><td colspan="6"></td></tr>
<tr><td>产品剂型</td><td colspan="6"></td></tr>
<tr><td>适用人群</td><td colspan="6"></td></tr>
<tr><td>使用方法</td><td colspan="6"></td></tr>
<tr><td rowspan="5">申报类别（特殊化妆品填报）</td><td>□染发类</td><td colspan="3">□烫发类</td><td colspan="3">□防脱类</td></tr>
<tr><td>□祛斑美白类</td><td colspan="6">□祛斑美白类（仅具物理遮盖作用）</td></tr>
<tr><td rowspan="2">□防晒类</td><td colspan="2">SPF 值</td><td colspan="2">PA</td><td colspan="2">浴后 SPF 值</td></tr>
<tr><td colspan="2"></td><td colspan="2"></td><td colspan="2"></td></tr>
<tr><td>□新功效</td><td colspan="6">（填写宣称功效）</td></tr>
<tr><td colspan="8" style="display:none"></td></tr>
<tr><td colspan="8" style="display:none"></td></tr>
<tr><td rowspan="5">注册人 / 备案人信息</td><td colspan="2">名称（中文）</td><td colspan="6"></td></tr>
<tr><td colspan="2">名称（外文）</td><td colspan="6"></td></tr>
<tr><td colspan="2">住所地址</td><td colspan="6"></td></tr>
<tr><td colspan="2">所在国 / 地区</td><td colspan="6"></td></tr>
<tr><td colspan="2">联系人</td><td colspan="2"></td><td colspan="2">联系电话</td><td colspan="2"></td></tr>
<tr><td rowspan="5">境内责任人信息</td><td colspan="2">名称</td><td colspan="6"></td></tr>
<tr><td colspan="2">统一社会信用代码</td><td colspan="6"></td></tr>
<tr><td colspan="2">住所地址</td><td colspan="6"></td></tr>
<tr><td colspan="2">所在地</td><td>省</td><td></td><td>市</td><td></td><td>区</td><td></td></tr>
<tr><td colspan="2">联系人</td><td colspan="2"></td><td colspan="2">联系电话</td><td colspan="2"></td></tr>
</table>

续表

<table>
<tr><td rowspan="8">生产信息</td><td rowspan="3">□境外自行生产</td><td>生产资质证明类型</td><td colspan="3"></td></tr>
<tr><td>生产地址</td><td colspan="3"></td></tr>
<tr><td>原产国（地区）</td><td colspan="3"></td></tr>
<tr><td rowspan="5">□委托境外生产</td><td>生产资质证明类型</td><td colspan="3"></td></tr>
<tr><td>生产企业名称</td><td colspan="3"></td></tr>
<tr><td>住所地址</td><td colspan="3"></td></tr>
<tr><td>生产地址</td><td colspan="3"></td></tr>
<tr><td>原产国（地区）</td><td colspan="3"></td></tr>
<tr><td rowspan="7">其他信息</td><td>检验受理编号（补充检验报告编号无需单独填报）</td><td colspan="4"></td></tr>
<tr><td rowspan="3">是否使用新原料</td><td>□使用已注册新原料</td><td>注册号</td><td></td></tr>
<tr><td>□使用已备案新原料</td><td>备案号</td><td></td></tr>
<tr><td>□不使用</td><td colspan="3"></td></tr>
<tr><td colspan="2">□套装产品</td><td colspan="3"></td></tr>
<tr><td colspan="2">□配合仪器使用产品</td><td colspan="3"></td></tr>
<tr><td colspan="2">……</td><td colspan="3"></td></tr>
<tr><td colspan="6">（注册人 / 备案人盖章）
年 月 日</td></tr>
</table>

化妆品注册备案信息表
（国产产品，境外注册人 / 备案人）

产品信息	产品名称（中文）					
	分类编码	功效宣称				
		作用部位				
		产品剂型				
		适用人群				
		使用方法				
	申报类别（特殊化妆品填报）	□染发类	□烫发类			□防脱类
		□祛斑美白类	□祛斑美白类（仅具物理遮盖作用）			
		□防晒类	SPF 值		PA	浴后 SPF 值
		□新功效	（填写宣称功效）			
注册人 / 备案人信息	名称（中文）					
	名称（外文）					
	住所地址					
	所在国 / 地区					
	联系人			联系电话		
境内责任人信息	名称					
	统一社会信用代码					
	住所地址					
	所在地	省		市		区
	联系人			联系电话		
生产信息	□委托境内生产	生产企业名称				
		生产许可证编号				
		住所地址				
		生产地址				
其他信息	检验受理编号（补充检验报告编号无需单独填报）					
	是否使用新原料	□使用已注册新原料	注册号			
		□使用已备案新原料	备案号			
		□不使用				
	□套装产品					
	□配合仪器使用产品					
	……					

（注册人 / 备案人盖章）

年　月　日

化妆品注册备案信息表
（进口产品，境内注册人 / 备案人）

<table>
<tr><td rowspan="12">产品信息</td><td colspan="2">产品名称（中文）</td><td colspan="4"></td></tr>
<tr><td colspan="2">产品名称（外文）</td><td colspan="4"></td></tr>
<tr><td rowspan="5">分类编码</td><td>功效宣称</td><td colspan="4"></td></tr>
<tr><td>作用部位</td><td colspan="4"></td></tr>
<tr><td>产品剂型</td><td colspan="4"></td></tr>
<tr><td>适用人群</td><td colspan="4"></td></tr>
<tr><td>使用方法</td><td colspan="4"></td></tr>
<tr><td rowspan="5">申报类别
（特殊化妆品填报）</td><td>□染发类</td><td colspan="2">□烫发类</td><td colspan="2">□防脱类</td></tr>
<tr><td>□祛斑美白类</td><td colspan="4">□祛斑美白类（仅具物理遮盖作用）</td></tr>
<tr><td rowspan="2">□防晒类</td><td>SPF 值</td><td colspan="2">PA</td><td>浴后 SPF 值</td></tr>
<tr><td></td><td colspan="2"></td><td></td></tr>
<tr><td>□新功效</td><td colspan="4">（填写宣称功效）</td></tr>
<tr><td rowspan="5">注册人 / 备案人信息</td><td colspan="2">名称</td><td colspan="4"></td></tr>
<tr><td colspan="2">统一社会信用代码</td><td colspan="4"></td></tr>
<tr><td colspan="2">住所地址</td><td colspan="4"></td></tr>
<tr><td colspan="2">所在地</td><td>省</td><td>市</td><td></td><td>区</td></tr>
<tr><td colspan="2">联系人</td><td></td><td colspan="2">联系电话</td><td></td></tr>
<tr><td rowspan="5">生产信息</td><td rowspan="5">□委托境外生产</td><td>生产资质证明类型</td><td colspan="4"></td></tr>
<tr><td>生产企业名称</td><td colspan="4"></td></tr>
<tr><td>住所地址</td><td colspan="4"></td></tr>
<tr><td>生产地址</td><td colspan="4"></td></tr>
<tr><td>原产国（地区）</td><td colspan="4"></td></tr>
<tr><td rowspan="9">其他信息</td><td rowspan="2">检验受理编号
（补充检验报告编号无需单独填报）</td><td colspan="5"></td></tr>
<tr><td colspan="5"></td></tr>
<tr><td rowspan="3">是否使用新原料</td><td>□使用已注册新原料</td><td>注册号</td><td colspan="3"></td></tr>
<tr><td>□使用已备案新原料</td><td>备案号</td><td colspan="3"></td></tr>
<tr><td>□不使用</td><td colspan="4"></td></tr>
<tr><td colspan="2">□套装产品</td><td colspan="4"></td></tr>
<tr><td colspan="2">□配合仪器使用产品</td><td colspan="4"></td></tr>
<tr><td colspan="2">……</td><td colspan="4"></td></tr>
<tr><td colspan="2"></td><td colspan="4"></td></tr>
<tr><td colspan="7">（注册人 / 备案人盖章）
年　　月　　日</td></tr>
</table>

附 11

配方表式样

一、配方表

序号	标准中文名称	INCI 名称 / 英文名称	原料含量（%）	复配百分比（%）	实际成分含量（%）	使用目的	备注

二、配方表附件式样

序号	标准中文名称	生产商	原料报送码

填报说明：配方表中成分含量、实际成分含量的有效数字位数原则上不少于一位有效数字不超过五位有效数字。

附 12

化妆品原料安全信息报送指南

一、化妆品原料生产商是指对原料安全承担责任的企业，可以是原料的实际生产企业、与原料实际生产企业隶属同一集团公司的关联企业或者原料委托生产行为中的委托企业。

化妆品原料生产商应当通过国家药品监督管理局原料安全信息服务平台提交《原料安全相关信息备案企业信息表》（附 13）和企业主体证明文件，开通化妆品原料安全相关信息报送权限。

二、境外或者境内原料生产商可以自行报送化妆品原料安全信息，也可以授权境外或者境内法人企业对原料安全信息进行报送和日常维护。被授权企业开通用户权限时，还应当同时提交化妆品原料生产商出具的授权书。授权书应当明确授权关系和授权范围，同一质量规格的原料安全相关信息只能授权一家企业。

三、原料安全相关信息应当包括原料商品名、原料基本信息、原料生产工艺简述、必要的质量控制要求、国际权威机构评估结论、风险物质限量要求等（详见附 14）。

化妆品生产用水无需报送原料安全相关信息，但特殊产地来源用水除外。

四、原料安全相关信息通过信息平台提交后，自动生成原料报送码。原料报送码由五位生产商数字编码、六位原料数字编码和三位原料质量规格数字编码组成，每组编码间用“–”相连。

五、国家药品监督管理局主动公开已报送原料安全信息的原料商品名、生产商信息和原料报送码。

化妆品注册人、备案人或者境内责任人在申请特殊化妆品注册或者办理普通化妆品备案时，可以填写原料报送码关联原料安全信息文件。原料生产商、安全相关信息发生变更时，注册人、备案人或者境内责任人应及时变更相关资料。

附 13

原料安全相关信息备案企业信息表
（化妆品原料生产商或者被授权的企业填写）

原料生产商名称	（中文，境内企业填写） （英文，境外企业填写）	
所在国	□境外　□境内	
原料生产商地址		
被授权企业名称	（存在授权情况时填写，并附授权书）	
被授权企业住所地址	（存在授权情况时填写，并附授权书）	
联系人信息 （存在授权情况时，填写被授权企业信息）	联系人	
	联系电话（手机）	
	联系电话（座机）	
	电子邮箱	
	实际办公地址	
	邮政编码	

承诺书

1. 本企业生产的化妆品原料，符合《化妆品监督管理条例》《化妆品注册备案管理办法》《化妆品安全技术规范》及其他中华人民共和国化妆品监管相关法规要求和技术要求。
2. 本企业提供的所有化妆品原料安全资料均真实合法。本企业对资料内容负责，并承担相应的法律责任。
3. 本企业授权其他企业报送的指定化妆品原料安全信息，内容均源于本企业，获取渠道双方无争议。指定化妆品原料参见授权书。
4. 本企业将妥善保管用户密码，通过该用户进行的化妆品原料安全资料备案相关系行为均代表本企业行为，因密码丢失或泄密造成的损失将由本企业自行承担。

（填写此表的原料生产商或者被授权企业签章）

年　　月　　日

附 14

原料安全相关信息

【原料商品名、原料基本信息、原料生产工艺简述】

<table>
<tr><td>原料商品名</td><td colspan="4"></td></tr>
<tr><td rowspan="5">原料组成
（包括复配组分）</td><td>组分</td><td>组分中文名称</td><td>组分 INCI 名称</td><td>百分比范围</td></tr>
<tr><td>1</td><td>（组分名称应与已使用的化妆品原料目录内容一致）</td><td></td><td></td></tr>
<tr><td>2</td><td></td><td></td><td></td></tr>
<tr><td>3</td><td></td><td></td><td></td></tr>
<tr><td>……</td><td></td><td></td><td></td></tr>
<tr><td>化妆品中建议添加量</td><td colspan="4">基于安全或者功效的角度明确原料在化妆品中的建议添加量，在驻留类和淋洗类化妆品中建议添加量有区别的应当分别予以明确。</td></tr>
<tr><td>原料使用限制（如有）</td><td colspan="4">（该原料在化妆品中的使用限制、配伍禁忌、警示用语的标注要求等）</td></tr>
<tr><td>原料性状</td><td colspan="4">（颜色、气味、状态）</td></tr>
<tr><td>物理化学性质描述</td><td colspan="4"></td></tr>
<tr><td>生产工艺类型描述</td><td colspan="4">应当明确生产工艺类型：物理粉碎；物理压榨；水或者其他种类溶剂提取；化学合成；生物发酵。简要概述搅拌、加热、蒸馏、过滤、干燥、包装等过程。
直接来源于动植物的天然原料，应明确物种信息、拉丁名、提取部位（藻类和大型真菌类参照此要求）。
生物技术来源原料[①]应明确生产所用的基因来源、载体构建、工程菌信息、供体生物、受体生物、修饰微生物等必要信息。</td></tr>
</table>

（如无法提供原料组成，可不填写，但应当提交相关说明资料）

【质量控制要求】

序号	指标名称	分子式或结构式（如能明确）	CAS 号（如能明确）	测试方法名称	定量范围
1					
2					
3					

（如无法提供，可不填写，但应当提交相关说明资料）

（对于化学结构明确的单一原料，应提供纯度要求）

（对于化学结构不明确的原料，应提供指标性成分定量要求或总成分、蒸发残留 / 固形物含量、干燥失重 / 水分、炽灼残渣、典型物理化学指标等定量要求）

（聚合物类原料应同时明确聚合度以及平均分子量，如有）

（寡肽类原料还应明确氨基酸序列）

① 生物技术来源原料包括水解植物成分

1. 鉴别方法
（如无法提供，应当提交相关说明资料）
2. 定量控制指标 / 特征性指标检验方法
（与上表中指标一一对应）
（检验方法仅提供方法名称即可）
3. 微生物指标（如适用）
【国际权威机构评估结论】
（如有，应当简要说明，并附权威机构名称）
【其他行业使用要求简述】
【风险物质限量要求】（如有）

序号	风险物质名称	CAS 号	限量要求	备注
1				
2				
……				

重金属指标（如适用）：
农药残留风险：（仅植物来源原料，如适用）
微生物污染控制情况：（仅生物技术来源原料，如适用）
宿主致病性、毒性成分控制情况：（仅生物技术来源原料，如适用）
【其他需要说明的问题】

附 15　产品执行的标准式样

化妆品产品执行的标准

（产品执行的标准编号 **）

中文名称
外文名称
【配方全成分】

表 1　产品配方原料和使用目的

序号	原料中文名称	使用目的
……	……	……
……		

【生产工艺简述】
【感官指标】

表 2　感官指标

项目	指标
……	……

【微生物和理化指标及质量控制措施】

表 3　微生物和理化指标及其质量控制措施

项目	指标	质量管理措施	简要说明
……	……	……	……

【使用方法】安全警示用语

【贮存条件】

【使用期限】

化妆品产品执行的标准编制说明

一、编制工作应符合国家法律、行政法规、部门规章、技术标准和规范性文件的相关规定。

二、产品执行的标准的设计、内容和数据应符合公认的科学原理，准确可靠。

三、产品执行的标准的文字、数字、公式、单位、符号、图表等应符合标准化要求，引用的标准准确、有效。术语的定义应符合国家有关规定。

（一）应使用规范汉字。使用的标点符号应符合 GB/T15834 的规定。

（二）应使用 GB3101、GB3102 规定的法定计量单位。表示量值时，应写出其单位。

（三）应准确列出引用标准或文件的目录。

（四）引用的标准或文件应包括出版本号或年号以及完整的标准（文件）名称。

（五）如果引用的标准（文件）可以互联网在线获得，应提供详细的获取和访问路径。应给出被引用标准（文件）的完整的网址。为了保证溯源性，应提供源网址。

四、产品执行的标准中所建立的检测方法准确、精密，并经过方法学验证。

五、产品执行的标准中有限量要求的，须使用明确的数值表示。不应仅使用定性的表述，如“适量”或“合适的温度”等。

六、产品执行的标准中的表格应当按照规定样式填报，除需对应不同配方外，一般不可将表格内容再行拆分。

所有表格应当顺序编号并注明表题。具有多个配方的，如需分别填报相应表格，应对表格进行合理命名，体现与相关配方的对应关系。表格如在文本内容中提及，应当通过表序或表题正确引用。

七、产品执行的标准可能涉及知识产权的，药品监督管理部门不承担识别该知识产权的责任。

八、应使用国家法定部门认可的标准物质（包括标准品和对照品）。若使用的对照物质是自行研制的，应提交相应的鉴定研究资料和对照物质。供研究用样品应是配方确定、生产工艺稳定、具有代表性的多批产品。

九、开展产品执行的标准的研究，应在能满足该产品执行的标准要求研究条件的实验室进行，并由相应技术人员承担。

附 16　产品执行的标准样例

化妆品产品执行的标准

（产品执行的标准编号 **）

中文名称（由系统自动导入）

外文名称（由系统自动导入）

【配方全成分】（由系统自动导入，包括原料的序号、全部原料的中文名称和使用目的）

表 1　产品配方原料和使用目的

序号	原料中文名称	使用目的

【生产工艺简述】应简要描述产品实际生产制作过程，包括投料、混合、灌装等主要步骤，应当提交的工艺参数主要指温度，温度范围的设定应当主要考虑对产品质量、安全性的影响，其次还考虑不同生产规模、不同生产设备时所需要的温度。

涉及分段生产的示例如下：

1、将 A 相原料加入水相锅内，加热（70℃ –80℃），充分混合均匀，搅拌，投入主锅中。

2、将 B 相原料搅拌完全分散好后加入主锅中。

3、将 C 相搅拌完全分散好后加入主锅中。

4、搅拌完全分散。

5、搅拌冷却（40℃-50℃），将D相中的原料加入主锅内，搅拌，冷却至室温，脱泡过滤，出料（半成品）。取样检测、料体转移。

6、灌装（成品）

A相原料：部分1、4、5、8、9、10、15

B相原料：部分1、7、16

C相原料：2、3、6、11、12、13、14

E相原料：17

步骤1–5所得的半成品，在生产企业1：××国××区××路××号制成或者生产企业2：××国××区××路××号制成。

步骤6所得的成品，在生产企业3：中国××省××路××号制成。

（同一生产企业如有多个生产地址，可同时列出）

【感官指标】

颜色：例如浅粉色；

性状：例如膏；

气味：请按产品实际情况填写：有香味、有原料特征性气味、无味；

表2　感官指标

检验项目	指标
颜色	……
性状	……
气味	有香味
……	……

【微生物和理化指标及质量控制措施】

表3　微生物和理化指标及其质量控制措施

项目	指标	质量管理措施 *	简要说明 **
菌落总数	≤ 1000CFU/g	产品逐批检验	按《化妆品安全技术规范》（2015年版）“微生物检验方法”进行检验
……	……	……	……
耐热大肠菌群	不得检出 /g	生产工艺流程管控和全项检验	按革兰氏阴性菌定性检测方法进行检验
铅（以铅计）	≤ 10mg/kg	原料相关指标控制以及全项检验	总重金属检测

续表

项目	指标	质量管理措施 *	简要说明 **
……	……	……	……
砷（以砷计）	≤ 2mg/kg	原料相关指标控制和全项检验	总重金属检测
镉	≤ 1mg/kg	原料相关指标控制和全项检验	总重金属检测
……	……	……	……
……	……	……	……

备注：质量管理措施 *（1）注册人、备案人应根据产品实际控制的需要，每个指标选择 1 项以上（含 1 项）的质量管理措施，以确保最终产品符合《化妆品安全技术规范》以及产品执行的标准要求。

（2）可接受的质量管理措施包括但不限于：产品逐批检验、全项检验、原料相关指标控制、生产工艺流程管控等等。

简要说明 **

示例（1）生产工艺流程管控和全项检验：该产品生产过程厂房空气净化级别达到 ****，并按照全项检验要求开展必要的检验；所用的“革兰氏阴性菌定性检测”方法，为我司自行开发方法，对标 ISO***，并与《化妆品安全技术规范》“微生物检验方法”中耐热大肠菌群和铜绿假单胞菌检验方法进行对比验证。本方法为定性检测是否含有革兰氏阴性菌、耐热大肠菌群和铜绿假单胞菌属革兰氏阴性菌，检验结果能符合《化妆品安全技术规范》耐热大肠菌群和铜绿假单胞菌指标要求，已进行多批次的试验数据结果对比。

示例（2）原料相关指标控制和全项检验：要求原料供应商对所有有可能带入重金属的原料的总金属指标出具分析报告书（CoA），说明残留量。附以必要的原料和产品的全项检验，所用的“总重金属检测”方法，为自行开发方法，已与《化妆品安全技术规范》中汞、铅、砷、镉检验方法进行验证，将产品中总重金属以铅记，检测总含量，规定总重金属残留量不超过 1mg/kg，以保证符合《化妆品安全技术规范》所有重金属指标的相关要求。

【使用方法】

【安全警示用语】

【贮存条件】

【使用期限】

附 17

化妆品产品标签样稿式样

<table>
<tr><th colspan="2">项 目</th><th colspan="2">内 容</th></tr>
<tr><td rowspan="10">化妆品标签管理规定的应包括的基本内容</td><td>产品名称、注册证编号</td><td rowspan="4" colspan="2">按照化妆品标签管理有关规定要求和产品实际情况标注，相关内容应与产品注册证 / 备案凭证载明信息一致</td></tr>
<tr><td>注册人 / 备案人名称、地址；
境内责任人名称、地址</td></tr>
<tr><td>生产企业名称、地址；
生产许可证编号</td></tr>
<tr><td>产品执行的标准编号</td></tr>
<tr><td rowspan="2">全成分标识</td><td>0.1%（w/w）以上成分</td><td>企业填报</td></tr>
<tr><td>其他微量成分</td><td>企业填报</td></tr>
<tr><td>净含量</td><td colspan="2">按实际标注</td></tr>
<tr><td>使用期限</td><td colspan="2">按实际标注，与产品执行的标准相符</td></tr>
<tr><td>使用方法</td><td rowspan="2" colspan="2">企业填报
应与产品执行的标准相符</td></tr>
<tr><td>安全警示用语</td></tr>
<tr><td rowspan="4">化妆品标签管理规定的应包括的其他内容</td><td>产品名称相关解释说明</td><td colspan="2">企业填报</td></tr>
<tr><td rowspan="2">创新用语</td><td>创新用语一：</td><td>解释：</td></tr>
<tr><td>创新用语二：</td><td>解释：</td></tr>
<tr><td>按有关规定应当标注的其他内容</td><td colspan="2">企业填报</td></tr>
<tr><td rowspan="3">企业自主选择标注的标签内容</td><td>是否标注“已经过评价验证”</td><td colspan="2">□是 □否</td></tr>
<tr><td>其他特别宣称</td><td colspan="2">根据化妆品功效宣称评价相关规定，由企业填报</td></tr>
<tr><td>其他文案内容
（含拟在包装标签上以图案或其他形式出现的文字，如艺术字、变形文字等）</td><td colspan="2">企业填报
（语句文意应当连贯，不得使用不必要的空格、回车或间隔标点符号）</td></tr>
</table>

附 18

特殊化妆品变更申请表

<table>
<tr><td>产品名称</td><td colspan="5"></td></tr>
<tr><td>批准文号</td><td colspan="2"></td><td>有效期</td><td colspan="2">截至　　年　　月　　日</td></tr>
<tr><td rowspan="4">注册人</td><td>名称（中文）</td><td colspan="4"></td></tr>
<tr><td>名称（外文）</td><td colspan="4"></td></tr>
<tr><td>住所地址</td><td colspan="4"></td></tr>
<tr><td>联系人</td><td></td><td>联系电话</td><td colspan="2"></td></tr>
<tr><td rowspan="3">境内责任人</td><td>名称</td><td colspan="4"></td></tr>
<tr><td>住所地址</td><td colspan="4"></td></tr>
<tr><td>联系人</td><td></td><td>联系电话</td><td colspan="2"></td></tr>
<tr><td colspan="6">所附资料清单：
1、特殊化妆品变更申请表
2、……</td></tr>
<tr><td colspan="6">保证书
本产品注册人（和境内责任人）保证：本产品除拟变更事项外，其他事项不发生变化。如有不实之处，我单位愿负相应法律责任，并承担由此造成的一切后果。

注册人（和境内责任人）（签章）
年　　月　　日</td></tr>
<tr><td colspan="6">申请变更项目及内容：</td></tr>
<tr><td colspan="6">申请变更理由：</td></tr>
</table>

附件 19

普通化妆品变更信息表

<table>
<tr><td rowspan="8">产品信息</td><td>产品名称（中文）</td><td colspan="6"></td></tr>
<tr><td>产品名称（外文）</td><td colspan="6"></td></tr>
<tr><td rowspan="5">分类编码</td><td colspan="2">功效宣称</td><td colspan="4"></td></tr>
<tr><td colspan="2">作用部位</td><td colspan="4"></td></tr>
<tr><td colspan="2">产品剂型</td><td colspan="4"></td></tr>
<tr><td colspan="2">适用人群</td><td colspan="4"></td></tr>
<tr><td colspan="2">使用方法</td><td colspan="4"></td></tr>
<tr><td>是否儿童产品</td><td colspan="6">□是 □否</td></tr>
<tr><td rowspan="7">备案人信息</td><td>名称（中文）</td><td colspan="6"></td></tr>
<tr><td>名称（外文）</td><td colspan="6"></td></tr>
<tr><td>统一社会信用代码</td><td colspan="6"></td></tr>
<tr><td>住所地址</td><td colspan="6"></td></tr>
<tr><td>所在国 / 地区</td><td colspan="6"></td></tr>
<tr><td>所在地</td><td>省</td><td></td><td>市</td><td></td><td>区</td><td></td></tr>
<tr><td>联系人</td><td colspan="2"></td><td>联系电话</td><td colspan="3"></td></tr>
<tr><td rowspan="5">境内责任人信息</td><td>名称</td><td colspan="6"></td></tr>
<tr><td>统一社会信用代码</td><td colspan="6"></td></tr>
<tr><td>住所地址</td><td colspan="6"></td></tr>
<tr><td>所在地</td><td>省</td><td></td><td>市</td><td></td><td>区</td><td></td></tr>
<tr><td>联系人</td><td colspan="2"></td><td>联系电话</td><td colspan="3"></td></tr>
</table>

续表

生产信息	□境内自行生产	生产许可证编号	
		生产地址	
	□委托境内生产	生产企业名称	
		生产许可证编号	
		住所地址	
		生产地址	
	□境外自行生产	生产资质证明类型	
		生产地址	
		原产国（地区）	
	□委托境外生产	生产资质证明类型	
		生产企业名称	
		住所地址	
		生产地址	
		原产国（地区）	
所附资料清单： 1、普通化妆品变更信息表 2、……			
保证书 本产品备案人（和境内责任人）保证：本产品除拟变更事项外，其他事项不发生变化。如有不实之处，我单位愿负相应法律责任，并承担由此造成的一切后果。 备案人（和境内责任人）（签章） 年　月　日			
申请变更项目及内容：			
申请变更理由：			

附 20

化妆品产品注册延续申请表

<table>
<tr><td rowspan="9">产品信息</td><td>产品名称（中文）</td><td colspan="5"></td></tr>
<tr><td>产品名称（英文）</td><td colspan="5"></td></tr>
<tr><td rowspan="5">分类编码</td><td>功效宣称</td><td colspan="4"></td></tr>
<tr><td>作用部位</td><td colspan="4"></td></tr>
<tr><td>产品剂型</td><td colspan="4"></td></tr>
<tr><td>适用人群</td><td colspan="4"></td></tr>
<tr><td>使用方法</td><td colspan="4"></td></tr>
<tr><td>产品类别</td><td colspan="5"></td></tr>
<tr><td>是否为儿童产品</td><td colspan="5">□是 □否</td></tr>
<tr><td rowspan="5">□境内注册人信息</td><td>名称</td><td colspan="5"></td></tr>
<tr><td>统一社会信用代码</td><td colspan="5"></td></tr>
<tr><td>住所地址</td><td colspan="5"></td></tr>
<tr><td>所在地</td><td>省</td><td></td><td>市</td><td>区</td><td></td></tr>
<tr><td>联系人</td><td colspan="2"></td><td>联系电话</td><td colspan="2"></td></tr>
<tr><td rowspan="5">□境外注册人信息</td><td>名称（中文）</td><td colspan="5"></td></tr>
<tr><td>名称（外文）</td><td colspan="5"></td></tr>
<tr><td>住所地址</td><td colspan="5"></td></tr>
<tr><td>所在国/地区</td><td colspan="5"></td></tr>
<tr><td>联系人</td><td colspan="2"></td><td>联系电话</td><td colspan="2"></td></tr>
</table>

续表

<table>
<tr><td rowspan="5">□境内责任人信息</td><td>名称</td><td colspan="6"></td></tr>
<tr><td>统一社会信用代码</td><td colspan="6"></td></tr>
<tr><td>住所地址</td><td colspan="6"></td></tr>
<tr><td>所在地</td><td>省</td><td></td><td>市</td><td></td><td>区</td><td></td></tr>
<tr><td>联系人</td><td colspan="2"></td><td>联系电话</td><td colspan="3"></td></tr>
<tr><td rowspan="14">生产信息</td><td rowspan="2">□境内自行生产</td><td colspan="2">生产许可证编号</td><td colspan="3"></td></tr>
<tr><td colspan="2">生产地址</td><td colspan="3"></td></tr>
<tr><td rowspan="4">□委托境内生产</td><td colspan="2">生产企业名称</td><td colspan="3"></td></tr>
<tr><td colspan="2">生产许可证编号</td><td colspan="3"></td></tr>
<tr><td colspan="2">住所地址</td><td colspan="3"></td></tr>
<tr><td colspan="2">生产地址</td><td colspan="3"></td></tr>
<tr><td rowspan="3">□境外自行生产</td><td colspan="2">生产资质证明类型</td><td colspan="3"></td></tr>
<tr><td colspan="2">生产地址</td><td colspan="3"></td></tr>
<tr><td colspan="2">原产国（地区）</td><td colspan="3"></td></tr>
<tr><td rowspan="5">□委托境外生产</td><td colspan="2">生产资质证明类型</td><td colspan="3"></td></tr>
<tr><td colspan="2">生产企业名称</td><td colspan="3"></td></tr>
<tr><td colspan="2">住所地址</td><td colspan="3"></td></tr>
<tr><td colspan="2">生产地址</td><td colspan="3"></td></tr>
<tr><td colspan="2">原产国（地区）</td><td colspan="3"></td></tr>
<tr><td>其他信息</td><td>检验受理编号（补充检验报告编号无需填报）</td><td colspan="5"></td></tr>
<tr><td colspan="2">原产品注册证号</td><td></td><td>有效期</td><td colspan="3">至 年 月 日</td></tr>
<tr><td colspan="2">原产品类别</td><td colspan="5"></td></tr>
</table>

保证书

本申请表中所申报的内容和所附资料均真实、合法，复印件和原件一致。如有不实之处，我单位愿负相应法律责任，并承担由此造成的一切后果。

注册人（签章） 境内责任人（签章）

年 月 日 年 月 日

备注：

附 21

化妆品注册延续自查情况报告样例

1. 生产（进口）销售证明材料

已上传该产品的生产（进口）销售证明材料。（国产特殊化妆品可提供销售记录或销售发票等，进口特殊化妆品可提供报关单或销售记录等。限上一个注册周期内，提交一份或以上证明材料）

该产品在上一注册周期内未生产或进口，已按要求进行检验和安全风险评估（附相关检验报告和安全评估资料）

2. 监督抽检、查处、召回情况（限上一注册周期）

时间	情况类型	情况简述	备注
	监督抽查		
	查处		
	召回		

（可附相关资料）

3. 该产品不良反应统计分析情况及采取措施

（可附相关资料）

4. 其他需要说明的内容。

附 22

化妆品注册补发申请表

<table>
<tr><td rowspan="2">产品名称</td><td>中文名称</td><td colspan="3"></td></tr>
<tr><td>外文名称</td><td colspan="3"></td></tr>
<tr><td rowspan="2">产品类别</td><td>分类编码</td><td colspan="3"></td></tr>
<tr><td>产品类别</td><td colspan="3"></td></tr>
<tr><td colspan="2">批准文号</td><td colspan="3"></td></tr>
<tr><td colspan="2">注册人名称</td><td colspan="3"></td></tr>
<tr><td colspan="2">境内责任人名称</td><td colspan="3"></td></tr>
<tr><td colspan="2">联系人</td><td></td><td>电话</td><td></td></tr>
<tr><td colspan="5">申请补发原因：
□因产品注册证原件破损，申请补发新的产品注册证
□因产品注册证遗失申请补发新的产品注册证</td></tr>
<tr><td colspan="5">注册人（和境内责任人）（签章）
年　月　日</td></tr>
</table>

附 23

化妆品注册撤回申请表

产品名称	中文名称		
	外文名称		
产品类别	分类编码		
	产品类别		
产品受理号		受理日期	
注册人名称			
境内责任人名称			
联系人		电话	
撤回行政许可申请原因:(可附页)			
是否申请退回全部申报资料		□是　　□否	
注册申请人(和境内责任人)(签章) 年　　月　　日			

附 24

化妆品注册注销申请表

产品名称	中文名称		
	外文名称		
产品类别	分类编码		
	产品类别		
批准文号			
注册人名称			
境内责任人名称			
联系人		电话	
注销原因：			
注册人（和境内责任人）（签章） 年 月 日			

国家药监局关于实施《化妆品注册备案资料管理规定》有关事项的公告

2021 年第 35 号

为贯彻落实《化妆品监督管理条例》《化妆品注册备案管理办法》相关规定，进一步规范化妆品注册备案管理工作，现就实施《化妆品注册备案资料管理规定》（以下简称《规定》）有关事项公告如下：

一、关于化妆品注册备案信息服务平台

为方便企业提前做好化妆品注册备案准备工作，自 2021 年 4 月 1 日起，境内的化妆品注册人、备案人、境内责任人和化妆品生产企业，可以通过全国一体化在线政务服务平台国家药监局网上办事大厅（https://zwfw.nmpa.gov.cn），按照《规定》的要求在化妆品注册备案信息服务平台（以下简称新注册备案平台）提交相关资料，办理注册备案用户账号；自 2021 年 5 月 1 日起，化妆品注册人、备案人、境内责任人，应当通过新注册备案平台申请特殊化妆品注册或者进行普通化妆品备案。

自 2021 年 5 月 1 日起，原化妆品行政许可和备案信息管理系统（以下简称原注册备案平台）不再接收特殊化妆品注册申请或者普通化妆品备案。此前已在原注册备案平台提交并受理，但尚未作出审批决定的特殊化妆品注册申请，继续在原注册备案平台开展审评审批。

二、关于原注册备案平台已注册和备案的产品

为保障化妆品使用安全和消费者合法权益，在原注册备案平台已经取得注册或者完成备案的化妆品，注册人、备案人应当通过新注册备案平台，在 2022 年 5 月 1 日前提交产品执行的标准和产品标签样稿、填报国产普通化妆品的产品配方、上传特殊化妆品销售包装的标签图片。

三、关于化妆品原料安全相关信息的报送

自 2021 年 5 月 1 日起，注册人备案人申请注册或者进行备案时，应当填报产品配方原料的来源和商品名信息，其中涉及《化妆品安全技术规范》中有质量规格要求的原料，还应当提交原料的质量规格证明或者安全相关信息。

自 2022 年 1 月 1 日起，注册人备案人申请注册或者进行备案时，应当按照《规定》的要求，提供具有防腐、防晒、着色、染发、祛斑美白功能原料的安全相关信息。

自 2023 年 1 月 1 日起，注册人备案人申请注册或者进行备案时，应当按照《规定》的要求，提供全部原料的安全相关信息。此前已经取得注册或者完成备案的化妆品，注

册人、备案人应当在 2023 年 5 月 1 日前补充提供产品配方中全部原料的安全相关信息。

四、关于祛斑美白和防脱发化妆品功效评价检验报告

自 2022 年 1 月 1 日起，申请祛斑美白、防脱发化妆品注册时，注册申请人应当按照规定，提交符合要求的人体功效试验报告。

2021 年 5 月 1 日前申请并取得注册的祛斑美白、防脱发化妆品，注册人应当在 2023 年 5 月 1 日前补充提交人体功效试验报告。

2021 年 5 月 1 日至 12 月 31 日期间申请并取得注册的祛斑美白、防脱发化妆品，注册人应当于 2022 年 5 月 1 日前补充提交符合要求的人体功效试验报告。

五、关于普通化妆品年度报告

自 2022 年 1 月 1 日起，通过原注册备案平台和新注册备案平台备案的普通化妆品，统一实施年度报告制度。备案人应当于每年 1 月 1 日至 3 月 31 日期间，通过新注册备案平台，提交备案时间满一年普通化妆品的年度报告。

特此公告。

国家药监局

2021 年 3 月 5 日

国家药监局关于发布《化妆品新原料注册备案资料管理规定》的公告

2021 年第 31 号

为贯彻落实《化妆品注册备案管理办法》，规范和指导化妆品新原料注册与备案工作，国家药监局制定了《化妆品新原料注册备案资料管理规定》，现予公布，自 2021 年 5 月 1 日起施行。

特此公告。

附件：化妆品新原料注册备案资料管理规定

国家药监局

2021 年 2 月 26 日

附件

化妆品新原料注册备案资料管理规定

第一条 为规范化妆品新原料注册和备案管理工作，保证化妆品质量安全，根据《化妆品监督管理条例》《化妆品注册备案管理办法》，制定本规定。

第二条 化妆品新原料注册人、备案人申请化妆品新原料注册或者进行备案时提交的资料，应当符合本规定要求。

第三条 化妆品新原料注册和备案资料应当以科学研究为基础，客观、准确地描述新原料的性状、特征和安全使用要求。

化妆品新原料注册人、备案人或境内责任人应当按要求提交化妆品新原料注册和备案资料，并对所提交资料的合法性、真实性、准确性、完整性和可追溯性负责。

第四条 化妆品新原料注册和备案资料应当使用国家公布的规范汉字。除注册商标、网址、专利名称、境外企业的名称和地址等必须使用的其他文字，以及我国法规文件中使用的英文缩写简称等外，所有使用其他文字的资料均应当完整、规范地翻译为中文，并将原文附在相应的译文之后。

第五条 化妆品新原料注册和备案资料的签章应当符合我国相关法律法规规定，确保签章齐全，具有法律效力。境外企业及其他组织不使用公章的，应当由法定代表人或者授权签字人签字。授权委托签字的，应当提交授权委托书原件及其公证书原件，授权委托书中应当写明授权签字的事项和范围。

除政府主管部门或者有关机构、检验检测机构、公证机关等出具的资料原件外，注册和备案资料均应当由境内注册人、备案人或者境内责任人逐页加盖公章。用户使用带有电子加密证书公章的，可直接在电子资料上加盖电子公章。

第六条 化妆品新原料注册和备案资料应当使用我国法定计量单位，使用其他计量单位的，应当折算为我国法定计量单位；应当规范使用标点符号、图表、术语等；参考文献引用应当准确有效，标明出处，确保有效溯源。

第七条 化妆品新原料注册和备案资料中文本主体文字颜色应当为黑色，内容易于辨认，设置合适的行间距和页面边距，确保在打印或者装订中不丢失文本信息。

注册和备案纸质资料应当使用国际标准A4型规格纸张，内容完整清晰、不得涂改。纸质文件资料的载体和书写材料应当符合耐久性的要求。

第八条 化妆品新原料注册人、备案人或境内责任人应当按照规定，通过化妆品新原料注册备案信息服务平台（以下简称信息服务平台）申请注册或进行备案，信息服务平台中填写、上传的注册和备案资料电子版应当与纸质版保持一致。

第九条 化妆品新原料注册人、备案人在申报新原料注册或进行新原料备案前，应当通过信息服务平台，填报以下信息，进行用户信息登记：

（一）化妆品新原料注册人、备案人信息；

（二）化妆品新原料注册人、备案人安全风险监测和评价体系概述（样例见附1）；

（三）化妆品新原料注册人、备案人为境外的，应当由境内责任人填报信息，同时提交境内责任人授权书及其公证书的原件。

同一境内企业同时具有化妆品新原料注册人、备案人或境内责任人等多重身份的，或经授权作为多个境外化妆品新原料注册人、备案人的境内责任人的，可一次性提交全部相关资料后取得相应的用户权限。已有用户可以根据实际情况补充提供相关资料，增加用户权限。

第十条 化妆品新原料注册人、备案人或境内责任人的以下信息资料发生变化时，应当进行更新，确保信息服务平台中的相关信息资料真实准确：

（一）化妆品新原料注册人、备案人或境内责任人的法定代表人、联系方式等信息发生变化时，用户应当在信息服务平台上及时自行更新；

（二）化妆品新原料注册人、备案人或境内责任人的其他基本信息、新原料安全风险监测和评价体系概述、境内责任人的授权范围和授权期限发生变化的，应当提交化妆品新原料注册人、备案人信息更新表（样例见附2），并按要求提交相关资料后完成相关信息资料的更新。

其中，境外注册人、备案人名称、地址发生变化的，应当提供由所在国（地区）政府主管部门或者有关机构出具的主体未发生变化的相关证明文件原件，无法提交原件的，应当提供由中国公证机关公证的或由我国使（领）馆确认的复印件；境内责任人名称、地址发生改变的，应当提供我国政府主管部门或者有关机构出具的主体未发生变化的相关证明文件原件。

境内责任人授权范围改变的，新授权范围应当包括原授权范围；仅进行授权期限更新的，授权书其他内容不得改变。

境内责任人变更的，应当提交拟变更境内责任人承担原境内责任人相关各项责任的承诺书，同时提交原境内责任人关于更换境内责任人的知情同意书或者能够证明境内责任人发生变更的已生效法律判决文书。

第十一条 境内责任人授权书应当至少载明以下内容和信息：

（一）化妆品新原料注册人、备案人和境内责任人名称；

（二）授权和被授权关系；

（三）授权范围；

（四）授权期限。

同一化妆品新原料不得授权多个境内责任人。境内责任人应当按照授权范围开展注册和备案工作。境内责任人授权书所载明的授权期限到期后，应当在授权期限届满前30日内重新提交延长授权期限的授权书或按要求办理境内责任人变更。

第十二条 化妆品新原料注册人、备案人申请化妆品新原料注册或办理新原料备案的，应当提交以下资料：

（一）注册人、备案人和境内责任人的名称、地址、联系方式；

（二）新原料研制报告；

（三）新原料的制备工艺、稳定性及其质量控制标准等研究资料；

（四）新原料安全评估资料。

化妆品新原料注册人、备案人或境内责任人应当根据所申报注册或进行备案新原料的具体情形分类，按照化妆品新原料注册和备案资料要求（附3）整理并提交相应的注册和备案资料。

化妆品新原料注册人、备案人或境内责任人应当结合新原料注册和备案资料相关技术信息，编制并提供用于注册和备案信息公开的化妆品新原料技术要求资料（样例见附4），在新原料获得批准或完成备案后，作为批准证书或备案凭证的附件对外公布，供社会公众查询参阅。

第十三条 化妆品新原料研制报告应当按照要求（附5）进行编制，一般应当包括以下内容：

（一）原料研发背景，包括研发背景、研发目的、研发过程及研发结果等；

（二）原料基本信息，包括原料名称、来源、组成、相对分子质量、分子式、化学结构、理化性质等信息；

（三）原料使用信息，包括原料在化妆品中的使用规格、使用目的、适用或使用范围、安全使用量、使用期限、注意事项、警示用语等；原料在境外使用于化妆品的状况以及批准状况；

（四）功能依据资料，化妆品新原料功能依据是指能够证明原料具有与使用目的相一致的相关资料，一般包括科学文献、法规资料、实验室研究数据、人体功效性评价试验资料等；

（五）新原料研制相关的其他资料。

第十四条　化妆品新原料制备工艺简述应当结合原料来源特征，对原料生产的主要工艺步骤、工艺参数等进行简要描述，并说明生产过程是否可能引入安全性风险物质及其控制措施。不同来源的新原料制备工艺简述编制要求如下：

（一）化学合成原料应当列出具体起始物、反应条件、使用的助剂、反应过程的中间产物及副产物、终产物中残留的杂质或助剂等；

（二）天然原料应当说明原料来源、加工工艺、提取方法等，包括前处理方法、提取条件、除杂或分离 / 纯化方法、使用的溶剂、可能残留的杂质或溶剂等；

（三）生物技术来源原料应当说明培养、提取、分离、纯化等原料制备过程。包括工艺过程中可能产生的杂质、原料中可能含有的杂质和可能存在的有害微生物；

（四）其他来源原料，根据原料特性和具体制备过程提交相关资料。

第十五条　化妆品新原料质量控制标准应当按照要求（附 6）进行编制，一般应当包括以下内容：

（一）稳定性试验数据；

（二）质量规格指标及其检验方法；

（三）可能存在的安全性风险物质及其控制标准等。

第十六条　化妆品新原料安全性评价资料一般应当包括毒理学安全性评价资料和安全风险评估资料，并按照下列要求进行编制：

（一）毒理学安全性评价资料，应当结合申报注册和进行备案新原料的特征，判定新原料应当属于的具体情形，按照相应的毒理学试验项目资料要求进行编制；

（二）安全风险评估资料，包括原料安全使用量评估资料和原料中可能存在的安全性风险物质及其控制措施等评估资料。应当按照国家药品监督管理局制定的化妆品安全评估原则和程序等相关要求，对新原料以及可能同时存在的安全性风险物质进行评估。

第十七条　化妆品新原料的样品应当有完整的包装和标签，标签应当包括新原料注册人、备案人或境内责任人名称、原料的中文名称、INCI 名称、生产日期和使用期限、贮存条件等信息。

化妆品新原料注册人、备案人或境内责任人应当留存新原料的样品备查。如技术审评机构在技术审评过程中需要查看样品时，注册人、备案人或境内责任人应当在规定时限内提交样品。

第十八条　化妆品新原料注册人、备案人或境内责任人应当按照新原料安全监测期相关要求，收集、整理以下信息资料，并根据收集整理的信息资料，编制化妆品新原料安全监测年度报告（附 7）：

（一）使用新原料生产化妆品的化妆品注册人、备案人或受托生产企业信息；

（二）使用新原料生产的化妆品信息，包括产品名称，产品注册证书或备案凭证编号，产品生产或进口、销售数量等；

（三）使用新原料生产的化妆品监督抽检、查处、召回情况；

（四）化妆品生产企业对使用新原料生产的化妆品的不良反应监测制度、产品不良反应统计分析情况及采取措施等；

（五）化妆品生产企业对使用新原料生产的化妆品的风险监测与评价管理体系制度及采取措施等。

化妆品新原料注册人、备案人或境内责任人应当在化妆品新原料安全监测每届满一年前30个工作日内，通过信息服务平台提交新原料安全监测年度报告。

第十九条 化妆品新原料注册人、备案人或境内责任人发现新原料使用过程中存在《化妆品注册备案管理办法》规定应当向技术审评机构报告的情况，或其他认为需要报告情形的，应当立即收集整理新原料基本信息、生产和使用情况、安全性问题或突发情况的原因分析、采取的处置措施和处理结果等信息，编制化妆品新原料安全风险控制报告（附8），并通过信息服务平台向技术审评机构提交。

第二十条 本规定自2021年5月1日起实施。

附：1. 化妆品新原料注册人 / 备案人安全风险监测和评价体系概述（样例）

2. 化妆品新原料注册人 / 备案人信息更新表（样例）

3. 化妆品新原料注册备案资料要求

4. 化妆品新原料技术要求（样例）

5. 化妆品新原料研制报告编制要求

6. 化妆品新原料质量控制标准编制要求

7. 化妆品新原料安全监测年度报告编制要求

8. 化妆品新原料安全风险控制报告编制要求

附 1

化妆品新原料注册人 / 备案人安全风险监测和评价体系概述
（样例）

项目	内容或措施（概述）
岗位职责	请简述化妆品新原料注册人 / 备案人的安全风险监测和评价相关岗位设置情况，至少包括： 1. 相关机构和岗位设置情况； 2. 相关人员基本要求。
安全风险监测	请简述安全风险监测相关制度，至少包括： 1. 安全风险监测体系的整体构成和运行模式； 2. 请简述所有主动或被动的有关化妆品新原料的使用和安全情况信息收集渠道，以及信息收集的频率。
安全风险评价	请简述安全风险评价相关制度，至少包括： 1. 安全风险评价的完成方式，如由化妆品新原料注册人、备案人自行完成或委托相关专业机构完成； 2. 安全风险评价标准； 3. 安全风险评价后相应处置措施。
境外化妆品新原料注册人 / 备案人，还应简述与境内责任人在安全风险监测和评价方面的信息交流、数据共享、风险联动等方面的机制和措施。境内责任人应简述配合化妆品新原料注册人 / 备案人进行安全风险监测和评价的具体措施，包括岗位职责设置情况、安全风险监测和评价相关制度。 （化妆品新原料注册人 / 备案人盖章） 年　月　日	

附 2

化妆品新原料注册人 / 备案人信息更新表
（样例）

新原料注册人、备案人：
境内责任人：

资料项目	具体模块	具体项目	更新内容	需提交资料
（一）注册人 / 备案人信息表	基本信息	□名称（中文）		名称、地址发生变化的，应当提供由所在国（地区）政府主管部门或有关机构出具的主体未发生变化的相关证明文件原件
		□名称（外文）		
		□住所地址		
		□所在国家 / 地区		
（二）安全风险监测和评价体系概述表	□安全风险监测和评价体系概述表			安全风险监测和评价体系概述表
（三）境内责任人信息表	基本信息	□企业名称		
		□住所地址		
		□所在地		
（四）境内责任人授权书	□授权范围		（新授权范围应当包括原授权范围）	重新提交境内责任人授权书及相关资料
	□授权期限		（授权书其他内容不得改变）	

（化妆品新原料注册人、备案人盖章）

年 月 日

附 3

化妆品新原料注册备案资料要求

为更加科学、合理地判定化妆品新原料的安全风险程度，根据在国内外化妆品中使用历史、食用历史等情况，结合原料功能、性状等，对新原料进行分类，化妆品注册人、备案人或境内责任人应当根据所申报注册或进行备案新原料的具体情形分类，按照以下要求提交新原料注册和备案资料。

一、一般要求

化妆品新原料注册备案资料应当清楚阐述新原料的来源和研制情况、制备工艺及其质量控制情况和安全评估情况等内容，应当能够充分证明在限定的使用条件下，将新原料用于化妆品生产的安全性和风险可控性。

化妆品新原料注册备案资料中引用科学文献或法规资料，应当与申报注册或进行备案的新原料具有相关性，其中载明的原料来源、使用目的、使用规格、适用范围等限制性条件应当适用于注册或备案的新原料。

二、检验相关资料要求

（一）检验报告要求。

1. 检验报告出具机构要求。新原料注册人、备案人应当按照检验相关要求，自行或者委托相关检验检测机构对新原料开展必要的检验，并根据检验项目的需求，向承担检验工作任务的检验机构提供真实有效的检验样品。

理化和微生物检验报告及防腐、防晒、祛斑美白、防脱发之外的功能评价报告等可由化妆品新原料注册人、备案人自行或者委托具备相应检验能力的检验检测机构出具。

毒理学试验报告和防腐、防晒、祛斑美白、防脱发功效评价等项目的检验报告，应当由取得化妆品领域的检验检测机构资质认定（CMA）或中国合格评定国家认可委员会（CNAS）认可，或者符合国际通行的良好临床操作规范（GCP）或良好实验室操作规范（GLP）等资质认定或认可的检验机构出具。

2. 检验报告书要求与体例要求。承担化妆品新原料检验工作任务的检验机构，应当参照国家药品监督管理局发布的《化妆品注册和备案检验工作规范》的相关规定要求，出具相应检验项目的检验报告。

（二）检验方法要求。

1. 理化微生物和评价方法要求。化妆品新原料理化和微生物检验、人体安全性和功效评价试验项目，原则上应当参考《化妆品安全技术规范》或者《中华人民共和国药典》等规定的检验方法。《化妆品安全技术规范》《中华人民共和国药典》未规定方法的项目，应当按照国家标准、国际通行方法或者使用自行开发的试验方法进行检验。使用自行开发试验方法的，应当同时提交该方法的适用性和可靠性相关资料。

2. 毒理学方法要求。新原料毒理学试验项目应当按照《化妆品安全技术规范》规定的试验方法开展。《化妆品安全技术规范》未规定方法的项目，应当按照国家标准或国际通行方法进行检验。

3. 动物替代方法要求。使用动物替代方法进行毒理学安全性评价的，应当根据原料的结构特点、特定的毒理学终点选择合适的整合测试和评估方法（IATA）评价新原料的毒性。应用的动物替代试验方法尚未收录于我国《化妆品安全技术规范》的，该项替代试验方法应当为国际权威替代方法验证机构已收录的方法，且应当同时提交该方法能准确预测该毒理学终点的证明资料。证明资料应当包括该项替代试验方法研究过程简述和不少于10种已知毒性受试物的研究数据、结果分析、研究结论等内容。

三、毒理学安全性评价相关资料要求

（一）总体要求。

化妆品新原料注册人、备案人应当根据申报注册或进行备案化妆品新原料的具体情形，选择适当的毒理学试验项目，进行毒理学安全性评价，并提供相应的毒理学安全性评价资料。应当结合新原料开展的毒理学试验项目，在逐项对每个毒理学试验的方法、试验过程、毒理学终点等进行总结的基础上，对新原料的毒理学安全性评价进行综述，并得出安全性评价结果。

化妆品新原料毒理学安全性评价资料可以是化妆品新原料注册人、备案人自行或委托开展的毒理学试验项目的试验报告、科学文献资料和国内外政府官方网站、国际组织网站发布的内容。

（二）毒理学试验项目要求。

申请注册或进行备案的化妆品新原料，原则上应当提供以下毒理学试验项目资料，可以根据申报注册或进行备案新原料的用途、理化特性、定量构效关系、毒理学资料、临床研究、人群流行病学调查以及类似化合物的毒性等情况，增加或减免相应的毒理学试验项目：

1. 急性经口或急性经皮毒性试验；

2. 皮肤和眼刺激性 / 腐蚀性试验；

3. 皮肤变态反应试验；

4. 皮肤光毒性试验（原料具有紫外线吸收特性需做该项试验）；

5. 皮肤光变态反应试验（原料具有紫外线吸收特性需做该项试验）；

6. 致突变试验（至少应当包括一项基因突变试验和一项染色体畸变试验）；

7. 亚慢性经口或经皮毒性试验（如果该原料在化妆品中使用经口摄入可能性大时，应当提供亚慢性经口毒性试验）；

8. 致畸试验；

9. 慢性毒性 / 致癌性结合试验；

10. 吸入毒性试验（原料有可能吸入暴露时须做该项试验）；

11. 长期人体试用安全试验；

12. 根据原料的特性和用途，需提供其他项目的毒理学试验资料。

国内外首次使用的有健康危害效应（不包括局部毒性）的新原料，应当提供上述第1~12项毒理学试验资料，还应当提交毒物代谢及动力学试验资料。

国内外首次使用的具有较高生物活性的寡肽、多肽、蛋白质类新原料，应当提供上述第1~12项毒理学试验资料，还应当同时提交皮肤吸收/透皮试验和免疫毒性试验资料。

纳米新原料应当提供上述第1~12项毒理学试验资料，还应当提供各项毒理学试验方法适用于纳米原料检测的适用性说明。对拟用于皮肤部位的纳米新原料，还应当提供皮肤吸收/透皮吸收试验资料；对于有可能吸入暴露的纳米新原料，还应当同时提供吸入毒性试验资料。

（三）情形分类和相应的资料项目要求

根据申报注册或进行备案的新原料的功能、性状，以及在国内外化妆品中使用历史情况，或者食用历史情况等，新原料分为以下六种情形，新原料注册人、备案人应当结合申报注册和进行备案新原料的特征，判定新原料应当属于的具体情形，分别提交相应的毒理学试验项目资料（详见附表）：

情形1：国内外首次使用的具有防腐、防晒、着色、染发、祛斑美白、防脱发、祛痘、抗皱（物理性抗皱除外）、去屑、除臭功能以及其他国内外首次使用的具有较高生物活性的化妆品新原料，应当提交上述第1~12项毒理学试验资料；

情形2：国内外首次使用的，不具有防腐、防晒、着色、染发、祛斑美白、防脱发、祛痘、抗皱（物理性抗皱除外）、去屑、除臭功能的新原料，应当提交上述第1~7项毒理学试验资料；

情形3：不具有防腐、防晒、着色、染发、祛斑美白、防脱发、祛痘、抗皱（物理性抗皱除外）、去屑、除臭功能的新原料，且能够提供充分的证据材料证明该原料在境外上市化妆品中已有三年以上安全使用历史的，应当提交上述第1~6项毒理学试验资料；

能够同时提供国际权威安全评价机构评价结论认为在化妆品中使用是安全的安全评估报告或符合伦理学条件下的人体安全性检验报告的，可不提供急性经口或急性经皮毒性试验资料；

情形4：具有防腐、防晒、着色、染发、祛斑美白、防脱发、祛痘、抗皱（物理性抗皱除外）、去屑、除臭功能，且能够提供充分的证据材料证明该原料在境外上市化妆品中已有三年以上安全使用历史的新原料，应当提交上述第1~7项毒理学试验资料；

情形5：具有安全食用历史的化妆品新原料（原料所使用的部位应与食用部位一致），应当提交上述第2~5项毒理学试验资料，并应根据原料的暴露量、使用方式等对原料进行风险评估；

情形6：化学合成的由一种或一种以上结构单元，通过共价键连接，平均相对分子质量大于1000道尔顿，且相对分子质量小于1000道尔顿的低聚体含量少于10%，结构和性质稳定的聚合物（具有较高生物活性的原料除外），应当提交上述第2项和第4项毒理学试验资料。

已有国际权威机构评价结论认为在化妆品中使用是安全的新原料，或者境外化妆品监管部门已经批准使用的新原料，应当分别根据上述情形分类的资料要求，将国际权威安全评价机构的评估报告、境外化妆品监管部门批准证书以及其他相关资料中相应的内容进行整理并提交。

（四）安全使用历史相关资料要求

具备以下所有条件的，可被视为在境外上市化妆品中已有三年以上安全使用历史的新原料，符合上述情形3和情形4的新原料应当同时提供相应的资料：

1. 新原料与在境外上市化妆品中使用的原料的质量规格、使用目的、适用或使用范围相同，新原料的安全使用量不高于境外上市化妆品中的使用量；

2. 含该原料的化妆品在境外上市不得少于3年；

3. 能够证明含该原料的化妆品在境外已有足够使用人群的相关证据材料；

4. 在境外上市的含该原料的化妆品未出现过因该原料引起的严重不良反应或者群体不良反应事件；

5. 未见该原料涉及可能对人体健康产生危害相关文献报道。

（五）安全食用历史相关资料要求

具备以下条件之一的，可被视为具有安全食用历史的新原料，符合上述情形5的新原料应当同时提供相应的资料：

1. 取得我国相关监督管理部门食品安全认证或其他相应资质的食品用原料；

2. 经国内外相关监督管理部门、技术机构或其他权威机构发布的可安全食用的原料。

附表：化妆品新原料情形分类和资料项目要求

附表

化妆品新原料情形分类和资料项目要求

资料要求 \ 情形分类		情形1	情形2	情形3	情形4	情形5	情形6
一、基本信息	1. 注册或备案原料信息表	○	○	○	○	○	○
二、研制报告	2. 研发背景	○	○	○	○	○	○
	3. 原料基本信息	○	○	○	○	○	○
	4. 原料使用信息①	○	○	○	○	○	○
	5. 功能依据资料	○	○	○	○	○	○
	6. 研制相关的其他资料	○	○	○	○	○	○
三、制备工艺及质量控制标准	7. 制备工艺简述	○	○	○	○	○	○
	8. 稳定性试验数据	○	○	○	○	○	○
	9. 质量规格指标及其检验方法	○	○	○	○	○	○
	10. 可能存在的安全性风险物质及其控制等资料②						

续表

情形分类 资料要求		情形 1	情形 2	情形 3	情形 4	情形 5	情形 6
四、安全性评价	11. 毒理学安全性评价综述	○	○	○	○	○	○
	12. 急性经口或急性经皮毒性试验[③]	○	○	○	○		
	13. 皮肤和眼刺激性 / 腐蚀性试验	○	○	○	○	○	○
	14. 皮肤变态反应试验	○	○	○	○	○	
	15. 皮肤光毒性试验[④]						
	16. 皮肤光变态反应试验[⑤]						
	17. 致突变试验	○	○	○	○		
	18. 亚慢性经口或经皮毒性试验	○	○		○		
	19. 致畸试验	○					
	20. 慢性毒性 / 致癌性结合试验	○					
	21. 吸入毒性试验[⑥]						
	22. 长期人体试用安全试验	○					
	23. 其他毒理学试验[⑦]						
	24. 安全性评估报告	○	○	○	○	○	○
五、其他资料	25. 新原料技术要求	○	○	○	○	○	○
	26. 可能有助于化妆品新原料注册和备案的其他资料[⑦]						

注：上表中画“○”的，表示必须提交该项资料。资料项目要求的上角标注含义解释如下：

① 对于境外有使用历史的新原料，应说明原料在境外使用于化妆品的情况。

② 可能存在的安全性风险物质的新原料应当提交该项资料。

③ 在情形 3 中，能够同时提供国际权威安全评价机构评价结论认为在化妆品中使用是安全的安全评估报告或符合伦理学条件下的人体安全性检验报告的，可不提交该项资料。

④ 原料具有紫外吸收特性时需提交该项试验资料。

⑤ 除情形 6 外，原料具有紫外吸收特性时需提交该项试验资料。

⑥ 原料有可能吸入暴露时须提交该项资料。

⑦ 根据每个新原料的实际情况提交的其他资料。

附 4

化妆品新原料技术要求
（样例）

一、基本信息

（一）名称

1. 标准中文名称

2.INCI 名称及其 ID 号，或英文等外文名称

3. 化学名称，或动植物原料名称（拉丁学名）

4. 商品名称、别名、缩写等。

（二）登记号

1.CAS 登记号

2.EINECS/ELINCS 登记号

3. 其他相关登记号

（三）原料来源

（四）原料组成、分子式、化学结构及相对分子质量等

（五）理化性质

二、技术要求

（一）原料使用目的

（二）原料适用或使用范围

（三）安全使用量

三、其他要求

（一）注意事项、警示用语

（二）贮存条件

（三）使用期限

附 5

化妆品新原料研制报告编制要求

化妆品新原料研制报告一般应当包括以下内容：

一、研发背景

包括原料研发背景、研发目的、研发过程及研发结果等。

二、基本信息

包括原料名称、来源、组成、相对分子质量、分子式、化学结构、理化性质等。

（一）原料名称。

原料名称一般包括原料标准中文名称、INCI 名称及其 ID 号、化学名称、动植物原料名称（拉丁学名）、《中华人民共和国药典》名称、常见别名或缩写及 CAS 号和 EINECS/ELINCS 登记号等。

1. 原料标准中文名称。《国际化妆品原料标准中文名称目录》中已经收录的原料，应根据目录予以明确；未收录的原料可参照《中华人民共和国药典》等其他权威目录中收录的中文名称，并结合通行的命名原则制定原料标准中文名称。

2. 原料 INCI 名称及其 ID 号。已经被《国际化妆品原料字典和手册》收录的原料，应当明确原料的 INCI 英文名称和对应的 ID 号码；未被收录的，提供相应的英文名称。

3. 其他名称。包括化学名称、动植物原料名称（拉丁学名）、矿物名称、广泛使用的别名、俗称、商品名、缩写等。

（二）原料来源。

1. 新原料来源包括化学原料、植物原料、矿物原料、生物技术原料（如基因工程、细胞工程、发酵工程、酶工程和蛋白质工程来源等）等。

化妆品新原料注册人、备案人应当对申报注册和进行备案的化妆品新原料的来源予以明确，并根据原料来源，提供相应的基本信息。

2. 新原料应当是单一来源，不应是经过物理方法混合而成的复配原料，在原料生产或制备过程中由于技术上不可避免原因导致多种成分同时存在的除外。如：为保护原料而添加的溶剂、防腐剂、稳定剂等成分，或通过化学反应或发酵过程不可避免产生的与原料同时存在的其他成分等情形。

在原料生产或制备过程中由于技术上不可避免原因导致多种成分在的，化妆品新原料注册人、备案人还应当提供两种或两种以上成分不可避免共同存在的相关研究资料、原料组成及相关比例。

（三）组成、结构及成分鉴定。

1. 有明确化学结构的原料应当提供化学结构和相对分子质量，以及化学结构的确认依据（如核磁共振谱图、元素分析、质谱、红外谱图等）、检测报告；聚合物还应当提供聚合度以及平均相对分子质量及其分布的检测方法和结果；生物技术来源原料应根据本身特性设定鉴别方法。

2. 无明确化学结构的原料应说明原料的组成成分，并提供鉴别参数、鉴定方法和鉴定报告。

（四）理化性质。

1. 根据原料的性质，提供性状指标包括颜色、气味、状态，及其他显著特性（如可燃性、溶解性、吸湿性等），并结合原料性质选择其他理化指标项目，如熔点、沸点、比重、粘度、pH 值、折光率、旋光度、羟值、碘值、皂化值、酸值、pKa 值、分配系数（LogPow）等。

2. 纳米原料：除提供上述理化指标外，还应当提供粒子大小和分布、原料的聚集和团聚特性、表面化学信息、形态学信息等特异性参数。

纳米原料是指在三维空间结构中至少有一维处于 1 至 100 纳米尺寸或由它们作为基本单元构成的不溶或生物不可降解的人工原料。

三、原料使用信息

包括原料在化妆品中的使用规格、使用目的、适用或使用范围、安全使用量、使用期限、注意事项、警示用语等；原料在境外使用于化妆品的状况以及获得批准的情况。

四、原料功能依据资料

新原料的功能依据资料一般包括科学文献、法规资料、实验室研究数据、人体功效性评价试验资料等，具体要求如下：

（一）科学文献。

科学文献资料主要包括公开发表的非综述性质的相关研究型论文或科学著作，所提供的文献资料应当与注册或备案的新原料功能具有正相关性。

提交文献资料时，应当同时提交与文献资料载明相关内容对应一致的原料研究过程简述、研究结果、结果分析及结论等。

（二）法规资料。

法规资料主要包括在国内外监管部门或技术部门发布的标准、目录、典籍、著作等，应当提供法规资料载明的原料具体情况，如使用浓度、使用范围、其他限制条件等。

引用国外监管部门发布的化妆品法规中载明的功能原料正面清单的，应当提交法规名称、发布国家（地区）和发布人、发布时间及其相关法规全文等信息，同时提交注册或备案的新原料完全符合相关法规载明的原料使用浓度、范围及其他全部限制条件要求的情况说明。

（三）实验室研究数据。

研究数据主要包括理化微生物试验、体外试验或动物试验结果。所选试验模型应当合理呈现和模拟新原料功能的体外使用情况。

以体外或动物试验结果作为研究数据资料的，化妆品新原料注册人备案人应当提供所用试验模型、试验方法、新原料具有注册或备案新原料功能有效量和安全使用量的相关试验数据、结果及结论等资料，并阐明新原料具有相关功能的机制。

（四）人体功效性评价试验资料。

应当参照国家药品监督管理局制定的化妆品功效宣称评价原则和程序等相关要求开展试验，并提供试验方法、受试者例数、对照组设计、新原料具有注册或备案功效有效量和安全使用量的相关试验数据、试验结果及分析等资料。试验受试物中的功效成分应当仅为注册或备案的新原料。进行人体试验前应保证受试物已获得的毒理学数据和暴露条件、信息等能够满足其在人体使用的安全性，禁止将有安全隐患的受试物用于人体功效性评价试验。

上述新原料的功能依据资料可以通过单项或组合的方式，得出申请注册或进行备案的新原料具有所宣称功能的明确结论。宣称具有防腐、防晒、祛斑美白、防脱发、祛痘、抗皱（物理性抗皱除外）、去屑、除臭功能的新原料的功能依据材料，应当至少包括实验室研究数据或者人体功效性评价试验资料。

五、新原料研制相关的其他资料

上述研制资料中未能包括的其他资料，应当根据实际情况提供。

附 6

化妆品新原料质量控制标准编制要求

化妆品新原料质量控制标准包括稳定性试验数据、质量规格指标及其检验方法以及可能存在的安全性风险物质及其控制等资料。

一、稳定性试验数据

化妆品新原料稳定性试验重点考察项目应当选择在保存期间易于变化，可能会影响新原料质量安全的项目，包括但不限于观察原料性状（颜色、气味等）、理化性质、成分含量等在温度、湿度、光线等的影响下随时间变化的规律。

稳定性试验一般包括破坏性试验、加速试验、长期试验等实验方法。化妆品新原料注册人、备案人应当根据所申报注册或进行备案的新原料的特性，选择提供稳定性试验数据的类型，并根据原料稳定性试验结果确定原料的贮存条件和使用期限。

对于国内外首次使用的新原料，应当提交至少 3 批原料的加速试验或 1 年以上的长期保存试验资料，并根据原料的使用期限，一次性或者在 3 年监测期内逐年补充提供其剩余使用期限的长期保存试验资料。

（一）破坏性试验。

至少提供1批原料在高温（如60℃）、低温（如–20℃）、高湿（如90%RH±5% RH）或强光照射保存条件下的稳定性试验数据。可根据原料的特性选择影响因素和具体参数的设置条件。

（二）加速试验。

至少提供3批原料在一定温度、湿度（如40℃ ±2℃、75%RH±5% RH）保存条件和保存期间下的稳定性试验数据。可根据原料的特性确定试验条件、保存期。

（三）长期保存试验。

至少提供3批原料在一定温度、湿度（如25℃ ±2℃、60%RH±10% RH）保存条件下，长期保存的稳定性试验数据。可根据原料的特性确定试验条件、保存期。

二、质量规格指标及其检验方法

（一）原料性状及其检验方法。

原料性状包括颜色、气味、状态等。

（二）原料的理化性质。

应当根据原料特性提供适当的理化指标以及检测方法，如熔点、沸点、比重、粘度、pH值、旋光度等。

（三）定性鉴别方法。

应当针对原料的结构特点，设定适合的鉴别方法，如红外光谱法、紫外光谱法、核磁共振谱法、化学反应法、色谱法等。

（四）原料纯度控制指标及其检验方法。

应当提供原料的纯度或含量、杂质种类以及各自的控制指标及其检验方法，并提供检测报告。

由于技术原因不可避免存在的溶剂、防腐剂、稳定剂等的新原料，应当提供原料组成及相关比例的控制指标。

（五）原料的包装、运输和贮存要求。

（六）原料的使用目的、适用或使用范围、规格及安全的使用量、注意事项、警示用语等。

三、可能存在的安全性风险物质及其控制标准

在原料质量规格中设定适当的质量安全限值指标及检测方法，如微生物、重金属、有害物质（如有害组分、有害杂质、有害溶剂等）等控制指标。

附 7

化妆品新原料安全监测年度报告编制要求

化妆品新原料注册人、备案人应当按照新原料监测相关要求，及时收集新原料使用的相关信息，按照本要求编制新原料安全监测年度报告。

一、原料基本信息

包括新原料中文名称、备案号等。

二、原料生产情况

（一）生产企业名称、地址、相关资质说明等。

（二）新原料的年生产量、销售量等。

三、使用新原料的化妆品信息

（一）使用新原料的化妆品企业汇总，包括化妆品企业名称、数量，购买新原料的数量，销售产品的数量等。

（二）以列表形式（详见表 1）列出使用新原料的产品名称、批准文号 / 备案号、化妆品注册人、备案人、受托生产企业名称、地址等信息。

表 1　使用新原料的化妆品汇总信息

序号	产品名称	批准文号 / 备案号	化妆品注册人、备案人名称	地址	受托生产企业名称	生产许可证编号	地址	淋洗或驻留	新原料使用目的	产品生产及销售量
1										
2										
3										
4										
5										
6										
7										
8										

四、使用新原料的化妆品监督抽检、查处、召回情况

以列表形式（详见表 2）列出使用新原料的化妆品监督抽检、查处或召回情况的相关信息。

表 2 使用新原料的化妆品监督抽检、查处或召回情况

时间	情况类型	产品名称	批准文号 / 备案号	化妆品注册人、备案人	地址	情况简述	备注
	监督抽查						
	查处						
	召回						

五、不良反应监测

化妆品新原料注册人、备案人分别阐述使用新原料的不同化妆品注册人、备案人的不良反应监测制度及化妆品不良反应统计分析情况及采取措施，并形成新原料不良反应监测的汇总分析报告。

（一）使用新原料的化妆品注册人、备案人的不良反应监测制度建设情况及负责不良反应监测与评价工作人员情况；

（二）使用新原料的化妆品不良反应监测情况统计情况：总例数、严重不良反应例数、可能引发较大社会影响的化妆品不良反应例数、是否上报不良反应监测机构等；

（三）使用新原料的化妆品不良反应个例分析评价情况：如严重程度、关联性评价等；

（四）针对使用新原料的化妆品不良反应开展调查、评价及采取措施等情况；

（五）新原料不良反应相关信息：新原料与患者不良反应的分析评价；其他国家（地区）发现疑似由该原料引起的严重化妆品不良反应或者群体不良反应事件的情况等。可同时随附相关资料。

六、风险监测与评价管理

（一）生产新原料及使用新原料企业的风险监测与评价管理体系制度描述。

（二）采取措施等。

七、其他需要说明的内容

对于国内外首次使用的新原料应根据原料的使用期限，在 3 年监测期内逐年补充提供其剩余使用期限的长期保存试验资料。

八、监测报告汇总分析及结论

对监测报告进行汇总分析，形成相应的结论。

附 8

化妆品新原料安全风险控制报告编制要求

化妆品新原料使用过程中发现应当报告情形的，化妆品新原料注册人、备案人应当及时收集相关信息，按照本要求编制新原料安全风险控制报告。

一、基本信息

包括新原料中文名称、备案号等。

二、生产情况

（一）生产企业名称、地址、相关资质说明等。

（二）年生产量、销售量等。

三、使用新原料的化妆品信息

（一）使用新原料的化妆品企业汇总。包括企业名称、新原料的使用目的，采购及使用数量等。

（二）以列表形式列出使用新原料的产品名称、注册号/备案号、化妆品注册人、备案人、生产企业名称、地址、新原料在产品中的使用目的及添加量等相关信息。

表 1　使用新原料的化妆品汇总信息

序号	产品名称	批准文号/备案号	化妆品注册人、备案人名称	地址	受托生产企业名称	生产许可证编号	地址	淋洗或驻留	新原料使用目的及添加量	产品生产及销售量
1										
2										
3										
4										
5										
6										
7										
8										

四、突发情况

（一）突发情况描述

包括突发情况原因分析、造成的不良影响和后果等。

（二）采取措施

（三）处理结果

（四）工作计划和建议

五、其他需要说明的内容

如有上述相关内容以外需要说明的其他内容，根据实际情况予以说明。

六、汇总分析及结论

对报告进行汇总分析，形成相应的结论。

国家药监局关于发布《化妆品安全评估技术导则（2021 年版）》的公告

2021 年第 51 号

为贯彻落实《化妆品监督管理条例》，规范和指导化妆品安全评估工作，国家药监局组织起草了《化妆品安全评估技术导则（2021 年版）》（以下称《技术导则》），现予公布，自 2021 年 5 月 1 日起施行。现就实施有关问题公告如下：

一、自 2022 年 1 月 1 日起，化妆品注册人、备案人申请特殊化妆品注册或者进行普通化妆品备案前，必须依据《技术导则》的要求开展化妆品安全评估，提交产品安全评估资料。

二、为规范指导化妆品安全评估工作，《技术导则》提供了化妆品产品安全评估报告的完整版和简化版示例。在 2024 年 5 月 1 日前，化妆品注册人、备案人可以按照《技术导则》相关要求，提交简化版产品安全评估报告。

特此公告。

附件：化妆品安全评估技术导则（2021 年版）

国家药监局

2021 年 4 月 8 日

附件

化妆品安全评估技术导则
（2021年版）

为保障化妆品使用安全，规范化妆品安全评估，指导开展相关工作，制定本导则。

1. 适用范围

本导则适用于化妆品原料和产品的安全评估。

2. 基本原则与要求

2.1 原料的安全性是化妆品产品安全的前提条件。化妆品原料的风险评估包括原料本身及可能带入的风险物质；化妆品产品一般可认为是各种原料的组合，应基于所有原料和风险物质进行评估，如果确认某些原料之间存在化学和 / 或生物学等相互作用的，应评估其产生的风险物质和 / 或相互作用产生的潜在安全风险。

2.2 化妆品安全评估应遵循证据权重原则，以现有科学数据和相关信息为基础，遵循科学、公正、透明和个案分析的原则，在实施过程中应保证安全评估工作的独立性。

2.3 化妆品安全评估引用的参考资料应为全文形式公开发表的技术报告、通告、专业书籍或学术论文，以及国际权威机构发布的数据或风险评估资料等；应用未公开发表的研究结果时，需经数据所有权方同意，并分析结果的科学性、准确性、真实性和可靠性等。

2.4 化妆品的安全评估工作应由具有相应能力的安全评估人员按照本导则的要求进行评估，并出具评估报告。

2.5 化妆品注册人、备案人应自行或委托专业机构开展安全评估，形成安全评估报告，并对其真实性、科学性负责。

2.6 化妆品的安全评估资料应当根据需要及时更新，保存期限不少于最后一批上市产品保质期结束以后10年。

2.7 化妆品安全评估人员开展安全评估时，以本导则作为参考依据，还应根据原料和产品的具体情况进行分析。

2.8 评估人员的简历应附在评估报告之后，简历内容应包括评估人员的教育经历、化妆品相关从业经历、专业培训经历等。

3. 化妆品安全评估人员的要求

化妆品安全评估人员应符合以下要求：

3.1 具有医学、药学、生物学、化学或毒理学等化妆品质量安全相关专业知识，了解化妆品成品或原料生产过程和质量安全控制要求，并具有5年以上相关专业从业经历。

3.2 能查阅和分析化学、毒理学等相关文献信息，分析、评估和解释相关数据。

3.3 能公平、客观地分析化妆品的安全性，在全面分析所有可获得的数据和暴露条件的基础上，开展安全评估工作，并对评估报告的科学性、准确性、真实性和可靠性负责。

3.4 能通过定期接受相应的专业培训等方式，学习安全评估的相关知识，了解和掌握新的安全评估理论、技术和方法，并用于实践。

4. 风险评估程序

化妆品原料和风险物质的风险评估程序分为以下四个步骤：

4.1 危害识别

基于毒理学试验、临床研究、不良反应监测和人群流行病学研究等的结果，从原料和/或风险物质的物理、化学和毒作用特征来确定其是否对人体健康存在潜在危害。

4.1.1 健康危害效应

根据产品的使用方法、暴露途径等，确认原料和/或风险物质可能存在的健康危害效应，主要包括：

（1）急性毒性：包括经口和/或经皮接触后产生的急性毒性效应。

（2）刺激性/腐蚀性：包括皮肤和/或眼刺激性/腐蚀性效应。

（3）致敏性：主要为皮肤致敏性。

（4）光毒性：紫外线照射后产生的光刺激性。

（5）光变态反应：重复接触并在紫外线照射下引起的反应。

（6）遗传毒性：包括基因突变和染色体畸变效应等。

（7）重复剂量毒性：连续暴露后对组织和靶器官所产生的功能性和/或器质性改变。

（8）生殖发育毒性：对亲代的生殖功能、妊娠母体机能、胚胎发育、胎儿出生前、围产期和出生后结构及功能的有害作用。

（9）慢性毒性/致癌性：正常生命周期大部分时间暴露后所产生的毒性效应及引起肿瘤的可能性。

（10）其他：有吸入暴露可能时，需考虑吸入暴露引起的健康危害效应。

4.1.2 危害识别

（1）按照《化妆品安全技术规范》（以下称《技术规范》）或国际上通用的毒理学试验结果的判定原则对化妆品原料和/或风险物质的急性毒性、皮肤刺激性/腐蚀性、眼刺激性/腐蚀性、致敏性、光毒性、光变态反应、遗传毒性、重复剂量毒性、生殖发育毒性、慢性毒性/致癌性等毒性特征进行判定，确定原料和/或风险物质的主要毒性特征及程度。

（2）如有原料和/或风险物质的人群流行病学调查、人群监测以及不良反应事件报告等相关资料，应根据所提供的资料判定该原料和/或风险物质可能对人体产生的健康危害效应。

（3）在进行危害识别时，还应考虑原料的纯度和稳定性、其可能与产品中其他原料发生的反应以及透皮吸收的能力等，同时还应考虑到原料和生产过程中不可避免带入的风险物质的健康危害效应等。

（4）对可能有吸入暴露风险的产品，应评估其吸入暴露对人体可能产生的健康危害效应。

（5）对于复配原料，应对复配原料本身和/或每种组分的危害效应进行识别。

4.2 剂量反应关系评估

用于确定原料和/或风险物质的毒性反应与暴露剂量之间的关系。对有阈值的毒性效应，需获得未观察到有害作用的剂量（NOAEL）或基准剂量（BMD）。对于无阈值的致癌效应，用25%的实验动物的某部位有发生肿瘤的剂量（T_{25}）或BMD来确定。对于具有致敏风险的原料和/或风险物质，还需通过预期无诱导致敏剂量（NESIL）来评估其致敏性。

4.2.1 对原料和/或风险物质的有阈值毒性效应的剂量反应关系评估，需确定原料的NOAEL或BMD。

当选择NOAEL计算安全系数时，应选择来自系统毒性试验的数据，如亚慢性重复剂量毒性试验、慢性毒性/致癌试验、生殖发育毒性试验、致畸试验等，还应该考虑该值获得的试验条件与被评估物质使用条件和品种敏感度的相关性。如果选择28天重复剂量毒性试验数据时，应增加相应的不确定因子（UF，一般为3倍）。如果不能得到NOAEL或BMD的，则采用其观察到有害作用的最低剂量（LOAEL），但用LOAEL值计算安全边际值（MoS）时，应增加相应的不确定因子（UF，一般为3倍）。

4.2.2 对于原料和/或风险物质的无阈值致癌效应，可通过剂量描述参数T_{25}或BMD等来进行剂量反应关系评估。

4.2.3 对于存在致敏风险的原料和/或风险物质，可通过NESIL进行剂量反应关系评估。

4.3 暴露评估

指通过对化妆品原料和/或风险物质暴露于人体的部位、浓度、频率以及持续时间等的评估，确定其暴露水平。

4.3.1 进行暴露评估时，应考虑含该原料或风险物质产品的使用部位、使用量、浓度、使用频率以及持续时间等因素，具体包括：

（1）用于化妆品中的类别。

（2）暴露部位或途径：皮肤、粘膜暴露，以及可能的吞咽或吸入暴露。

（3）暴露频率：包括间隔使用或每天使用的次数等。

（4）暴露持续时间：包括驻留或用后清洗等。

（5）暴露量：包括每次使用量及每日使用总量等。

（6）浓度：在产品中的浓度。

（7）透皮吸收率。

（8）暴露对象的特殊性：如儿童、孕妇、哺乳期妇女等。

4.3.2 全身暴露量（SED）的计算

（1）如果暴露是以每次使用经皮吸收μg/cm^{2}时，根据使用面积，按以下公式计算：

$$SED=\frac{DA_a \times SSA \times F}{BW} \times 10^{-3}$$

其中：

SED：全身暴露量（mg/kg · bw/day）

DA_a：经皮吸收量（$\mu g/cm^2$），每平方厘米所吸收的原料或风险物质的量，测试条件应该和产品的实际使用条件一致。

SSA：暴露于化妆品的皮肤表面积（cm^2）

F：产品的日使用次数（day^{-1}）

BW：默认的人体体重（60kg）

（2）如果经皮吸收率是以百分比形式给予时，根据使用量，按以下公式计算：

$$SED=A \times C \times DA_p$$

其中：

SED：全身暴露量（mg/kg · bw/day）

A：以单位体重计的化妆品每天使用量（mg/kg · bw/day）

C：在产品中的浓度（%）

DA_p：经皮吸收率（%）。

暴露量计算时还应考虑其他暴露途径的可能性（如吸入、吞入等）；必要时应考虑除化妆品外其他可能来源（如：食品和环境等）的暴露情况。

4.4 风险特征描述

指化妆品原料和 / 或风险物质对人体健康造成损害的可能性和损害程度的描述。可通过计算安全边际值、终生致癌风险（LCR）、可接受暴露水平与实际暴露量的比较分别对化妆品原料和 / 或风险物质对人体引起有阈值毒性效应、无阈值致癌效应和致敏效应进行描述。

4.4.1 原料和 / 或风险物质的有阈值毒性效应风险特征描述

对于化合物的有阈值毒性效应，通常通过计算其安全边际值进行评估。计算公式为：

$$MoS=\frac{NOAEL(BMD)}{SED}$$

其中：

MoS：安全边际值

NOAEL：未观察到有害作用的剂量

BMD：基准剂量

SED：全身暴露量（mg/kg · bw/day）

在通常情况下，当 MoS ≥ 100 时，可以判定是安全的。

100 是由种间差异 10 和种内差异 10 相乘所得，如有毒代动力学等数据，应考虑进行调整。如果毒理学数据质量存在缺陷，MoS 值应适当增加。

如 MoS ＜ 100，则认为其具有一定的风险性，原则上不允许使用，应结合毒代动力学数据进一步评估。对于特殊使用方式的原料如染发剂，当 MoS 值小于 100 时，需进一步进行评估。

4.4.2 原料和 / 或风险物质无阈值致癌效应的风险特征描述

对于原料和 / 或风险物质的无阈值致癌效应，可通过计算其终生致癌风险（LCR）进行风险评估。计算如下：

（1）首先按照以下公式将动物试验获得的 T_{25} 转换成人（HT_{25}）：

$$HT_{25}=\frac{T_{25}}{[BW(人)/BW(动物)]^{0.25}}$$

式中：

T_{25}：对自发肿瘤发生率进行校正后，25% 的实验动物的某部位发生肿瘤的剂量。

HT_{25}：由动物试验获得的 T_{25} 转换的人 T_{25}

BW（人）：体重 kg（默认的成人体重为 60kg）。

BW（动物）：试验动物的体重 kg。

（2）根据计算得出的 HT_{25} 以及暴露量按以下公式计算终生致癌风险：

$$LCR=\frac{SED}{4\times HT_{25}}$$

式中：

LCR：终生致癌风险

SED：终生每日暴露平均剂量（mg/kg · bw/day）

如果该原料或风险物质的终生致癌风险 $< 10^{-5}$，则认为其引起癌症的风险性较低，可以安全使用。

如果该原料或风险物质的终生致癌风险 $\geqslant 10^{-5}$，则认为其引起癌症的风险性较高，应对其使用的安全性予以关注。

4.4.3 致敏性风险特征描述

对于潜在致敏风险的原料和 / 或风险物质，可按以下公式通过预期无诱导致敏剂量计算得出可接受暴露水平（AEL）。

$$AEL=\frac{NESIL}{SAF}$$

式中：

AEL：可接受暴露水平（$\mu g/cm^2$）

NESIL：预期无诱导致敏剂量（$\mu g/cm^2$）

SAF：致敏评估因子，根据个体差异、产品类型、使用部位、使用频率 / 持续时间等，确定恰当的致敏评估因子。

当 AEL 低于全身暴露量时，认为其引起致敏性的风险较高，应对其使用的安全性予以关注。

5. 毒理学研究

通过一系列毒理学研究，测定化妆品原料和 / 或风险物质的毒理学特征，将其作为危害识别的一部分，也是化妆品安全评估的基础。毒理学研究一般应当按照《技术规范》规定的毒理学试验方法开展。选用其他国内外权威机构发布的《技术规范》未收录的毒理学试验方法或标准时，应当在评估报告中载明方法的来源、识别毒理学危害的原理，并分析结果的科学性、准确性和可靠性。

5.1 急性毒性

包括急性经口和 / 或经皮试验等。急性毒性试验可提供短时间毒性暴露对健康危害的信息。试验结果可作为化妆品原料和 / 或风险物质毒性分级以及确定重复剂量毒性试验和其他毒理学试验剂量的依据。

5.2 刺激性 / 腐蚀性

包括皮肤和 / 或眼睛的刺激性 / 腐蚀性试验。确定和评价原料和 / 或风险物质对局部皮肤或眼睛是否有刺激作用或腐蚀作用及其程度。

5.3 皮肤致敏性

皮肤变态反应试验确定重复接触化妆品原料和 / 或风险物质是否可引起变态反应及其程度。

5.4 皮肤光毒性

皮肤光毒性试验评价化妆品原料和 / 或风险物质引起皮肤光毒性的可能性。

5.5 皮肤光变态反应

皮肤光变态反应试验可评估重复接触化妆品原料和 / 或风险物质，并在紫外线照射下引起皮肤光变态反应的可能性。

5.6 遗传毒性

评价化妆品原料和 / 或风险物质引起遗传毒性的可能性，至少应包括一项基因突变试验和一项染色体畸变试验。

5.7 重复剂量毒性

包括 28 天经口和 / 或经皮毒性试验、亚慢性经口和 / 或经皮毒性试验。

通过重复剂量经口毒性试验不仅可获得一定时期内反复接触受试物后引起的健康效应、受试物作用靶器官和受试物体内蓄积情况资料，还可估计接触的无有害作用水平，后者可用于选择和确定慢性试验的接触水平和初步计算人群接触的安全性水平。

通过重复剂量经皮毒性试验不仅可获得在一定时期内反复接触受试物后可能引起的健康影响资料，而且为评价受试物经皮渗透性、作用靶器官和慢性皮肤毒性试验剂量选择提供依据。

5.8 生殖发育毒性

生殖发育毒性检测动物接触化妆品原料和 / 或风险物质后，引起生殖功能、胚胎的初期发育（如致畸）、出生前后发育、母体机能以及胚胎和胎儿发育障碍的可能性。

5.9 慢性毒性 / 致癌性

慢性毒性试验是使动物长期地以一定方式接触受试物而引起毒性反应的试验。当某种化学物质经短期筛选试验（如遗传毒性试验）预测具有潜在致癌性，或其化学结构与某种已知致癌剂相近时，需用致癌性试验进一步验证。

5.10 毒代动力学

毒代动力学试验是定量地研究在毒性剂量下原料和 / 或风险物质在动物体内的吸收、分布、代谢、排泄过程和特点，进而探讨其毒性的发生和发展的规律，了解其在动物体内的分布及其靶器官。同时了解不同物种在动力学方面的差异可以为从动物实验结果外推到人时的不确定因子（UF）提供理论支持。

原料和 / 或风险物质经过皮肤吸收后，其代谢转化可能会对其潜在毒性、体内分布和排泄造成重要影响。因此，在特定情况下，需要实施体内或体外生物转化研究，以证明或排除某些不良反应。

5.11 透皮吸收

原料和 / 或风险物质的透皮吸收试验，可采用国际通用的透皮吸收试验方法获取相应的数据。在无透皮吸收数据时，吸收率以100%计；若满足以下部分条件：分子量＞500道尔顿，高度电离，脂水分配系数Log Pow≤–1或≥4，拓扑极性表面积＞120Å^2，熔点＞200℃，吸收率以10%计；若化学合成的由一种或一种以上结构单元，通过共价键链接，平均相对分子质量大于1000道尔顿，且相对分子质量小于1000道尔顿的低聚体含量少于10%，结构和性质稳定的聚合物（具有较高生物活性的原料除外），可不考虑透皮吸收。吸收率不以100%计时，需提供有关情况说明。

5.12 其他毒理学试验资料

有经呼吸道吸收可能时，需提供吸入毒性试验资料；必要时可提供其他有助于表明原料和 / 或风险物质毒性的毒理学试验资料。

5.13 人群安全性试验资料

包括人体安全性试验资料和人群流行病学资料。

人群流行病学资料包括人群流行病学调查、人群监测以及临床不良事件报告、事故报告等。

6. 原料的安全评估

6.1 安全评估原则

6.1.1 按照风险评估程序对化妆品原料和 / 或其可能存在的风险物质进行评估，保障原料使用的安全性。

6.1.2 使用《技术规范》中的限用组分、准用防腐剂、准用防晒剂、准用着色剂和准用染发剂列表中的原料应满足《技术规范》要求。

6.1.3 凡国际权威化妆品安全评估机构已公布评估结论的原料，需对相关评估资料进行分析，在符合我国化妆品相关法规要求的情况下，可采用相关评估结论。不同的权威机构评估结果不一致时，根据数据的可靠性和相关性，科学合理地采用相关评估结论。

6.1.4 凡世界卫生组织（WHO）、联合国粮农组织（FAO）等权威机构已公布的安全限量或结论，如每日允许摄入量（ADI）、每日耐受剂量（TDI）、参考剂量（RfD）、一般认为安全物质（GRAS）、具有悠久食用历史的原料等，需对相关资料进行分析，在符合我国化妆品相关法规规定的情况下，可采用相关结论。如缺少局部毒性资料，需对其局部毒性另行开展评估。不同的权威机构评估结果不一致时，根据数据的可靠性和相关性，科学合理地采用相关评估结论。

6.1.5 如香精符合我国相关国家标准或国际日用香料协会（IFRA）标准，需对相关评估资料进行分析，在符合我国化妆品相关法规要求的情况下，可采用相关评估结论。

6.1.6 对于化学结构明确，且不包含严重致突变警告结构的原料或风险物质，含量较低且缺乏系统毒理学研究数据时，可参考使用毒理学关注阈值（TTC）方法进行评估，但该方法不适用于金属或金属化合物、强致癌物（如黄曲霉毒素、亚硝基化合物、联苯胺类和肼等）、蛋白质、类固醇、高分子质量的物质、有很强生物蓄积性物质以及放射性化学物质和化学结构未知的混合物等。

6.1.7 对于缺乏系统毒理学研究数据的非功效成分或风险物质，可参考使用分组/交叉参照（Grouping/Read Across）进行评估。所参照的化学物与该原料或风险物质有相似的化学结构，相同的代谢途径和化学/生物反应性，其中结构相似性表现在：（1）各化学物质具有相同的官能团（如醛类、环氧化物、酯类、特殊金属离子物质）；（2）各化学物质具有相同的组分或被归为相同的危害级别，具有相似的碳链长度；（3）各化学物质在结构上（如碳链长度）呈现递增或保持不变的特征，这种特征可以通过观察各化学物质的理化特性得到；（4）各化学物质由于结构的相似性，通过化学物质或生物作用后，具有相同的前驱体或降解产物可能性。

6.1.8 根据原料理化特性、定量构效关系、毒理学资料、使用历史、临床研究、人群流行病学调查以及类似化合物的毒性等资料情况，可增加或减免毒理学终点的评估。

6.2 化妆品原料的理化性质

原料的理化性质可用于预测特定的毒理学特性。一般包括以下内容：

6.2.1 原料的名称

包括标准中文名称、通用名称、商品名称、化学名称、INCI 名称、CAS 号、EINCES 号等。

6.2.2 物理状态

如固体、液体、挥发性气体等。

6.2.3 分子结构式和相对分子量

对于复配原料，必须说明每个组成成分的分子结构式和相对分子量。

6.2.4 化学特性和纯度

应说明表征化学特性时使用的技术条件（紫外光谱或红外光谱、核磁、质谱、元素分析等）以及检测结果等。

应明确原料的纯度 / 含量以及测定方法，并说明分析方法的来源及测定原理。

在理化试验和毒性试验中使用的原料必须与产品中使用的原料相当。确保理化试验和毒性试验中使用的原料更具有代表性，差异不会带来安全风险。

6.2.5 杂质 / 残留物

除了物质的纯度以外，还必须说明可能存在的杂质 / 残留物的浓度或含量。

6.2.6 溶解度

应说明原料在水中和 / 或任何其他相关有机溶剂的溶解度。对于其计算值，应说明计算方法。

6.2.7 分配系数（Log Pow）

如有，应说明分配系数。对于其计算值，应说明计算方法。

6.2.8 均质性和稳定性

应说明试验条件下检测原料时使用的试验溶液的均质性。

应说明试验条件下原料的稳定性和储存条件。

6.2.9 异构体组成

如果原料存在异构体，用作化妆品成分的相关异构体应进行安全评估。其他异构体作为杂质，应提供相关信息。

6.2.10 其他相关的理化指标

如对于可吸收紫外线的成分，应说明化合物的紫外线吸收的波长及紫外线吸收光谱（如 UV–VIS 吸收光谱）。

6.2.11 功能和用途

该原料拟用或已用于化妆品中的使用目的、化妆品中的最高浓度等。如果化妆品原料在有吸入暴露风险的产品中使用，应该明确提及吸入暴露的可能，并且应考虑吸入暴露的健康危害效应。

此外，此原料作为其他用途（例如消费产品，工业产品）时，所用浓度也应尽可能描述。

6.3 矿物、动物、植物、生物技术来源的原料

6.3.1 矿物来源的原料，一般包括以下内容：

（1）原料来源；

（2）制备工艺：物理加工、化学修饰、纯化方法及净化方法等；

（3）特征性组成要素：特征性成分（%）；

（4）组成成分的理化特性；

（5）微生物情况；

（6）防腐剂和 / 或其他添加剂。

6.3.2 动物来源的原料，一般包括以下内容：

（1）物种来源（牛、羊、甲壳动物等）、物种通用名称、拉丁名、种属名称包括物种、属、科及使用的器官组织（胎盘、血清、软骨等）；

（2）原产国（地区）等；
（3）制备过程：萃取条件、水解类型、纯化方法等；
（4）特征性成分含量；
（5）形态：粉末、溶液、悬浮液等；
（6）特征性组成要素：特征性的氨基酸、总氮、多糖等；
（7）理化特性；
（8）微生物情况（包括病毒性污染）；
（9）防腐剂和/或其他添加剂。

6.3.3 植物来源的原料，一般包括以下信息：
（1）植物的通用名称、拉丁名；
（2）种属名称包括物种、属、科；
（3）所用植物的部分；
（4）感官描述：粉末、液态、色彩、气味等；
（5）形态解剖学描述；
（6）自然生态和地理分布；
（7）植物的来源包括地理来源以及是否栽培或野生；
（8）具体制备过程：收集、洗涤、干燥、萃取等；
（9）储存条件；
（10）特征性组成要素：特征性成分；
（11）理化特性；
（12）微生物情况包括真菌感染；
（13）农药、重金属残留等；
（14）防腐剂和/或其他添加剂；
（15）如果是含有溶剂的提取液，应说明包含的溶剂和有效成分的含量。

6.3.4 生物技术来源的原料，一般包括以下内容：
（1）制备过程；
（2）所用的生物描述：供体生物、受体生物、经修饰的微生物等；
（3）生物技术的类型/方式；
（4）微生物致病性；
（5）毒性成分包括生物代谢物、产生的毒素等；
（6）理化特性；
（7）微生物质量控制措施；
（8）防腐剂和/或其他添加剂。

对于特殊生物技术来源的原料，其中经修饰的对象（如微生物）或潜在的毒性物质不能彻底去除的，需提供数据予以说明。

6.4 香精香料

香精香料应符合我国相关国家标准和/或国际日用香料协会（IFRA）修正案及其相关标准。

7. 化妆品产品的安全评估

7.1 评估原则

7.1.1 化妆品产品的安全评估应以暴露为导向，结合产品的使用方式、使用部位、使用量、残留等暴露水平，对化妆品产品进行安全评估，以确保产品安全性。

7.1.2 按照风险评估程序对化妆品中的各原料和/或风险物质进行风险评估。使用《技术规范》中的限用组分、准用防腐剂、准用防晒剂、准用着色剂和准用染发剂列表中的原料、有限制要求的风险物质应满足《技术规范》要求；国外权威机构已建立相关限量值或已有相关评估结论的原料和/或风险物质，可采用其风险评估结论，如不同的权威机构的限量值或评估结果不一致时，根据数据的可靠性和相关性，科学合理地采用相关评估结论。

7.1.3 完成化妆品产品的安全评估后，需要排除化妆品产品皮肤不良反应的，在满足伦理要求的前提下可以进行人体皮肤斑贴试验或人体试用试验。

7.1.4 产品配方除着色剂或香料的种类或含量不同外，基础配方成分含量、种类相同，且系列名称相同的产品，可以参考已有的资料和数据，只对调整组分进行评估，并确保产品安全。

7.1.5 如果产品配方中两种或两种以上的原料，其可能产生系统毒性的作用机制相同，必要时应考虑原料的累积暴露，并进行个案分析。

7.1.6 如果产品中所含原料存在于除该类化妆品外的其他产品的显著暴露来源时，如：其他化妆品、食品、环境等，在计算安全边际值时应考虑其他来源的暴露，并进行具体分析。

7.1.7 应针对每个产品编写安全评估报告，妥善保存，及时补充上市后的安全资料。

7.2 产品理化稳定性评价

7.2.1 应结合产品的具体情况评价相关理化指标以确定产品的稳定性，保障每批次上市化妆品的质量稳定，一般包括以下参数：

（1）物理状态；

（2）剂型（乳液、粉等）；

（3）感官特性（颜色、气味等）；

（4）pH值（在何种温度条件下）；

（5）粘度（在何种温度条件下）；

（6）根据具体需要的其他方面。

7.2.2 确认原料之间是否存在化学和/或生物学相互作用，并考虑相互作用产生的潜在安全风险。如存在潜在安全风险的，应当结合相关文献研究资料或理化实验数据，进行评估。

7.2.3 对与内容物直接接触的容器或载体的理化稳定性及其与产品的相容性进行评估。

可参考包装或载体供应商的安全资料或安全声明等资料，对容器的稳定性进行评估。

7.2.4 对配方体系近似、包装材质相同的化妆品，可根据已有的资料和实验数据对理化稳定性开展评估工作，但需阐明理由，说明情况。

7.3 产品微生物学评估

7.3.1 化妆品微生物污染通常来源于原料带入，产品配制和灌装过程，以及消费者使用环节。儿童化妆品、眼部 / 口唇化妆品，应当对微生物污染予以特别关注。

7.3.2 对处于研发阶段的化妆品，可参考国际通用的标准或方法对其防腐体系的有效性进行评价。

7.3.3 对于防腐体系相同且配方近似的产品，可参考已有的资料和实验数据进行产品安全性评价。根据产品特性，属于不易受微生物污染的产品，即非含水产品、有机溶剂为主的产品、含水产品中如水活度＜0.7、乙醇含量＞20%（体积）、高 / 低 pH 值（≥10 或≤3）、灌装温度高于 65℃的产品、一次性或包装不能开启等类型的产品等，可不进行防腐效能评价，但化妆品安全性评估人员应就相关情况予以说明。

7.4 产品上市后的安全监测

7.4.1 对上市后产品的安全性进行监测、记录和归档。包括正常使用时发生的不良反应，消费者投诉以及后续随访等。

7.4.2 如上市产品出现下列情况，需重新评估产品的安全性：

（1）上市产品所用原料在毒理学上有新的发现，且会影响现有评估结果的；

（2）上市产品的原料质量规格发生足以引起现有安全评估结果变化的；

（3）上市产品正常使用引起的不良反应率呈明显增加趋势，或正常使用产品导致严重不良反应的；

（4）其他影响产品质量安全的情况。

7.5 儿童化妆品评估要求

7.5.1 进行儿童化妆品评估时，在危害识别、暴露量计算等方面，应结合儿童生理特点。

7.5.2 应明确其配方设计的原则，并对配方使用原料的必要性进行说明，特别是香料、着色剂、防腐剂及表面活性剂等原料。

7.5.3 原则上不允许使用以祛斑美白、祛痘、脱毛、除臭、去屑、防脱发、染发、烫发为目的的原料，如因其他目的使用可能具有上述功效的原料时，需对使用的必要性及针对儿童化妆品使用的安全性进行评价。

7.5.4 应选用有较长期安全使用历史的化妆品原料，不鼓励使用基因技术、纳米技术等新技术制备的原料，如无替代原料必须使用时，需说明原因，并针对儿童化妆品使用的安全性进行评价。

8. 安全评估报告

8.1 化妆品原料的安全评估报告

化妆品原料的安全评估报告通常包括摘要、原料理化性质、评估过程、评估结果分析、风险控制措施或建议、安全评估结论、安全评估人员签名及简历、参考文献和附录等内容。

参考格式详见附录1。

8.2 化妆品产品的安全评估报告

化妆品产品的安全评估报告通常包括摘要、产品简介、产品配方、配方设计原则（仅针对儿童化妆品）、配方中各成分的安全评估、可能存在的风险物质评估、风险控制措施或建议、安全评估结论、安全评估人员签名及简历、参考文献和附录等内容。

参考格式详见附录2，化妆品产品安全评估报告（完整版）示例见附录3，化妆品产品安全评估报告（简化版）示例见附录4。

9. 说明

9.1 化妆品产品安全评估报告（简化版）可采用的证据

按照以下顺序依次选择至少一种证据进行评估以确定其安全性。

9.1.1《技术规范》中的限用组分、准用防腐剂、准用防晒剂、准用着色剂和准用染发剂列表中的原料，必须符合其使用要求；

9.1.2 国内外权威机构，如世界卫生组织（WHO）、联合国粮农组织（FAO）、欧盟消费者安全科学委员会（SCCS）、美国化妆品原料评价委员会（CIR）等已公布的安全限量或结论如化妆品安全使用结论、每日允许摄入量、每日耐受剂量、参考剂量、一般认为安全物质（GRAS）等，国际日用香料协会（IFRA）已发布的香料原料标准等，如有限制条件（如刺激性要求等），在符合其限制条件下，结合原料历史使用浓度、产品或原料毒理学测试或人体临床测试结果，可采用其限量或结论；只有系统毒性评估结论的，结合原料历史使用浓度、产品或原料毒理学测试结果或人体临床测试结果，对产品刺激性等局部毒性进行评估后，可采用其限量或结论。

9.1.3 原料在本企业已上市（至少3年）的相同使用方法产品中的浓度（即：本企业的历史使用浓度）作为评估的证据。使用部位和使用方法相同产品配方中原料使用浓度原则上应不高于原料在本企业的历史使用浓度，如高于历史使用浓度，应按照本导则进行安全评估证明其安全性；原料历史使用浓度可相互参考，暴露量高和接触时间长的产品，可用于暴露量低和接触时间短的产品评估，但需要从目标人群、使用部位和使用方式等方面充分分析说明其合理性。

使用本企业的历史使用浓度应提供的证明文件包括以下内容：（1）国产特殊产品和进口产品：注册或备案配方（须与申报时提交配方一致），产品注册证书或备案凭证，产品上市证明文件；（2）国产普通产品：带原料含量或可计算原料含量的生产记录、工艺单、配料单，备案凭证，产品上市证明文件；（3）不良反应监测情况说明；（4）其他证明文件。

9.1.4 以上三种证据类型均不能评估时，化妆品监管部门公布的原料最高历史使用量可为评估提供参考。需评估产品中原料使用浓度原则上不应高于化妆品监管部门发布的原料最高历史使用量。

9.1.5 对于无法使用上述任一证据类型的原料和 / 或风险物质，应按照本导则要求的评估程序进行评估证明其安全性。

9.2 其他

本导则所列条款为化妆品安全评估中所涉及的全部内容，实际进行产品评估时，评估人员需按照本导则结合产品的具体情况进行评估。

10. 术语和释义

下列术语和释义适用于本导则。

10.1 危害（Hazard）

原料或风险物质在暴露情况下对人体产生不良效应的属性。

10.2 风险（Risk）

暴露条件下，原料或风险物质对使用者产生有害作用的可能性及强度的定量或定性估计。

10.3 风险物质（Risk Substance）

化妆品中可能存在的安全性风险物质是指由化妆品原料带入、生产过程中产生或带入的，可能对人体健康造成危害的物质。

10.4 剂量（Dose）

直接与机体的吸收部位（消化道、粘膜、皮肤等）接触，可供吸收的量，通常以 mg/kg · bw 表示。

10.5 未观察到有害作用的剂量（No Observed Adverse Effect Level，NOAEL）

在规定的试验条件下，用现有的技术手段或检测指标未观察到任何与受试物有关的毒性作用的最大剂量。

10.6 观察到有害作用的最低剂量（Lowest Observed Adverse Effect Level，LOAEL）

在规定的试验条件下，受试物引起实验动物组织形态、功能、生长发育等有害效应的最低剂量。

10.7 基准剂量（Benchmark Dose，BMD）

一种物质引起某种特定的、较低健康风险发生率（一般在 1%~10% 之间）的剂量。

10.8 有阈值毒性效应（Threshold Effects）

必须在超过一定的剂量限值（阈剂量）之后，才会引起机体出现损伤的毒性效应。

10.9 无阈值毒性效应（Non–Threshold Effects）

多为遗传毒性和致癌性，是已知或假设其作用是无阈值的，即已知或假设大于零的所有剂量都可以诱导出有害作用的毒性效应。

10.10 全身暴露量（Systemic Exposure Dosage，SED）

通过各种暴露途径进入体循环的化学物质的预计量。通常以 mg/kg · bw/day 表示。

10.11 安全边际值（Margin of Safety，MoS）

NOAEL 或 BMD 与预期的全身暴露量之间的比值。

10.12 不确定因子（Uncertainty factor，UF）

即安全系数。为解决由动物实验资料外推至人的不确定因素及人群毒性资料本身所包含的不确定因素而设置的转换系数。不确定系数通常为100，但可根据原料来源、理化性质、毒性大小、代谢特点、蓄积性、试验资料来源等因素综合考虑不确定系数的大小。

10.13 可接受的致癌风险（Acceptable Risk of Cancer）

能够为社会公认并能为公众接受的终生致癌风险概率，通常应小于10^{-5}，可因时间、地点、条件和公众的接受能力而不同。

10.14 T_{25}

对自发肿瘤发生率进行校正后，引起25%的实验动物出现肿瘤的剂量。

10.15 每日允许摄入量（Acceptable Daily Intake，ADI）

是指人终生每日从食物或饮水中摄入某种化学物质，对健康无任何已知不良效应的剂量。

10.16 每日耐受摄入量（Tolerable Daily Intake，TDI）

是指人终生每日摄入某种物质，对健康无任何已知不良效应的剂量。

10.17 参考剂量（Reference Dose，RfD）

环境介质（空气、水、土壤、食品等）中化学物质的日平均接触剂量的估计值，人群（包括敏感亚群）在终生接触该剂量水平下，预期一生中发生非致癌或非致突变有害效应的危险度可接受或可忽略。

10.18 预期无诱导皮肤过敏的剂量水平（No Expected Sensitization Induction Level，NESIL）

不产生诱导致敏效应的最高剂量或浓度。

10.19 毒理学关注阈值（Threshold of Toxicological Concern，TTC）

化学品暴露阈值，在该暴露水平下，预计不存在危害人类健康的风险。

10.20 分组 / 交叉参照（Grouping/Read Across）

用一种 / 组化学物质的毒性终点信息预测另一种 / 组化学物质相同毒性终点的过程。目标化学物和源化学物被认为是“相似”的（通常基于结构相似性和 / 或相同的作用模式或机制）。

附录：1. 化妆品原料的安全评估报告

2. 化妆品产品的安全评估报告

3. 化妆品安全评估报告示例（完整版）

4. 化妆品安全评估报告示例（简化版）

附录 1

化妆品原料的安全评估报告

题　　目：（原料名称）安全评估报告

注册人 / 备案人名称：____________________

注册人 / 备案人地址：____________________

评估单位：____________________

评 估 人：____________________

评估日期：____年____月____日

目　　录

一、摘要
二、原料理化性质
三、评估过程
四、评估结果分析
五、风险控制措施或建议
六、安全评估结论
七、安全评估人员签名
八、安全评估人员简历
九、参考文献
十、附录

一、摘要

×× 原料（CAS 号：×××），应用于 ××× 产品中，使用目的 ×××，相关毒理学终点有 ×××，暴露量为 ×××，计算得出 MoS 值为 ×××，可能产生的风险物质为 ×××，在 ××× 的使用情况下不会对人体健康造成危害。

二、原料理化性质

1、名称（包括标准中文名称、通用名、商品名、化学名、INCI 名、CAS 号、EINCES 号等）：

2、物理状态：

3、分子结构式和相对分子量：

4、化学特性和纯度：

5、杂质 / 残留物：

6、溶解度：

7、分配系数：

8、均质性、稳定性：

9、异构体组成：

10、其他相关理化指标：

11、功能和用途：

12、其他（如为矿物、动物、植物来源的原料或香精香料，按照本导则中的要求进行原料特性描述）。

三、评估过程

1. 危害识别：

1.1 健康危害效应，一般包括：

（1）急性毒性

（2）刺激性 / 腐蚀性

（3）致敏性

（4）光毒性

（5）光变态反应

（6）遗传毒性

（7）重复剂量毒性

（8）生殖发育毒性

（9）慢性毒性 / 致癌性

（10）毒代动力学

（11）人群安全资料

（12）其他

1.2 危害识别：

……

2. 剂量反应关系评估：

……

3. 暴露评估：

……

4. 风险特征描述：

……

四、评估结果分析

包括对评估过程中资料的完整性、可靠性、科学性的分析，数据不确定性的分析等。

五、风险控制措施或建议

……

六、安全评估结论

……

七、安全评估人员签名

……

八、安全评估人员简历

……

九、参考文献

……

十、附录

包括检测报告、涉及的原料规格证明等。若存在风险物质，应提供风险物质评估结论和资料，或风险物质检验报告。

附录2

化妆品产品的安全评估报告

题　　目：（产品名称）安全评估报告

注册人/备案人名称：________________

注册人/备案人地址：________________

评估单位：________________

评 估 人：________________

评估日期：____年____月____日

目　　录

一、摘要

二、产品简介

三、产品配方

四、配方设计原则

五、配方中各成分的安全评估

六、可能存在的风险物质评估

七、风险控制措施或建议

八、安全评估结论

九、安全评估人员签名

十、安全评估人员简历

十一、参考文献

十二、附录

一、摘要

××为×××（使用方法、剂型等）产品，使用目的xx，使用人群为xx，依据《化妆品安全评估导则》，对产品中的××、××（具体原料名称），×××、×××（具体风险物质名称）进行安全评估，以及××××（其他安全资料）。结果显示，该产品在正常、合理及可预见的使用情况下不会对人体健康造成危害。

二、产品简介

1、产品名称

2、产品使用目的及使用方式

3、日均使用量（g/day）

4、驻留因子

5、其他

三、产品配方

……

四、配方设计原则（仅针对儿童化妆品）

……

五、配方中各成分的安全评估

1. 危害识别

一般包括：

（1）急性毒性

（2）刺激性/腐蚀性

（3）致敏性

（4）光毒性

（5）光变态反应

（6）遗传毒性

（7）重复剂量毒性

（8）生殖发育毒性

（9）慢性毒性/致癌性

（10）毒代动力学

（11）人群安全资料

2. 剂量反应关系评估：

……

3. 暴露评估：

……

4. 风险特征描述：

……

六、可能存在的风险物质评估

……

七、风险控制措施或建议：

如警示用语、使用方法、使用人群等。

八、安全评估结论：

一般包括产品理化稳定性评估结论；产品微生物稳定性评估结论；人体安全数据，如临床数据、消费者使用调查、不良反应记录等。检测结论，各原料的评估结论等

九、安全评估人员签名

……

十、安全评估人员简历

……

十一、参考文献

……

十二、附录

包括检测报告、涉及的原料质量规格证明等。

附录 3

化妆品安全评估报告示例（完整版）

注：本报告格式及数据仅供参考

题　　目:（产品名称）安全评估报告

注册人 / 备案人名称：____________________

注册人 / 备案人地址：____________________

评估单位：____________________

评 估 人：____________________

评估日期：____年____月____日

目　录

一、摘要
二、产品简介
三、产品配方
四、配方中各成分的安全评估
五、可能存在的风险物质评估
六、风险控制措施或建议
七、安全评估结论
八、安全评估人员签名
九、安全评估人员简历
十、参考文献
十一、附录

一、摘要

×××身体乳为驻留类化妆品，适用于全身，可每日使用，参考《化妆品安全评估技术导则》有关规定，对产品的微生物、有害物质和稳定性等进行了检测，并对配方所用的水、1，3-丙二醇、香精、花生醇、苯氧乙醇、墨角藻（FUCUS VESICULOSUS）提取物、蜂蜜和二棕榈酰羟脯氨酸8种成分，可能存在的二甘醇、苯酚等风险物质开展了安全评估。结果显示，该产品在正常、合理及可预见的使用情况下，不会对人体健康产生危害。

二、产品简介

1、产品名称：×××身体乳

2、产品使用方法：可涂抹于全身

3、日均使用量（g/day）：7.82*

4、驻留因子：1.00

5、全身暴露量（SED）：SED=日均使用量×驻留因子×成分在配方中百分比×经皮吸收率÷体重#

注：*日均使用量参考《THE SCCS NOTES OF GUIDANCE FOR THE TESTING OF COSMETIC INGREDIENTS AND THEIR SAFETY EVALUATION（10TH REVISION）》。

#体重一般为默认的成人体重（60 kg）；经皮吸收率以100%计。

三、产品配方

本配方中所使用的原料均已列入《已使用化妆品原料目录》或《化妆品安全技术规范》（2015年版）。产品配方表见表1，产品实际成分含量表见表2。

表1 产品配方表

序号	中文名称	INCI名称/英文名称	使用目的	在《已使用原料目录》中的序号	备注
1	水	WATER	溶剂	06260	
2	水	WATER	润肤剂	06260	
	1,3丙二醇	PROPANEDIOL		00006	
2	墨角藻（FUCUS VESICULOSUS）提取物	FUCUS VESICULOSUS EXTRACT	润肤剂	04728	
3	香精	PARFUM	芳香剂	07008	
4	花生醇	ARACHIDYL ALCOHOL	润肤剂	02992	
5	苯氧乙醇	PHENOXYETHANOL	防腐剂	01294	《化妆品安全技术规范》准用防腐剂（表4）序号37

续表

序号	中文名称	INCI 名称 / 英文名称	使用目的	在《已使用原料目录》中的序号	备注
6	蜂（Apis mellifera）蜜	HONEY	保湿剂	02341	
7	二棕榈酰羟脯氨酸	DIPALMITOYL HYDROXYPROLINE	保湿剂	02255	

注：本配方仅为示例，非实际配方。产品配方应提供全部原料，并按含量递减顺序排列。

表 2　产品实际成分含量表

标准中文名称	INCI 名	实际成分含量（%）
水	WATER	97.0999
1,3 丙二醇	PROPANEDIOL	1.0000
香精	PARFUM	0.6000
花生醇	ARACHIDYL ALCOHOL	0. 6000
苯氧乙醇	PHENOXYETHANOL	0.5000
墨角藻（FUCUS VESICULOSUS）提取物	FUCUS VESICULOSUS EXTRACT	0.1000
蜂（Apis mellifera）蜜	HONEY	0.1000
二棕榈酰羟脯氨酸	DIPALMITOYL HYDROXYPROLINE	0.0001

四、配方中各成分的安全评估

1 号原料：水，本产品所用的水是经过微孔过滤，离子交换，热灭菌等工艺获得的纯化水，无安全性风险问题。

2 号原料：水、1,3- 丙二醇和墨角藻（FUCUS VESICULOSUS）提取物的混合物。

水，本产品所用的水是经过微孔过滤，离子交换，热灭菌等工艺获得的纯化水，无安全性风险问题。

1,3- 丙二醇，急性毒性：急性经口毒性试验显示该原料为低毒性；皮肤刺激性：该成分浓度为 100% 时对皮肤有轻微刺激性；眼刺激性：该成分浓度为 100% 时无刺激性；皮肤变态反应：该成分浓度为 50% 时无致敏性；皮肤光毒性：该成分不具有紫外光吸收特性，因此不具有皮肤光毒性；致突变性：该成分无潜在基因突变性或染色体畸变性。系统毒性：经危害特征描述，该成分的未观察到有害作用的剂量（NOAEL）为 1000mg/kg bw/d；生殖和发育毒性：该成分未观察到生殖和发育毒性[1, 2]。暴露剂量（SED）

=1.3mg/kg bw/d，经计算安全边际值 MoS=1000/1.3=769>100，原料在本产品中应用风险在可接受范围之内。

墨角藻（FUCUS VESICULOSUS）提取物，美国化妆品原料评价委员会（CIR）评估结果显示，浓度不高于 5% 时该原料在化妆品中的使用是安全的[3]，该原料的添加量为 0.1000%，在本产品中应用风险在可接受范围之内。

3 号原料：香精，产品中所使用的香精符合 IFRA 证书要求。

4 号原料：花生醇，为 1- 二十烷醇，属于直链长链饱和脂肪醇。直链长链饱和脂肪醇类物质的通用分子结构式为 $C_nH_{2n+2}O$，该类物质都具有直链碳链结构，且都具有末端醇羟基作为关键官能团，化学结构的区别是碳链长短的不同。因此，花生醇和具有近似碳链长度的饱和脂肪醇（如 1- 十八醇、1- 二十二醇）在理化性质、危害描述、危害特征描述等上的数据可以相互参考。

花生醇的毒理学终点：急性毒性：急性经口毒性试验显示该原料为实际无毒性。急性经皮毒性试验显示该原料为微毒性。皮肤刺激性：根据原料供应商提供的毒理学安全数据，浓度为 50% 时，该原料对皮肤无刺激性。眼刺激性：根据原料供应商提供的毒理学安全数据，浓度为 50% 时该原料对眼睛无刺激性。皮肤变态反应：该原料无致敏性。皮肤光毒性：该原料无皮肤光毒性。致突变性：无潜在基因突变性或染色体畸变性。系统毒性：经过危害特征描述，该原料的未观察到有害作用的剂量（NOAEL）为 1000mg/kg bw/day。生殖发育毒性：该原料的交叉参考物 1- 二十二醇在重复剂量毒性 / 生殖发育毒性试验中未观测到发育和生殖毒性反应，其 NOAEL 为 1000mg/kg bw/day。另一交叉参考物 1- 十八醇在生殖发育毒性试验中也未观测到生殖发育毒性反应，其 NOAEL 为 2000mg/kg bw/day。鉴于化学结构的相似性，花生醇（C=20）的生殖发育毒性应与 1- 二十二醇和 1- 十八醇相近。此外，据研究表明，直链饱和脂肪醇的经皮、经口吸收率与碳链长度直接相关。当碳链长度大于 7 时，饱和脂肪醇的经皮、经口吸收率随碳链长度的增加而下降。因此，花生醇的生殖发育毒性应不高于其交叉参照物的生殖发育毒性，基于保守原则，NOAEL 选取 1000mg/kg bw/day[4-6]。安全评估用 NOAEL 的选择：选取经口重复染毒试验资料的 NOAEL 1000mg/kg/day 用以计算安全边际值。暴露剂量 =7.82*1000*0. 6000*1*1/（60*100）=0.782mg/kg/d。安全边际值 MoS = 1000/0. 782=1279>100。该原料在本产品中的应用风险在可接受范围内。

5 号原料：苯氧乙醇，《化妆品安全技术规范》（2015 年版）表 4 化妆品准用防腐剂规定，苯氧乙醇的限用量为 1%[7]，本配方的添加量为 0.5000%，符合要求。该原料在本产品中应用风险在可接受范围之内。

6 号原料：蜂（Apis mellifera）蜜，该原料无皮肤刺激性、眼刺激性、皮肤致敏性、皮肤光毒性等局部毒性[8, 9]，且作为食物有悠久食用历史，无系统毒性风险。因此该原料在本产品中的应用风险在可接受范围内。

7 号原料：二棕榈酰羟脯氨酸，根据原料供应商提供的毒理学安全数据，该原料在浓度为 10% 时无皮肤刺激性、眼刺激性、皮肤致敏性、皮肤光毒性等局部毒性。根据现有数据，该原料在 Ames 或哺乳细胞小鼠淋巴瘤试验（MLA）中无致突变性，在 MLA 或体外人淋巴细胞染色体畸变试验中无染色体损伤，因此排除了遗传毒性。二棕榈酰羟脯氨酸的化学结构明确，含量较低，缺乏系统毒理学数据，符合毒理学关注阈值方法（TTC）方法的使用条件，根据其化学结构分类，辅助 Toxtree 工具将其分类为 III 类，TTC 限值为 1.5μg/kg/day（90 μg/day）。本原料在配方中的暴露量为 7.82 μg/day，低于 Cramer III 类 TTC 限值，故无系统毒性风险。该原料在本产品中的应用风险在可接受范围内。

五、可能存在的风险物质的安全评估

本产品按照《化妆品安全评估技术导则》的要求，基于当前科学认知水平，对可能由化妆品原料带入、生产过程中产生或带入的风险物质进行了评估，结果表明：

本产品的生产符合国家相关法律法规，对生产过程和产品包装材料进行严格的管理和控制。

产品中可能存在的安全性风险物质是技术上无法避免、由原料带入的杂质，残留的微量杂质在正常合理使用条件下不会对人体健康造成危害。产品安全性风险物质危害识别表见表 3。

表 3 安全性风险物质危害识别表

标准中文名称	可能含有的风险物质	备注
水	无	/
1，3- 丙二醇	二甘醇	欧洲消费者安全科学委员会（SCCS）关于二甘醇杂质的意见中，浓度不超过 0.1% 时，其在化妆品中的存在是安全的。终产品二甘醇的检验报告附后。
香精	无	/
花生醇	无	/
苯氧乙醇	二噁烷和苯酚	二噁烷：化妆品终产品中二噁烷的残留浓度应符合《化妆品安全技术规范》（2015 版）第一章中表 2“化妆品中有害物质限值”的要求，即二噁烷的残留浓度应小于 30mg/kg。本产品中二噁烷的残留浓度符合该要求。 苯酚：根据日本化妆品标准允许使用的防腐剂中，苯酚在化妆品中的限量为 0.1g/100g，本产品中苯酚含量为 0.002g/100g，因此，本原料不具有安全性风险，不会对人体健康造成潜在的危害。
墨角藻（FUCUS VESICULOSUS）提取物	无	/
蜂蜜	无	/
二棕榈酰羟脯氨酸	无	/

此外，该产品终产品的检验报告显示其铅、汞、砷、镉、二噁烷检验结果符合《化妆品安全技术规范》（2015年版）表2《化妆品中有害物质限量》的限值要求。

六、风险控制措施或建议

本产品为身体乳（驻留类化妆品），适用于涂抹于全身，可每日使用。

本产品无需标注警示用语。

七、安全评估结论

本产品为身体乳（驻留类化妆品），可每日使用，涂抹于全身。主要暴露方式为经皮吸收，根据产品的特性，对本产品的暴露评估仅考虑经皮途径。

通过对产品以下各方面的综合评估：

1. 各成分的安全评估结果显示，所有成分在本产品浓度下不会对人体健康产生危害；
2. 可能存在的安全性风险物质检测及评估结果显示，不会对人体健康产生危害；
3. 防腐剂挑战结果符合有关要求；
4. 微生物检验结果显示该产品微生物符合《化妆品安全技术规范》（2015年版）有关要求；
5. 有害物质检测结果显示，该产品有害物质含量符合《化妆品安全技术规范》（2015年版）有关要求；
6. 产品的理化特性、稳定性检测结果显示，符合相关要求；
7. 产品与包装材料的相容性评估结果显示，符合相关要求；
8. 配方中各成分之间未预见发生有害的相互作用。

综上，认为该产品在正常及合理、可预见的使用条件下，不会对人体健康产生危害。

八、安全评估人员签名

评估人：×××

日期：20××年××月××日

地址：××××××××××××

九、安全评估人员简历

××××××

十、参考文献

格式举例：

1. 国家食品药品监督管理总局，关于发布化妆品安全技术规范（2015年版）的公告，2015年第268号

2. Ralph Gingell，Jeannie B. Kirkpatrick，and David R. Subchronic Toxicity Study of 1, 3-Propanediol Administered Orally to Rats. International Journal of Toxicology，2000，19: 27–32

3. Safety Assessment of Brown Algae-Derived Ingredients as Used in Cosmetics. Final report 2019 available from CIR

说明：参考文献按照格式要求列出明确的出处及来源，原文留档备查，无需提交。

十一、附录

1. 香精的IFRA证书（也可提供原料供应商提供的其他证明文件或符合GB/T 22731-2017日用香精标准声明等）

2. 原料供应商提供的1，3-丙二醇、花生醇毒理学检测报告（也可提供原料供应商提供的符合要求的证明文件）

3. 产品中二甘醇、苯酚、二噁烷检测报告（除注册或备案要求的检验项目外，其他也可根据原料供应商提供的相关材料进行推算）

4. 防腐剂挑战报告

5. 微生物检测报告（注册备案资料要求已经提交的，无需重复提交）

6. 有害物质检测报告（注册备案资料要求已经提交的，无需重复提交）

7. 理化特性、稳定性报告

8. 包装材料相容性检测报告

注：此报告仅为示例，实际进行产品评估时，需按照本导则结合产品的具体情况进行评估。

附录 4

化妆品安全评估报告示例（简化版）

注：本报告格式和内容仅供参考

题　　目：（产品名称）安全评估报告

注册人 / 备案人名称：________________

注册人 / 备案人地址：________________

评估单位：________________

评 估 人：________________

评估日期：____年____月____日

目　　录

一、摘要
二、产品简介
三、产品配方
四、配方中各成分的安全评估
五、可能存在的风险物质评估
六、风险控制措施或建议
七、安全评估结论
八、安全评估人员签名
九、安全评估人员简历
十、参考文献
十一、附录

一、摘要

××× 面霜为驻留类化妆品，适用于面部，依据《化妆品安全评估技术导则》有关规定，对配方所用的水、甘油、鲸蜡醇、花生醇、苯氧乙醇、香精和二棕榈酰羟脯氨酸等7种原料进行评估，对产品的有害物质和微生物等进行了检测，可能存在的二甘醇和苯酚等2种风险物质进行评估。结果显示，该产品在正常、合理及可预见的使用情况下，不会对人体健康产生危害。

二、产品简介

1、产品名称：××× 面霜

2、产品使用方法：本产品可涂抹于面部。

3、日均使用量（g/day）：1.54*

4、产品驻留因子：1.00

5、暴露剂量（SED）= 日均使用量 × 驻留因子 × 成分在配方中百分比 × 经皮吸收率 ÷ 体重#

注：* 日均使用量参考《THE SCCS NOTES OF GUIDANCE FOR THE TESTING OF COSMETIC INGREDIENTS AND THEIR SAFETY EVALUATION（10TH REVISION）》。

体重一般为默认的成人体重（60 kg）；经皮吸收率以 100% 计。

三、产品配方

本配方中所使用的成分均已列入《已使用化妆品原料目录》或《化妆品安全技术规范》（2015 年版），产品配方表见表 1。

表 1 产品配方表

序号	中文名称	INCI 名称 / 英文名称	使用目的	在《已使用原料目录》中的序号	备注
1	水	WATER	溶剂	06260	
2	甘油	GLYCERIN	保湿剂	02421	
3	鲸蜡醇	CETYL ALCOHOL	增稠剂	03526	
4	花生醇	ARACHIDYL ALCOHOL	润肤剂	02992	
5	苯氧乙醇	PHENOXYETHANOL	防腐剂	01294	《化妆品安全技术规范》准用防腐剂（表 4）序号 37
6	香精	PARFUM	芳香剂	07008	
7	二棕榈酰羟脯氨酸	DIPALMITOYL HYDROXYPROLINE	保湿剂	02255	

注：本配方仅为示例，非实际配方。产品配方应提供全部原料，并按照含量递减顺序排列。

四、配方中各成分的安全评估

表2 各成分的安全评估

序号	中文名称	含量（%）	《化妆品安全技术规范》要求	权威机构评估结论	本企业原料历史使用量（%）	最高历史使用量（%）	评估结论	参考文献
1	水	91.699					本产品使用的水符合国家饮用水标准，无安全风险。	/
2	甘油	5.000		CIR评估结果显示，驻留类化妆品浓度为78.5%时，在化妆品中的使用是安全的			本配方中添加量在安全用量以内。	1
3	鲸蜡醇	1.000			1.500		在备案号为×××的面霜中，鲸蜡醇浓度为1.500%，本产品添加量为1.000%，该原料在本产品中应用风险在可接受范围之内。	/

续表

序号	中文名称	含量（%）	《化妆品安全技术规范》要求	权威机构评估结论	本企业原料历史使用量（%）	最高历史使用量（%）	评估结论	参考文献
4	花生醇	0. 600					花生醇为 1- 二十烷醇，属于直链长链饱和脂肪醇。直链长链饱和脂肪醇类物质的通用分子结构式为 $C_nH_{2n+2}O$，该类物质都具有直链碳链结构，且都具有末端醇羟基作为关键官能团，化学结构的区别是碳链长短的不同。因此，花生醇和具有近似碳链长度的饱和脂肪醇（如 1- 十八醇、1- 二十二醇）在理化性质、危害描述、危害特征描述等上的数据可以相互参考。 毒理学终点： 急性毒性：急性经口毒性试验显示该原料为实际无毒性。急性经皮毒性试验显示该原料为微毒性。 皮肤刺激性：根据原料供应商提供的毒理学安全数据，浓度为 50.000% 时，该原料对皮肤无刺激性。 眼刺激性：根据原料供应商提供的毒理学安全数据，浓度为 50.000% 时该原料对眼睛无刺激性。 皮肤变态反应：该原料经动物测试证明无致敏性。 皮肤光毒性：含有该原料的产品在临床研究中显示无皮肤光毒性。 致突变性：根据原料供应商提供的毒理学安全数据，该原料无潜在基因突变性或染色体畸变性。	2–5

续表

序号	中文名称	含量（%）	《化妆品安全技术规范》要求	权威机构评估结论	本企业原料历史使用量（%）	最高历史使用量（%）	评估结论	参考文献
4	花生醇	0.600					系统毒性：经过危害特征描述，该原料的未观察到有害作用的剂量（NOAEL）为1000mg/kg bw/day。生殖发育毒性：该原料的交叉参考物1–二十二醇在重复剂量毒性/生殖和发育毒性试验中未观测到发育和生殖毒性反应，其NOAEL为1000mg/kg bw/day。另一交叉参考物1–十八醇在生殖和发育毒性试验中也未观测到发育和生殖毒性反应，其NOAEL为2000mg/kg bw/day。鉴于化学结构的相似性，花生醇（C=20）的生殖和发育毒性应与1–二十二醇和1–十八醇相近。此外，据研究表明，直链饱和脂肪醇的经皮、经口吸收率与碳链长度直接相关。当碳链长度大于7时，饱和脂肪醇的经皮、经口吸收率随碳链长度的增加而下降。因此，花生醇的生殖和发育毒性应不高于其交叉参照物的生殖发育毒性，基于保守原则，NOAEL选取1000mg/kg bw/day。安全评估用NOAEL：选取经口重复染毒试验资料的NOAEL 1000mg/kg/day用以计算安全边际值。暴露剂量=1.54*1000*0.600/(60*100)=0.154mg/kg/d。安全边际值MoS=1000/0.154=6494>100 该原料在本产品中的应用风险在可接受范围内。	
5	苯氧乙醇	0.500	符合《化妆品安全技术规范》准用防腐剂（表4）规定				满足《化妆品安全技术规范》（2015年版）要求。	6
6	香精	0.200					其使用符合国际日用香料协会（IFRA）实践法规要求。	/
7	二棕榈酰羟脯氨酸	0.001				5	该原料使用浓度低于已获批准驻留类化妆品中最高历史曾用量，可安全使用。	/

五、可能存在的风险物质的安全评估

本产品按照《化妆品安全评估技术导则》的要求，基于当前科学认知水平，对可能由化妆品原料带入、生产过程中产生或带入的风险物质进行评估，结果表明：

本产品的生产符合国家相关法律法规，对生产过程和产品包装材料进行严格的管理和控制。

产品中可能存在的安全性风险物质是技术上无法避免、由原料带入的杂质。残留的微量杂质在正常合理使用条件下不会对人体健康造成危害。产品安全性风险物质危害识别表见表3。

表3 化妆品中安全性风险物质危害识别表

标准中文名称	可能含有的风险物质	备注
水	无	/
甘油	二甘醇	欧洲消费者安全科学委员会（SCCS）关于二甘醇杂质的意见中，浓度不超过0.1%时，其在化妆品中的存在是安全的。 终产品二甘醇的检验报告附后。
鲸蜡醇	无	/
花生醇	无	/
苯氧乙醇	二噁烷和苯酚	二噁烷：化妆品终产品中二噁烷的残留浓度应符合《化妆品安全技术规范》（2015版）第一章<概述>中表2“化妆品中有害物质限值”的要求，即二噁烷的残留浓度应小于30mg/kg。本产品中二噁烷的残留浓度符合该要求。 苯酚：根据日本化妆品标准允许使用的防腐剂中，苯酚在化妆品中的限量为0.1g/100g，本产品中苯酚含量为0.002g/100g，因此，本原料不具有安全性风险，不会对人体健康造成潜在的危害。
香精	无	/
二棕榈酰羟脯氨酸	无	/

此外，该产品的检验报告显示其铅、汞、砷、镉、二噁烷检验结果符合《化妆品安全技术规范》（2015年版）表2《化妆品中有害物质限量》的限值要求。

六、风险控制措施或建议

本产品为面霜，涂抹于面部，可每日使用。

本产品无需标注警示用语。

七、安全评估结论

本产品为面霜（驻留类化妆品），可每日使用，涂抹于面部。主要暴露方式为经皮吸收，根据产品的特性，对本产品的暴露评估仅考虑经皮途径。

通过对产品以下各方面的综合评估：

1、各成分的安全评估结果显示，所有成分在本产品浓度下不会对人体健康产生危害；

2、可能存在的安全性风险物质检测及评估结果显示，不会对人体健康产生危害；

3、微生物检验结果显示该产品微生物符合《化妆品安全技术规范》(2015年版）有关要求；

4、有害物质检测结果显示，该产品有害物质含量符合《化妆品安全技术规范》（2015年版）有关要求；

5、配方中各成分之间未预见发生有害的相互作用。

综上，认为该产品在正常及合理、可预见的使用条件下，不会对人体健康产生危害。

八、安全评估人员的签名

评估人：×××

日期：20××年××月××日

地址：××××××××××××

评估人：×××

日期：20××年××月××日

地址：××××××××××××

九、安全评估人员简历

……

十、参考文献

格式举例：

1. 国家食品药品监督管理总局，关于发布化妆品安全技术规范（2015年版）的公告，2015年第268号

2. Ralph Gingell，Jeannie B. Kirkpatrick，and David R. Subchronic Toxicity Study of 1，3-Propanediol Administered Orally to Rats. International Journal of Toxicology，2000，19：27–32

3. Safety Assessment of Brown Algae-Derived Ingredients as Used in Cosmetics. Final report 2019 available from CIR

十一、附录

1、原料供应商提供的1，3-丙二醇、花生醇毒理学报告

2、使用鲸蜡醇的备案号为xxx的面霜资料

3、产品中二甘醇、苯酚检测报告

4、香精的 IFRA 证书

注：附录所提供的资料仅针对该示例报告，还可根据产品实际情况提供原料供应商提供的符合要求的证明文件，根据原料供应商提供的材料推算出的风险物质浓度，原料供应商提供的其他香精证明文件或符合 GB/T 22731–2017 日用香精标准声明等其他证明文件。

国家药监局关于发布《已使用化妆品原料目录（2021 年版）》的公告

2021 年第 62 号

为进一步规范化妆品原料管理，依据《化妆品监督管理条例》相关规定，国家药监局组织对《已使用化妆品原料目录名称（2015 版）》进行修订，形成了《已使用化妆品原料目录（2021 年版）》，现予公布，自 2021 年 5 月 1 日起施行。

特此公告。

附件:《已使用化妆品原料目录（2021 年版）》

国家药监局

2021 年 4 月 27 日

国家药监局关于进一步明确原特殊用途化妆品过渡期管理等有关事宜的公告

2021 年第 150 号

为规范化妆品注册备案管理工作，保证产品质量安全，促进化妆品产业健康发展，依据《化妆品监督管理条例》（以下简称《条例》）及《化妆品注册备案管理办法》（以下简称《办法》）等法规规定，现就进一步明确原特殊用途化妆品过渡期管理等有关事宜公告如下：

一、关于育发等五类原特殊用途化妆品过渡期管理

2021 年 1 月 1 日前已经按照原《化妆品卫生监督条例》规定，取得育发、脱毛、美乳、健美、除臭等五类原特殊用途化妆品行政许可批件的产品，根据《条例》第七十八条规定统一设置过渡期至 2025 年 12 月 31 日止。过渡期内，化妆品注册人可向国家药监局申请育发等五类原特殊用途化妆品行政许可批件注销申请。除此以外，国家药监局不再受理相关产品的变更、补发或延续等其他行政许可申请事项。如有不涉及安全性、功效宣称的事项发生变化的，化妆品注册人应当及时向国家药监局备案。

过渡期内，育发等五类原特殊用途化妆品行政许可批件有效期到期后，仍然可以生产、进口、销售，过渡期届满后不得继续生产、进口、销售。相关产品的行政许可批件注销后，化妆品注册人、备案人可按照《条例》《办法》等法规规定，申请特殊化妆品注册或进行普通化妆品备案，取得注册证或完成备案后不再按照过渡期要求管理。相关产品的配方、技术要求等安全性相关内容不再符合化妆品强制性国家标准、技术规范规定要求的，产品不得继续生产、进口、销售。

二、关于更新化妆品禁用原料目录相关产品注册备案管理

为进一步加强化妆品原料管理，保证化妆品质量安全，国家药监局于 2021 年 5 月 26 日发布了《关于更新化妆品禁用原料目录的公告》（2021 年 第 74 号，以下简称《目录》），对化妆品禁用原料目录进行了更新。根据公告要求，自该公告发布之日起，化妆品注册人、备案人不得生产、进口产品配方中使用了《目录》规定的禁用原料的化妆品。

该公告发布之前已经取得注册或完成备案但产品配方中使用了《目录》更新后新增的禁用原料的化妆品，化妆品注册人、备案人可以通过变更配方，替换或删除相应禁用原料的方式，保留原注册或备案编号。拟保留原注册或备案编号的，注册人、备案人应当于 2022 年 5 月 1 日前按照《办法》规定的注册备案变更程序，提出配方变更申请，并按照新产品注册备案资料要求提交相应的检验报告、安全评估等相关安全性资料。已经按照承诺制审批程序完成原特殊用途化妆品行政许可延续的产品，注册人可在国家药监局开展事后技术审查之前，按照上述要求提出变更申请。化妆品注册人、备案人逾期未按照规定申请变更的，相关产品不得继续上市销售。

三、关于特殊化妆品注册证有效期延续管理

特殊化妆品注册证（含原特殊用途化妆品行政许可批件）有效期届满需要延续的，化妆品注册人应当自化妆品注册证有效期届满前6个月起，对产品开展全面自查评估。经自查评估认为符合相关法规规定的，注册人或境内责任人应当通过化妆品注册信息服务平台，按照《办法》规定的时限要求提出特殊化妆品注册延续申请，并按相关资料规定要求提交相应的申请资料。

由于受不可抗力影响等非化妆品注册人或境内责任人原因，导致注册延续申请未能按照规定时限要求提交申请资料的，注册人或境内责任人应当在相关影响消除后10个工作日内，向所在地省级药品监管部门提交书面情况说明并提供相应的证明材料。省级药品监管部门应当自收到情况说明之日起10个工作日内予以核实并出具书面意见。注册人或境内责任人应当在收到书面意见后5个工作日内，向国家药监局行政受理机构提出注册延续申请，提交申请资料和省级药品监管部门出具的书面核实意见。

自本公告发布之日起，《国家药监局关于实施特殊用途化妆品行政许可延续承诺制审批有关事宜的公告》（2019年第45号）同时废止。

特此公告。

国家药监局

2021年12月15日

国家药监局关于优化普通化妆品备案检验管理措施有关事宜的公告

2023 年第 13 号

为进一步深化“放管服”改革，落实企业主体责任，根据《化妆品监督管理条例》《化妆品注册备案管理办法》等规定，按照风险管理的原则，国家药监局决定进一步优化普通化妆品备案检验管理措施。现就有关事宜公告如下：

一、自本公告发布之日起，普通化妆品采用检验方式作为质量控制措施且生产环节已纳入省级药品监督管理部门的日常监管范围，产品安全风险评估结果能够充分确认产品安全性的，备案人在进行产品备案时，可提交由化妆品备案人或受托生产企业按照化妆品技术规范相关要求开展自检并出具的检验报告。具有下列情形之一的除外：

（一）产品宣称婴幼儿和儿童使用的；

（二）产品使用尚在安全监测中的化妆品新原料的；

（三）产品宣称具有祛痘、滋养、修护、抗皱、去屑、除臭等功效的；

（四）产品可能存在较高安全风险的其他情形。

产品备案时提交自检报告的，备案人应当同时提交具备《化妆品注册和备案检验工作规范》规定的化妆品备案检验相应检验能力的声明，提供开展自检的相应检验人员、设备设施和场所环境等情况说明，并承诺对检验报告的真实性、准确性负责。

二、以自检方式开展备案检验的，备案人或受托生产企业应依法取得化妆品生产许可证，应当具备相应的检验能力，建立执行检验管理制度、实验室管理制度，并按照《化妆品注册和备案检验工作规范》规定的检验项目和相关检验要求开展检验、出具检验报告。备案人或受托生产企业应当将自检工作纳入化妆品质量管理体系，配备与产品检验要求相适应的检验设备设施，具有相应质量检验部门或者专职检验人员，严格检验过程控制。备案人应加强检验样品管理，对样品的真实性、检验项目的科学性及合理性负责，并确保检验结果真实、准确、完整和可追溯。

三、各省级药品监督管理部门应当加强事中事后监管措施，组织开展产品备案后的资料技术核查，强化对以自检方式开展备案检验的备案人或者受托生产企业的监督检查，检查企业检验管理制度、实验室管理制度的建立和执行情况，重点检查其检验能力、检验记录等。发现备案人存在提供虚假自检报告等违法违规行为的，依法予以严肃查处。

特此公告。

国家药监局

2023 年 1 月 13 日

国家药监局关于发布《化妆品分类规则和分类目录》的公告

2021 年第 49 号

为贯彻落实《化妆品监督管理条例》，规范和指导化妆品分类工作，国家药监局制定了《化妆品分类规则和分类目录》(以下称《分类规则》)，现予公布，自 2021 年 5 月 1 日起施行。现就实施有关问题公告如下：

一、自 2021 年 5 月 1 日起，化妆品注册人、备案人申请特殊化妆品注册或者进行普通化妆品备案时，应当依据《分类规则》填报产品分类编码。

二、2021 年 5 月 1 日前已经取得注册或者完成备案的化妆品，化妆品注册人、备案人应当于 2022 年 5 月 1 日前，通过化妆品注册备案信息服务平台补充提供产品分类编码。

特此公告。

附件：化妆品分类规则和分类目录

国家药监局

2021 年 4 月 8 日

附件

化妆品分类规则和分类目录

第一条 为规范化妆品生产经营活动，保障化妆品的质量安全，根据《化妆品监督管理条例》及有关法律法规的规定，按照化妆品的功效宣称、作用部位、产品剂型、使用人群，同时考虑使用方法，制定本规则和目录。

第二条 本规则和目录适用于在中华人民共和国境内生产经营化妆品的分类。

第三条 化妆品注册人、备案人应当根据化妆品功效宣称、作用部位、使用人群、产品剂型和使用方法，按照本规则和目录进行分类编码。

第四条 化妆品应当按照本规则和目录所附的功效宣称、作用部位、使用人群、产品剂型和使用方法的分类目录（附表 1—5）依次选择对应序号，各组目录编码之间用“–”进行连接，形成完整的产品分类编码。

同一产品具有多种功效宣称、作用部位、使用人群或者产品剂型的，可选择多个对应序号，各序号应当按顺序依次排列，序号之间用“/”进行连接。

第五条 化妆品应当根据功效宣称分类目录所列的功效类别选择对应序号，功效宣称应当有充分的科学依据。

第六条 作用部位应当根据产品标签中的具体施用部位合理选择对应序号。宣称作用部位包含“眼部”或者“口唇”的化妆品，编码中应当包含对应序号，并按照“眼部”或“口唇”化妆品的安全性和功效宣称要求管理。

第七条 宣称使用人群包括“婴幼儿”“儿童”的化妆品，编码中应当包含对应序号，并按照“婴幼儿”“儿童”化妆品的安全性和功效宣称要求管理。

第八条 使用方法同时包含淋洗和驻留的，应当按驻留类化妆品选择对应序号，并按照驻留类化妆品的安全性和功效宣称要求管理。

第九条 功效宣称、作用部位或者使用人群编码中出现字母的，应当判定为宣称新功效的化妆品。

第十条 包含两个或者两个以上必须配合使用或者包装容器不可拆分的独立配方的化妆品，按一个产品进行分类编码。

第十一条 本办法自2021年5月1日起施行。

附表：1. 功效宣称分类目录

2. 作用部位分类目录

3. 使用人群分类目录

4. 产品剂型分类目录

5. 使用方法分类目录

附表1

功效宣称分类目录

序号	功效类别	释义说明和宣称指引
A	新功效	不符合以下规则的
01	染发	以改变头发颜色为目的，使用后即时清洗不能恢复头发原有颜色
02	烫发	用于改变头发弯曲度（弯曲或拉直），并维持相对稳定 注：清洗后即恢复头发原有形态的产品，不属于此类
03	祛斑美白	有助于减轻或减缓皮肤色素沉着，达到皮肤美白增白效果；通过物理遮盖形式达到皮肤美白增白效果 注：含改善因色素沉积导致痘印的产品
04	防晒	用于保护皮肤、口唇免受特定紫外线所带来的损伤 注：婴幼儿和儿童的防晒化妆品作用部位仅限皮肤
05	防脱发	有助于改善或减少头发脱落 注：调节激素影响的产品，促进生发作用的产品，不属于化妆品

续表

序号	功效类别	释义说明和宣称指引
06	祛痘	有助于减少或减缓粉刺（含黑头或白头）的发生；有助于粉刺发生后皮肤的恢复 注：调节激素影响的、杀（抗、抑）菌的和消炎的产品，不属于化妆品
07	滋养	有助于为施用部位提供滋养作用 注：通过其他功效间接达到滋养作用的产品，不属于此类
08	修护	有助于维护施用部位保持正常状态 注：用于疤痕、烫伤、烧伤、破损等损伤部位的产品，不属于化妆品
09	清洁	用于除去施用部位表面的污垢及附着物
10	卸妆	用于除去施用部位的彩妆等其他化妆品
11	保湿	用于补充或增强施用部位水分、油脂等成分含量；有助于保持施用部位水分含量或减少水分流失
12	美容修饰	用于暂时改变施用部位外观状态，达到美化、修饰等作用，清洁卸妆后可恢复原状 注：人造指甲或固体装饰物类等产品（如：假睫毛等），不属于化妆品
13	芳香	具有芳香成分，有助于修饰体味，可增加香味
14	除臭	有助于减轻或遮盖体臭 注：单纯通过抑制微生物生长达到除臭目的产品，不属于化妆品
15	抗皱	有助于减缓皮肤皱纹产生或使皱纹变得不明显
16	紧致	有助于保持皮肤的紧实度、弹性
17	舒缓	有助于改善皮肤刺激等状态
18	控油	有助于减缓施用部位皮脂分泌和沉积，或使施用部位出油现象不明显
19	去角质	有助于促进皮肤角质的脱落或促进角质更新
20	爽身	有助于保持皮肤干爽或增强皮肤清凉感 注：针对病理性多汗的产品，不属于化妆品
21	护发	有助于改善头发、胡须的梳理性，防止静电，保持或增强毛发的光泽
22	防断发	有助于改善或减少头发断裂、分叉；有助于保持或增强头发韧性
23	去屑	有助于减缓头屑的产生；有助于减少附着于头皮、头发的头屑
24	发色护理	有助于在染发前后保持头发颜色的稳定 注：为改变头发颜色的产品，不属于此类
25	脱毛	用于减少或除去体毛
26	辅助剃须剃毛	用于软化、膨胀须发，有助于剃须剃毛时皮肤润滑 注：剃须、剃毛工具不属于化妆品

附表 2

作用部位分类目录

序号	作用部位	说明
B	新功效	不符合以下规则的
01	头发	注：染发、烫发产品仅能对应此作用部位； 防晒产品不能对应此作用部位
02	体毛	不包括头面部毛发
03	躯干部位	不包含头面部、手、足
04	头部	不包含面部
05	面部	不包含口唇、眼部； 注：脱毛产品不能对应此作用部位
06	眼部	包含眼周皮肤、睫毛、眉毛； 注：脱毛产品不能对应此作用部位
07	口唇	注：祛斑美白、脱毛产品不能对应此作用部位
08	手、足	注：除臭产品不能对应此作用部位
09	全身皮肤	不包含口唇、眼部
10	指（趾）甲	

附表 3

使用人群分类目录

序号	使用人群	说明
C	新功效	不符合以下规则的产品；宣称孕妇和哺乳期妇女适用的产品
01	婴幼儿 （0~3 周岁，含 3 周岁）	功效宣称仅限于清洁、保湿、护发、防晒、舒缓、爽身
02	儿童 （3~12 周岁，含 12 周岁）	功效宣称仅限于清洁、卸妆、保湿、美容修饰、芳香、护发、防晒、修护、舒缓、爽身
03	普通人群	不限定使用人群

附表 4

产品剂型分类目录

序号	产品剂型	说明
00	其他	不属于以下范围的
01	膏霜乳	膏、霜、蜜、脂、乳、乳液、奶、奶液等
02	液体	露、液、水、油、油水分离等
03	凝胶	啫喱、胶等
04	粉剂	散粉、颗粒等
05	块状	块状粉、大块固体等
06	泥	泥状固体等
07	蜡基	以蜡为主要基料的
08	喷雾剂	不含推进剂
09	气雾剂	含推进剂
10	贴、膜、含基材	贴、膜、含配合化妆品使用的基材的
11	冻干	冻干粉、冻干片等

附表 5

使用方法分类目录

序号	使用方法	说明
01	淋洗	根据国家标准、《化妆品安全技术规范》要求，选择编码
02	驻留	

国家药监局关于发布《化妆品功效宣称评价规范》的公告

2021 年第 50 号

为贯彻落实《化妆品监督管理条例》，规范和指导化妆品功效宣称评价工作，国家药监局组织起草了《化妆品功效宣称评价规范》（以下称《规范》），现予公布，自 2021 年 5 月 1 日起施行。现就实施有关问题公告如下：

一、自 2022 年 1 月 1 日起，化妆品注册人、备案人申请特殊化妆品注册或者进行普通化妆品备案的，应当依据《规范》的要求对化妆品的功效宣称进行评价，并在国家药监局指定的专门网站上传产品功效宣称依据的摘要。

二、2021 年 5 月 1 日前已取得注册或者完成备案的化妆品，化妆品注册人、备案人应当于 2023 年 5 月 1 日前，按照《规范》要求，对化妆品的功效宣称进行评价，并上传产品功效宣称依据的摘要。

三、2021 年 5 月 1 日至 2021 年 12 月 31 日期间取得注册或者完成备案的化妆品，化妆品注册人、备案人应当于 2022 年 5 月 1 日前，按照《规范》要求，对化妆品的功效宣称进行评价，并上传产品功效宣称依据的摘要。

特此公告。

附件：化妆品功效宣称评价规范

国家药监局

2021 年 4 月 8 日

附件

化妆品功效宣称评价规范

第一条　为规范化妆品功效宣称评价工作，保证功效宣称评价结果的科学性、准确性和可靠性，维护消费者合法权益，推动社会共治和化妆品行业健康发展，根据《化妆品监督管理条例》等有关法律法规要求，制定本规范。

第二条　在中华人民共和国境内生产经营的化妆品，应当按照本规范进行功效宣称评价。

第三条　本规范所称化妆品功效宣称评价，是指通过文献资料调研、研究数据分析或者化妆品功效宣称评价试验等手段，对化妆品在正常使用条件下的功效宣称内容进行科学测试和合理评价，并作出相应评价结论的过程。

第四条 化妆品注册人、备案人在申请注册或进行备案的同时，应当按照本规范要求，在国家药品监督管理局指定的专门网站上传产品功效宣称依据的摘要。

化妆品注册人、备案人对提交的功效宣称依据的摘要的科学性、真实性、可靠性和可追溯性负责。

第五条 化妆品的功效宣称应当有充分的科学依据，功效宣称依据包括文献资料、研究数据或者化妆品功效宣称评价试验结果等。

化妆品功效宣称评价的方法应当具有科学性、合理性和可行性，并能够满足化妆品功效宣称评价的目的。

第六条 化妆品注册人、备案人可以自行或者委托具备相应能力的评价机构，按照化妆品功效宣称评价项目要求（附1），开展化妆品功效宣称评价。根据评价结论编制并公布产品功效宣称依据的摘要。

第七条 能够通过视觉、嗅觉等感官直接识别的（如清洁、卸妆、美容修饰、芳香、爽身、染发、烫发、发色护理、脱毛、除臭和辅助剃须剃毛等），或者通过简单物理遮盖、附着、摩擦等方式发生效果（如物理遮盖祛斑美白、物理方式去角质和物理方式去黑头等）且在标签上明确标识仅具物理作用的功效宣称，可免予公布产品功效宣称依据的摘要。

第八条 仅具有保湿和护发功效的化妆品，可以通过文献资料调研、研究数据分析或者化妆品功效宣称评价试验等方式进行功效宣称评价。

第九条 具有抗皱、紧致、舒缓、控油、去角质、防断发和去屑功效，以及宣称温和（如无刺激）或量化指标（如功效宣称保持时间、功效宣称相关统计数据等）的化妆品，应当通过化妆品功效宣称评价试验方式，可以同时结合文献资料或研究数据分析结果，进行功效宣称评价。

第十条 具有祛斑美白、防晒、防脱发、祛痘、滋养和修护功效的化妆品，应当通过人体功效评价试验方式进行功效宣称评价。

具有祛斑美白、防晒和防脱发功效的化妆品，应当由化妆品注册和备案检验机构按照强制性国家标准、技术规范的要求开展人体功效评价试验，并出具报告。

第十一条 进行特定宣称的化妆品（如宣称适用敏感皮肤、宣称无泪配方），应当通过人体功效评价试验或消费者使用测试的方式进行功效宣称评价。

通过宣称原料的功效进行产品功效宣称的，应当开展文献资料调研、研究数据分析或者功效宣称评价试验证实原料具有宣称的功效，且原料的功效宣称应当与产品的功效宣称具有充分的关联性。

第十二条 宣称新功效的化妆品，应当根据产品功效宣称的具体情况，进行科学合理的分析。能够通过视觉、嗅觉等感官直接识别或通过物理作用方式发生效果且在标签上明确标识仅具有物理作用的新功效，可免予提交功效宣称评价资料。对于需要提交产品功效宣称评价资料的，应当由化妆品注册和备案检验机构按照强制性国家标准、技术规范规定的试验方法开展产品的功效评价，并出具报告。

使用强制性国家标准、技术规范以外的试验方法，应当委托两家及以上的化妆品注册和备案检验机构进行方法验证，经验证符合要求的，方可开展新功效的评价，同时在产品功效宣称评价报告中阐明方法的有效性和可靠性等参数。

第十三条　同一化妆品注册人、备案人申请注册或进行备案的同系列彩妆产品，在满足等效评价的条件和要求时，可以按照等效评价指导原则（附2）开展功效宣称评价。

第十四条　化妆品功效宣称评价试验包括人体功效评价试验、消费者使用测试和实验室试验。

化妆品功效宣称评价试验应当有合理的试验方案，方案设计应当符合统计学原则，试验数据符合统计学要求，并按照化妆品功效宣称评价试验技术导则（附3）的要求开展。

人体功效评价试验和消费者使用测试应当遵守伦理学原则要求，进行试验之前应当完成必要的产品安全性评价，确保在正常、可预见的情况下不得对受试者（或消费者）的人体健康产生危害，所有受试者（或消费者）应当签署知情同意书后方可开展试验。

第十五条　除有特殊规定的情形外，化妆品功效宣称评价试验应当优先选择下列（一）（二）项试验方法，（一）（二）项未作规定的，可以任意选择下列（三）（四）项试验方法：

（一）我国化妆品强制性国家标准、技术规范规定的方法；

（二）我国其他相关法规、国家标准、行业标准载明的方法；

（三）国外相关法规或技术标准规定的方法；

（四）国内外权威组织、技术机构以及行业协会技术指南发布的方法、专业学术杂志、期刊公开发表的方法或自行拟定建立的方法，在开展功效评价前，评价机构应当完成必要的试验方法转移、确认或验证，以确保评价工作的科学性、可靠性。

第十六条　承担化妆品功效宣称评价的机构应当建立良好的实验室规范，完成功效宣称评价工作和出具报告，并对出具报告的真实性、可靠性负责。

第十七条　化妆品功效宣称评价试验完成后，应当由承担功效评价的机构出具化妆品功效宣称评价报告。功效宣称评价报告应当信息完整、格式规范、结论明确，并由评价机构签章确认。报告一般应当包括以下内容：

（一）化妆品注册人、备案人或境内责任人名称、地址等相关信息；

（二）功效宣称评价机构名称、地址等相关信息；

（三）产品名称、数量及规格、生产日期或批号、颜色和物态等相关信息；

（四）试验项目和依据、试验的开始与完成日期、材料和方法、试验结果、试验结论等相关信息。

采用第十五条第（一）（二）项以外的试验方法的，应当在报告后随附试验方法的完整文本。方法文本、试验报告为外文的，还应当翻译成标准中文。

第十八条 化妆品注册人、备案人应当及时对化妆品功效宣称依据和摘要进行归档并妥善保存备查。功效宣称依据资料为外文的，还应当翻译成标准中文进行存档。开展功效宣称评价试验的产品配方应当与注册备案时保持一致，一致性证明材料应与功效宣称依据资料一同归档。

承担功效宣称评价试验的机构，应当对其完成的产品功效宣称评价资料或出具的试验报告等相关资料进行整理、归档并保存备查。

第十九条 化妆品功效宣称依据的摘要应当简明扼要地列出产品功效宣称依据的内容，至少包括以下信息：

（一）产品基本信息；

（二）功效宣称评价项目及评价机构；

（三）评价方法与结果简述；

（四）功效宣称评价结论，应当阐明产品的功效宣称与评价方法与结果之间的关联性。

化妆品功效宣称依据的摘要式样见附 4。

第二十条 本规范下列用语的含义：

（一）文献资料：是指通过检索等手段获得的公开发表的科学研究、调查、评估报告和著作等，包括国内外现行有效的法律法规、技术文献等。文献资料应当标明出处，确保有效溯源，相关结论应当充分支持产品的功效宣称。

（二）研究数据：是指通过科学研究等手段获得的尚未公开发表的与产品功效宣称相关的研究结果。研究数据应当准确、可靠，相关研究结果能够充分支持产品的功效宣称。

（三）人体功效评价试验：是指在实验室条件下，按照规定的方法和程序，通过人体试验结果的主观评估、客观测量和统计分析等方式，对产品功效宣称作出客观评价结论的过程。

（四）消费者使用测试：是指在客观和科学方法基础上，对消费者的产品使用情况和功效宣称评价信息进行有效收集、整理和分析的过程。

（五）实验室试验：是指在特定环境条件下，按照规定方法和程序进行的试验，包括但不限于动物试验、体外试验（包括离体器官、组织、细胞、微生物、理化试验）等。

第二十一条 本规范自 2021 年 5 月 1 日起施行。

附：1. 化妆品功效宣称评价项目要求

2. 等效评价指导原则（第一版）

3. 化妆品功效宣称评价试验技术导则

4. 化妆品功效宣称依据的摘要（式样）

附 1

化妆品功效宣称评价项目要求

序号	功效宣称	人体功效评价试验	消费者使用测试	实验室试验	文献资料或研究数据
1	祛斑美白①	√			
2	防晒	√			
3	防脱发	√			
4	祛痘	√			
5	滋养②	√			
6	修护②	√			
7	抗皱	*	*	*	△
8	紧致	*	*	*	△
9	舒缓	*	*	*	△
10	控油	*	*	*	△
11	去角质	*	*	*	△
12	防断发	*	*	*	△
13	去屑	*	*	*	△
14	保湿	*	*	*	*
15	护发	*	*	*	*
16	特定宣称（宣称适用敏感皮肤、无泪配方）	*	*		
17	特定宣称（原料功效）	*	*	*	*
18	宣称温和（无刺激）	*	*	*	△

续表

序号	功效宣称	人体功效评价试验	消费者使用测试	实验室试验	文献资料或研究数据
19	宣称量化指标的（时间、统计数据等）	*	*	*	△
20	宣称新功效	根据具体功效宣称选择合适的评价依据。			

说明：1. 选项栏中画√的，为必做项目；

2. 选项栏中画 * 的，为可选项目，但必须从中选择至少一项；

3. 选项栏中画△的，为可搭配项目，但必须配合人体功效评价试验、消费者使用测试或者实验室试验一起使用。

注释：①仅通过物理遮盖作用发挥祛斑美白功效，且在标签中明示为物理作用的，可免予提交产品功效宣称评价资料；

②如功效宣称作用部位仅为头发的，可选择体外真发进行评价。

附 2

等效评价指导原则（第一版）

一、适用范围

本指导原则适用于同一化妆品注册人、备案人多色号系列彩妆产品（宣称具有祛痘、滋养、修护功效的产品除外），在符合等效评价的条件和要求时，可以共用功效宣称评价试验数据作为功效宣称评价的依据。

二、等效评价的条件

同一化妆品注册人、备案人多色号系列彩妆产品，配方中除着色剂（含色调调整部分）的种类或含量不同外，基础配方成分种类、含量相同，且其系列名称相同。

三、等效评价的要求

同一化妆品注册人、备案人多色号系列彩妆产品，可以抽检形式开展功效宣称评价试验，抽检产品数量应当不低于系列产品总数量的20%，总数不足5个的以5个计。应当优先选择着色剂含量最低的产品开展功效宣称评价试验并出具试验报告。开展等效评价的产品，应当保留等效评价报告和开展功效宣称评价试验的产品试验报告备查，在编制功效宣称依据的摘要时，应当说明共用功效宣称评价试验数据的情况。

四、等效评价报告的模板

等效评价报告应当包含但不限于下列内容，模板如下：

（一）开展功效宣称评价试验的产品信息

包括但不限于产品名称、分类编码、备案号或批准文号等。

表 1 产品基本信息表

	开展功效宣称评价试验的产品	等效评价的产品
产品名称		
分类编码		
备案号 / 批准文号		/

（二）配方差异性分析

列明系列产品配方中的着色剂种类和含量变化情况，包括但不限于变化成分的标准中文名称、含量等。

表 2 基础配方调整部分一览表

序号	标准中文名称	开展功效宣称评价试验产品的含量（%）	等效评价产品的含量（%）
1			
…			
总计			

（三）证明材料

与等效评价相关的证明材料。

附 3

化妆品功效宣称评价试验技术导则

为指导化妆品功效宣称评价试验的开展，特制定本技术指导原则。

一、总则

化妆品功效宣称评价试验的方案设计应当符合本技术导则，并且与化妆品产品功效宣称评价相关联。

人体功效评价试验和消费者使用测试应当遵守伦理学原则要求，进行试验之前应当完成必要的产品安全性评价，确保在正常、可预见的情况下不得对受试者或消费者的人体健康产生危害，所有受试者或消费者应当签署知情同意书后方可开展试验。

人体功效评价试验和消费者使用测试期间，若发现测试产品存在安全性问题或者其他风险的，应当立即停止测试或试验，并保留相应的记录。

实验室试验应当符合实验室相关法规的管理要求。动物试验应当符合动物福利要求及 3R（替代、减少、优化）原则。

二、人体功效评价试验

（一）试验依据

方法参考的依据和来源。

（二）试验目的及原理

应当与功效宣称评价内容相符。

（三）产品信息

产品及对照品（根据方案要求选择）名称、产品性状、生产日期和保质期或生产批号和限期使用日期。

（四）试验前准备

1. 受试者

列明入选和排除标准（包括基本要求和试验方案要求）。

2. 受试人数设定

根据试验目的和统计学原则设定。方法未要求时，有效受试人数应当具有统计学意义。

3. 试验方案确定

（1）方案设计：根据产品的功效宣称情况，选择合适的评价方法和试验设计类型，确定试验周期。阐述对照组的设定和选择等试验设计的基本原则；采取随机分组或盲法等减少或控制偏倚所采取的措施；明确评价指标，评价指标包含但不限于仪器参数、图像数据、皮肤观察评估、受试者自我评估等。

（2）环境条件：根据试验要求设定试验环境条件（如温度、相对湿度、照明等），受试者应在试验环境中适应 15~30 分钟以上。

（3）产品使用方法：包括使用量、使用频率、使用时间、使用部位、使用注意事项等。结合产品的使用方法同时需考虑产品自身的功效宣称特点。

（五）试验方法

1. 试验流程：包括试验起始时间、地点、产品使用前及回访评价时间及次数、产品发放和回收（根据方案要求）、评价涉及参数内容等。

2. 试验仪器：仪器型号规格、仪器使用方式和设备状况、仪器设备设置参数（如非默认设置）、检测参数的描述。

3. 皮肤观察评估：可借助仪器。

4. 结果评价：明确判定标准及参考依据，有效人数。

5. 数据分析：列出数据结果处理方式和统计方法、使用的统计分析软件等。

（六）试验结果

记录受试者不同观察时间的检测数据、评估和反应情况。

（七）试验结论

依据判定标准及数据分析结果对功效宣称进行科学判断，阐明主要评价指标进行统计分析时的统计假设以及判定为有效的依据。

（八）不良反应

试验过程出现的不良反应无论是否与产品使用有关，都应当记录和处置。

三、消费者使用测试

（一）测试依据

方法参考的依据和来源。

（二）测试目的及原理

与功效宣称内容相符。

（三）测试产品信息

测试的产品及对照品（根据方法要求选择）名称、产品类型、生产日期和保质期或生产批号和限期使用日期。

（四）测试前准备

1. 消费者

列明入选和排除标准。

2. 消费者人数设定

根据试验目的和统计学原则设定，并考虑可能的失访量。

3. 测试产品

根据试验目的，去除或隐藏产品包装上影响消费者对产品功效宣称使用评价的干扰信息。测试之后，按照需要回收测试产品并按规定留存。

4. 测试方案确定

根据产品的功效宣称情况，设计合适的测试方案。阐述对照组的设定和选择等试验设计的基本原则；描述随机分组方式、盲法等减少或控制偏倚所采取的措施；明确评价指标。制定测试流程表（包含开始和结束时间、测试产品发放时间、使用方法、回访时间及次数、测试内容概要等），确定测试场所。

在调查问卷设计或面对面访谈等方式中，不得使用诱导性用语，确保消费者能够真实客观地反映测试结果，产品功效宣称的内容需在问卷及面谈问题中体现。

（五）测试方法

1. 产品使用方法

包括使用量、使用频率、使用时间和周期、使用部位、使用注意事项等，需考虑产品自身的功效宣称特点和消费者真实的使用习惯。在测试产品发放时需告知消费者产品使用方法和储存条件等信息。

2. 测试评价形式

评价形式包含面谈、调查问卷、消费者日记等，可借助辅助设备观察和记录消费者评价过程（如使用辅助设备观测消费者评价过程时需说明辅助设备的用途、型号和厂家）等。

3. 数据收集及统计分析

说明收集数据的形式，以及电子数据资料的管理形式（要保证数据的连贯性）。说明数据结果的处理方式，列明计算方法，数据结果应当具有统计学意义，并说明使用的统计方法和统计学软件。

（六）试验结果及结论

依据判定标准及数据分析结果对功效宣称进行科学判断，阐明主要评价指标进行统计分析时的统计假设以及判定为有效的依据。

（七）不良反应

测试过程出现的不良反应无论是否与产品使用有关，都应当记录和处置。

四、实验室试验

（一）试验依据

方法参考的依据和来源。

（二）试验目的及原理

与功效宣称内容相符。

（三）试验项目

包括评价指标和判定标准，并说明与功效宣称内容的相关性。

（四）产品信息

试验产品的名称、产品性状、生产日期和保质期或生产批号和限期使用日期、储存条件、实验日期。

（五）实验室环境及操作人员

温度、湿度、屏障条件、实验室质量控制相关资料及操作人员资质情况等，如实验室具备相应资质和条件，生物安全性要求，实验动物从业人员资格等。

（六）试验方法

1. 试验设计

简述操作步骤、除产品剂量分组外，还应当说明空白对照、阴性对照、阳性对照（根据试验方法要求）及判定标准，必要时可增加预实验。

2. 受试物

记录受试物的物态、配制方法（所用浓度），如有特殊的取样方式或样品来源，需予以说明。

3. 仪器试剂

记录试验所需仪器设备名称、型号、生产厂家；记录所用试剂名称、批号、供应商、浓度、配制方法等，其中阳性对照和阴性对照需记录溶剂、配制方法和用量等信息。

4. 试验记录

记录动物试验、体外试验（包括离体器官、组织、细胞、微生物、理化试验）等质量控制相关资料，包括但不限于试验材料的来源、批次、数量等可溯源信息。

试验记录中应当包含数据获取的方式并附原始数据。

（七）试验结果

说明数据结果的处理方式，列明计算方法和计算结果、偏差（存在时）、数据修约方式、检出浓度、单位等。

（八）试验结论

依据判定标准及数据分析结果对功效宣称进行科学判断。

（九）适用性与局限性

说明试验的适用性与局限性，并分析试验结果与试验目的间的相关性。

附 4

化妆品功效宣称依据的摘要（式样）

产品中文名称	与注册 / 备案产品名称一致	产品分类编码	按照化妆品分类规则填写
注册人 / 备案人基本信息	1. 化妆品注册人 / 备案人的名称、地址和联系方式 2. 注册人 / 备案人为境外的，还应当同时提供境内责任人基本信息。		
是否专为中国消费者设计	□是 □否	使用方式	□淋洗 □驻留
产品性状	与分类编码中的剂型相符	使用部位	根据产品使用说明填写
产品功效宣称	与分类编码中的功效类别相符，如有多项，应当全部列出。		
功效宣称评价项目	□文献资料 □研究数据 □人体功效评价试验 □消费者使用测试 □实验室试验 （可以选择多个项目，并根据选择的项目提供相应的信息）		
评价机构名称和地址	1. 化妆品注册人 / 备案人自行开展功效宣称评价的，填写注册人 / 备案人的信息； 2. 委托具备相应能力的评价机构开展功效宣称评价的，填写被委托机构的信息。 （可以选择多个项目，并根据选择的项目提供相应的信息）		
人体功效评价试验简述	方法名称		
	方法来源		
	功效判定指标		
	试验起止日期	自 年 月 日至 年 月 日，共计 日。	
	试验结果简述：包括有效人数和有效率、结果及结论，说明受试者肤质类型（如东亚人皮肤、Fitzpatrick 类型等），需说明检测项目判定为有效的依据，简述功效判定指标与功效宣称之间的关联性，如有必要可另附图表。		

续表

<table>
<tr><td rowspan="5">消费者使用测试简述</td><td>方法名称</td><td colspan="3"></td></tr>
<tr><td>方法来源</td><td colspan="3"></td></tr>
<tr><td>测试方式</td><td>□调查 □面谈
□其他（应具体说明）</td><td>数据收集形式</td><td>□问卷 □视频
□其他（应具体说明）</td></tr>
<tr><td>测试起止日期</td><td colspan="3">自 年 月 日至 年 月 日，共计 日。</td></tr>
<tr><td colspan="4">测试结果简述：包括完成测试人数、结果及结论，说明消费者肤质类型（如东亚人皮肤、Fitzpatrick 类型等），需说明测试方法判定为有效的依据，简述测试问题与功效宣称之间的关联性，如有必要可另附图表。</td></tr>
<tr><td rowspan="5">实验室试验简述</td><td>方法名称</td><td colspan="3"></td></tr>
<tr><td>方法来源</td><td colspan="3"></td></tr>
<tr><td>检测项目</td><td colspan="3"></td></tr>
<tr><td>试验起止日期</td><td colspan="3">自 年 月 日至 年 月 日，共计 日。</td></tr>
<tr><td colspan="4">试验结果简述：包括实验体系、样本量、结果及结论、方法适用性及局限性等相关信息，需说明检测项目判定为有效的依据，简述检测项目与功效宣称之间的关联性，如有必要可另附图表。</td></tr>
<tr><td>文献资料及研究数据简述</td><td colspan="4">1. 文献资料应当列明文献名称及可溯源的来源信息；
2. 法规资料应当载明法规名称、依据来源、法律效力等，技术法规还应包含适用范围、版本号（如有）、相关技术指标等。
3. 说明引用的文献资料或获得的研究数据与产品功效宣称的关联性，如有必要可另附图表；</td></tr>
<tr><td colspan="5">功效评价结论：

化妆品注册人 / 备案人（签章）
20×× 年 ×× 月 ×× 日</td></tr>
</table>

说明：

1. 除必须使用外文或其他字符的情形外，化妆品功效宣称依据的摘要应当使用规范汉字。

2. 化妆品功效宣称依据的摘要应当简明扼要地列出产品功效宣称依据的内容，至少包括产品基本信息、功效宣称评价项目及评价机构、评价方法与结果、评价结论等相关信息。使用多个评价方法的，应当依次逐个列明。

3. 功效评价依据与评价结论相互间应当具有关联性，且不超越产品的功效宣称范围。

4. 评价方法简述的相关内容应尽量全面、准确、客观，确保能够根据所提供的信息反映产品功效宣称评价的情况。

国家药监局综合司关于做好新旧化妆品注册备案信息管理平台衔接有关工作事项的通知

药监综妆函〔2021〕264号

各省、自治区、直辖市药品监督管理局，新疆生产建设兵团药品监督管理局，中检院：

为贯彻落实《化妆品监督管理条例》和《化妆品注册备案管理办法》，确保新旧法规过渡期间化妆品注册备案管理工作平稳有序推进，现就新化妆品注册备案信息管理平台（以下称新平台）和原化妆品注册备案信息管理平台（以下称旧平台）衔接有关工作事项通知如下：

一、新注册备案平台于2021年5月1日正式启用，化妆品注册人、备案人和境内责任人可以通过新平台提交特殊化妆品注册申请、办理普通化妆品备案。

二、自2021年5月1日起，旧平台不再接收特殊化妆品注册申请和普通化妆品备案资料提交。

2021年5月1日前化妆品注册人、境内责任人已经提交的特殊化妆品申请的，技术审评部门继续按照规定在旧平台开展受理、审评、审批等工作。

2021年5月1日前化妆品备案人、境内责任人已经提交普通化妆品备案资料的，备案管理部门继续按照规定在旧平台上对备案信息开展监督检查工作。存在委托生产情形的国产普通化妆品，2021年5月1日前化妆品备案人已经提交普通化妆品备案资料的，经备案人所在地备案管理部门确认通过后，产品备案信息即向社会公开产品备案信息。

三、备案管理部门在备案后监督检查过程中，发现旧平台上的备案资料不符合要求的，应当按照《化妆品监督管理条例》第六十五条规定予以处理；其中需要责令改正的，应当责令备案人限期改正，备案人按要求完成整改的时间不得晚于2021年9月15日，逾期未改正或者整改后仍不符合要求的，由备案管理部门取消备案。

四、各省局要提高新平台上注册备案用户的办理效率，对化妆品注册人、备案人、境内责任人和生产企业用户提交的质量管理体系概述、不良反应监测和评价体系概述等资料，重点对格式规范性、内容完整性等方面进行形式审查。后续结合日常监督工作，按照化妆品生产经营监督管理法规的要求开展监督检查。

五、已经通过旧平台取得注册或者完成备案的化妆品企业，由于质量管理体系、不良反应监测和评价体系尚在整理完善过程中，在新平台申请用户时暂时无法提交注册人、备案人的质量管理体系概述、不良反应监测和评价体系概述等资料的，各省局可以对其用户申请有条件审核通过，开通临时用户权限，允许其开展化妆品注册备案相关工作。

已开通新平台临时用户权限的化妆品注册人、备案人、境内责任人，应当于2022年1月1日前补充提交质量管理体系概述、不良反应监测和评价体系概述等资料，逾期未补充提交的，其临时用户权限自2022年1月1日起自动失效。待相关资料整理完成后，后续仍可申请开通注册备案用户权限。

六、各省局要加强对化妆品注册人、备案人、境内责任人和生产企业的培训和宣传，指导其按要求在新平台和旧平台开展化妆品注册备案工作，保障化妆品注册备案管理工作的平稳过渡。

国家药监局综合司

2021年4月30日

国家药监局关于正式实施化妆品电子注册证的公告

2022 年第 64 号

为贯彻落实党中央、国务院关于深化“放管服”改革的重要决策部署，依据《中华人民共和国电子签名法》《全国一体化在线政务服务平台电子证照管理办法（试行）》《国家药品监督管理局电子证照管理办法（试行）》等，现就正式实施化妆品电子注册证有关事项公告如下：

一、自 2022 年 10 月 1 日起，按照《化妆品注册备案管理办法》获准注册的特殊化妆品和化妆品新原料，及获准注册证变更、延续的特殊化妆品，发放电子注册证。此前已发放的纸质注册证在其有效期内继续有效。

二、自 2022 年 10 月 1 日起，获准注册证变更的特殊化妆品，注册人（境内责任人）应当按照《化妆品注册备案管理办法》《化妆品注册备案资料管理规定》等规定，向国家药监局行政许可事项受理服务部门交还其持有的纸质注册证。

三、特殊化妆品和化妆品新原料电子注册证生成后将推送至注册人（境内责任人）网上办事大厅的法定代表人空间，推送成功即送达，注册人（境内责任人）可登录领取。

四、注册人应当正确使用和妥善保管电子注册证，电子注册证可实现即时领取证书、短信提醒、证书授权、扫码查询、在线验证、全网共享等功能，涉及电子注册证获取、使用等相关问题解答可查看网上办事大厅“电子证照常见问题解答”栏目。

特此公告。

国家药监局

2022 年 8 月 12 日

三、生产经营

国家药监局关于贯彻执行《化妆品生产经营监督管理办法》有关事项的公告

2021年第140号

《化妆品生产经营监督管理办法》(国家市场监督管理总局令第46号，以下简称《办法》)已发布，自2022年1月1日起施行。为保证化妆品质量安全，促进化妆品产业健康发展，国家药监局现就贯彻执行《办法》有关事项公告如下：

一、关于化妆品生产许可

自2022年1月1日起，新办化妆品生产许可和许可证变更、延续，依据《办法》的规定执行。此前已取得的化妆品生产许可证在有效期内继续有效，具备儿童护肤类、眼部护肤类化妆品生产条件但未在生产许可证的生产许可项目中特别标注的，应当于2022年7月1日前更换新版化妆品生产许可证（式样见附件）。自2022年1月1日起，新开办仅从事配制化妆品内容物的企业，应当向所在地省、自治区、直辖市药品监督管理部门提出申请，取得化妆品生产许可证后方可生产；对于2022年1月1日前从事配制化妆品内容物的企业，应当于2023年1月1日前取得化妆品生产许可证。

二、关于化妆品生产管理

依据《办法》规定，化妆品注册人、备案人应当对2022年1月1日后生产的每批次产品留样并记录。留样应当保持原始销售包装且数量满足产品质量检验的要求。委托生产化妆品的，受托生产企业也应当按规定留样并记录。境外化妆品注册人、备案人应当对其进口中国的每批次产品进行留样，样品及记录交由其境内责任人保存。

三、关于化妆品经营管理

自2022年1月1日起，化妆品集中交易市场开办者、展销会举办者应当对2022年1月1日后入场的化妆品经营者建立档案；对于2022年1月1日之前入场的化妆品经营者，化妆品集中交易市场开办者、展销会举办者应当于2022年7月1日前完成对上述化妆品经营者建立档案工作。

自2022年1月1日起，化妆品展销会举办者应当在展销会举办前向所在地县级负责药品监督管理的部门报告展销会的时间、地点等基本信息。美容美发机构应当在其服务场所内显著位置展示其经营使用的化妆品的销售包装，方便消费者查阅化妆品标签的全部信息。

各级负责药品监督管理的部门要高度重视《办法》的学习宣贯工作，加大对本行政区域内化妆品生产经营者、化妆品执法人员的培训力度，加强对公众安全用妆知识的科普宣传，努力营造《办法》实施的良好社会氛围。

特此公告。

附件：化妆品生产许可证式样（正本、副本）

国家药监局

2021 年 11 月 26 日

附件

化妆品生产许可证式样（正本、副本）

国家药品监督管理局监制

国家药监局关于发布《化妆品生产质量管理规范》的公告

2022年第1号

为规范化妆品生产质量管理，根据《化妆品监督管理条例》《化妆品生产经营监督管理办法》等法规、规章，国家药监局组织制定了《化妆品生产质量管理规范》(以下简称《规范》)，现予公布，自2022年7月1日起施行。

自2022年7月1日起，化妆品注册人、备案人、受托生产企业应当按照《规范》要求组织生产化妆品。2022年7月1日前已取得化妆品生产许可的企业，其厂房设施与设备等硬件条件须升级改造的，应当自2023年7月1日前完成升级改造，使其厂房设施与设备等符合《规范》要求。

特此公告。

附件：化妆品生产质量管理规范

国家药监局

2022年1月6日

附件

化妆品生产质量管理规范

第一章　总　则

第一条　为规范化妆品生产质量管理，根据《化妆品监督管理条例》《化妆品生产经营监督管理办法》等法规、规章，制定本规范。

第二条　本规范是化妆品生产质量管理的基本要求，化妆品注册人、备案人、受托生产企业应当遵守本规范。

第三条　化妆品注册人、备案人、受托生产企业应当诚信自律，按照本规范的要求建立生产质量管理体系，实现对化妆品物料采购、生产、检验、贮存、销售和召回等全过程的控制和追溯，确保持续稳定地生产出符合质量安全要求的化妆品。

第二章 机构与人员

第四条 从事化妆品生产活动的化妆品注册人、备案人、受托生产企业（以下统称“企业”）应当建立与生产的化妆品品种、数量和生产许可项目等相适应的组织机构，明确质量管理、生产等部门的职责和权限，配备与生产的化妆品品种、数量和生产许可项目等相适应的技术人员和检验人员。

企业的质量管理部门应当独立设置，履行质量保证和控制职责，参与所有与质量管理有关的活动。

第五条 企业应当建立化妆品质量安全责任制，明确企业法定代表人（或者主要负责人，下同）、质量安全负责人、质量管理部门负责人、生产部门负责人以及其他化妆品质量安全相关岗位的职责，各岗位人员应当按照岗位职责要求，逐级履行相应的化妆品质量安全责任。

第六条 法定代表人对化妆品质量安全工作全面负责，应当负责提供必要的资源，合理制定并组织实施质量方针，确保实现质量目标。

第七条 企业应当设质量安全负责人，质量安全负责人应当具备化妆品、化学、化工、生物、医学、药学、食品、公共卫生或者法学等化妆品质量安全相关专业知识，熟悉相关法律法规、强制性国家标准、技术规范，并具有5年以上化妆品生产或者质量管理经验。

质量安全负责人应当协助法定代表人承担下列相应的产品质量安全管理和产品放行职责：

（一）建立并组织实施本企业质量管理体系，落实质量安全管理责任，定期向法定代表人报告质量管理体系运行情况；

（二）产品质量安全问题的决策及有关文件的签发；

（三）产品安全评估报告、配方、生产工艺、物料供应商、产品标签等的审核管理，以及化妆品注册、备案资料的审核（受托生产企业除外）；

（四）物料放行管理和产品放行；

（五）化妆品不良反应监测管理。

质量安全负责人应当独立履行职责，不受企业其他人员的干扰。根据企业质量管理体系运行需要，经法定代表人书面同意，质量安全负责人可以指定本企业的其他人员协助履行上述职责中除（一）（二）外的其他职责。被指定人员应当具备相应资质和履职能力，且其协助履行上述职责的时间、具体事项等应当如实记录，确保协助履行职责行为可追溯。质量安全负责人应当对协助履行职责情况进行监督，且其应当承担的法律责任并不转移给被指定人员。

第八条 质量管理部门负责人应当具备化妆品、化学、化工、生物、医学、药学、食品、公共卫生或者法学等化妆品质量安全相关专业知识，熟悉相关法律法规、强制性

包材清单，明确原料、外购的半成品成分，留存必要的原料、外购的半成品、内包材质量安全相关信息。

企业应当在物料采购前对原料、外购的半成品、内包材实施审查，不得使用禁用原料、未经注册或者备案的新原料，不得超出使用范围、限制条件使用限用原料，确保原料、外购的半成品、内包材符合法律法规、强制性国家标准、技术规范的要求。

第三十条 企业应当建立并执行物料进货查验记录制度，建立并执行物料验收规程，明确物料验收标准和验收方法。企业应当按照物料验收规程对到货物料检验或者确认，确保实际交付的物料与采购合同、送货票证一致，并达到物料质量要求。

企业应当对关键原料留样，并保存留样记录。留样的原料应当有标签，至少包括原料中文名称或者原料代码、生产企业名称、原料规格、贮存条件、使用期限等信息，保证可追溯。留样数量应当满足原料质量检验的要求。

第三十一条 物料和产品应当按规定的条件贮存，确保质量稳定。物料应当分类按批摆放，并明确标示。

物料名称用代码标示的，应当制定代码对照表，原料代码应当明确对应的原料标准中文名称。

第三十二条 企业应当建立并执行物料放行管理制度，确保物料放行后方可用于生产。

企业应当建立并执行不合格物料处理规程。超过使用期限的物料应当按照不合格品管理。

第三十三条 企业生产用水的水质和水量应当满足生产要求，水质至少达到生活饮用水卫生标准要求。生产用水为小型集中式供水或者分散式供水的，应当由取得资质认定的检验检测机构对生产用水进行检测，每年至少一次。

企业应当建立并执行工艺用水质量标准、工艺用水管理规程，对工艺用水水质定期监测，确保符合生产质量要求。

第三十四条 产品应当符合相关法律法规、强制性国家标准、技术规范和化妆品注册、备案资料载明的技术要求。

企业应当建立并执行标签管理制度，对产品标签进行审核确认，确保产品的标签符合相关法律法规、强制性国家标准、技术规范的要求。内包材上标注标签的生产工序应当在完成最后一道接触化妆品内容物生产工序的生产企业内完成。

产品销售包装上标注的使用期限不得擅自更改。

第六章　生产过程管理

第三十五条 企业应当建立并执行与生产的化妆品品种、数量和生产许可项目等相适应的生产管理制度。

第三十六条 企业应当按照化妆品注册、备案资料载明的技术要求建立并执行产品生产工艺规程和岗位操作规程，确保按照化妆品注册、备案资料载明的技术要求生产产品。企业应当明确生产工艺参数及工艺过程的关键控制点，主要生产工艺应当经过验证，确保能够持续稳定地生产出合格的产品。

第三十七条　企业应当根据生产计划下达生产指令。生产指令应当包括产品名称、生产批号（或者与生产批号可关联的唯一标识符号）、产品配方、生产总量、生产时间等内容。

生产部门应当根据生产指令进行生产。领料人应当核对所领用物料的包装、标签信息等，填写领料单据。

第三十八条　企业应当在生产开始前对生产车间、设备、器具和物料进行确认，确保其符合生产要求。

企业在使用内包材前，应当按照清洁消毒操作规程进行清洁消毒，或者对其卫生符合性进行确认。

第三十九条　企业应当对生产过程使用的物料以及半成品全程清晰标识，标明名称或者代码、生产日期或者批号、数量，并可追溯。

第四十条　企业应当对生产过程按照生产工艺规程和岗位操作规程进行控制，应当真实、完整、准确地填写生产记录。

生产记录应当至少包括生产指令、领料、称量、配制、填充或者灌装、包装、产品检验以及放行等内容。

第四十一条　企业应当在生产后检查物料平衡，确认物料平衡符合生产工艺规程设定的限度范围。超出限度范围时，应当查明原因，确认无潜在质量风险后，方可进入下一工序。

第四十二条　企业应当在生产后及时清场，对生产车间和生产设备、管道、容器、器具等按照操作规程进行清洁消毒并记录。清洁消毒完成后，应当清晰标识，并按照规定注明有效期限。

第四十三条　企业应当将生产结存物料及时退回仓库。退仓物料应当密封并做好标识，必要时重新包装。仓库管理人员应当按照退料单据核对退仓物料的名称或者代码、生产日期或者批号、数量等。

第四十四条　企业应当建立并执行不合格品管理制度，及时分析不合格原因。企业应当编制返工控制文件，不合格品经评估确认能够返工的，方可返工。不合格品的销毁、返工等处理措施应当经质量管理部门批准并记录。

企业应当对半成品的使用期限做出规定，超过使用期限未填充或者灌装的，应当及时按照不合格品处理。

第四十五条　企业应当建立并执行产品放行管理制度，确保产品经检验合格且相关生产和质量活动记录经审核批准后，方可放行。

上市销售的化妆品应当附有出厂检验报告或者合格标记等形式的产品质量检验合格证明。

第七章 委托生产管理

第四十六条 委托生产的化妆品注册人、备案人（以下简称“委托方”）应当按照本规范的规定建立相应的质量管理体系，并对受托生产企业的生产活动进行监督。

第四十七条 委托方应当建立与所注册或者备案的化妆品和委托生产需要相适应的组织机构，明确注册备案管理、生产质量管理、产品销售管理等关键环节的负责部门和职责，配备相应的管理人员。

第四十八条 化妆品委托生产的，委托方应当是所生产化妆品的注册人或者备案人。受托生产企业应当是持有有效化妆品生产许可证的企业，并在其生产许可范围内接受委托。

第四十九条 委托方应当建立化妆品质量安全责任制，明确委托方法定代表人、质量安全负责人以及其他化妆品质量安全相关岗位的职责，各岗位人员应当按照岗位职责要求，逐级履行相应的化妆品质量安全责任。

第五十条 委托方应当按照本规范第七条第一款规定设质量安全负责人。

质量安全负责人应当协助委托方法定代表人承担下列相应的产品质量安全管理和产品放行职责：

（一）建立并组织实施本企业质量管理体系，落实质量安全管理责任，定期向法定代表人报告质量管理体系运行情况；

（二）产品质量安全问题的决策及有关文件的签发；

（三）审核化妆品注册、备案资料；

（四）委托方采购、提供物料的，物料供应商、物料放行的审核管理；

（五）产品的上市放行；

（六）受托生产企业遴选和生产活动的监督管理；

（七）化妆品不良反应监测管理。

质量安全负责人应当遵守第七条第三款的有关规定。

第五十一条 委托方应当建立受托生产企业遴选标准，在委托生产前，对受托生产企业资质进行审核，考察评估其生产质量管理体系运行状况和生产能力，确保受托生产企业取得相应的化妆品生产许可且具备相应的产品生产能力。

委托方应当建立受托生产企业名录和管理档案。

第五十二条 委托方应当与受托生产企业签订委托生产合同，明确委托事项、委托期限、委托双方的质量安全责任，确保受托生产企业依照法律法规、强制性国家标准、技术规范以及化妆品注册、备案资料载明的技术要求组织生产。

第五十三条 委托方应当建立并执行受托生产企业生产活动监督制度，对各环节受托生产企业的生产活动进行监督，确保受托生产企业按照法定要求进行生产。

委托方应当建立并执行受托生产企业更换制度，发现受托生产企业的生产条件、生产能力发生变化，不再满足委托生产需要的，应当及时停止委托，根据生产需要更换受托生产企业。

第五十四条　委托方应当建立并执行化妆品注册备案管理、从业人员健康管理、从业人员培训、质量管理体系自查、产品放行管理、产品留样管理、产品销售记录、产品贮存和运输管理、产品退货记录、产品质量投诉管理、产品召回管理等质量管理制度，建立并实施化妆品不良反应监测和评价体系。

委托方向受托生产企业提供物料的，委托方应当按照本规范要求建立并执行物料供应商遴选、物料审查、物料进货查验记录和验收以及物料放行管理等相关制度。

委托方应当根据委托生产实际，按照本规范建立并执行其他相关质量管理制度。

第五十五条　委托方应当建立并执行产品放行管理制度，在受托生产企业完成产品出厂放行的基础上，确保产品经检验合格且相关生产和质量活动记录经审核批准后，方可上市放行。

上市销售的化妆品应当附有出厂检验报告或者合格标记等形式的产品质量检验合格证明。

第五十六条　委托方应当建立并执行留样管理制度，在其住所或者主要经营场所留样；也可以在其住所或者主要经营场所所在地的其他经营场所留样。留样应当符合本规范第十八条的规定。

留样地点不是委托方的住所或者主要经营场所的，委托方应当将留样地点的地址等信息在首次留样之日起20个工作日内，按规定向所在地负责药品监督管理的部门报告。

第五十七条　委托方应当建立并执行记录管理制度，保存与本规范有关活动的记录。记录应当符合本规范第十三条的相关要求。

执行生产质量管理规范的相关记录由受托生产企业保存的，委托方应当监督其保存相关记录。

第八章　产品销售管理

第五十八条　化妆品注册人、备案人、受托生产企业应当建立并执行产品销售记录制度，并确保所销售产品的出货单据、销售记录与货品实物一致。

产品销售记录应当至少包括产品名称、特殊化妆品注册证编号或者普通化妆品备案编号、使用期限、净含量、数量、销售日期、价格，以及购买者名称、地址和联系方式等内容。

第五十九条　化妆品注册人、备案人、受托生产企业应当建立并执行产品贮存和运输管理制度。依照有关法律法规的规定和产品标签标示的要求贮存、运输产品，定期检查并且及时处理变质或者超过使用期限等质量异常的产品。

第六十条　化妆品注册人、备案人、受托生产企业应当建立并执行退货记录制度。

退货记录内容应当包括退货单位、产品名称、净含量、使用期限、数量、退货原因国电子签名法》的相关法规规定；

（五）系统应当建立有效的轨迹自动跟踪系统，能够对登录、修改、复制、打印等行为进行跟踪与查询；

（六）应当记录对系统操作的相关信息，至少包括操作者、操作时间、操作过程、操作原因，数据的产生、修改、删除、再处理、重新命名、转移，对系统的设置、配置、参数及时间戳的变更或者修改等内容。

附2

化妆品生产车间环境要求

区域划分	产品类别	生产工序	控制指标	
			环境参数	其他参数
洁净区	眼部护肤类化妆品④、儿童护肤类化妆品④、牙膏	半成品贮存①、填充、灌装，清洁容器与器具贮存	悬浮粒子②：≥ 0.5μm 的粒子数 ≤ 10500000 个 /m^3 ≥ 5μm 的粒子数 ≤ 60000 个 /m^3 浮游菌②：≤ 500cfu/m^3 沉降菌②：≤ 15cfu/30min	静压差：相对于一般生产区 ≥ 10Pa，相对于准洁净区 ≥ 5Pa
准洁净区	眼部护肤类化妆品④、儿童护肤类化妆品④、牙膏	称量、配制、缓冲、更衣	空气中细菌菌落总数③：≤ 1000cfu/m^3	
	其他化妆品	半成品贮存①、填充、灌装，清洁容器与器具贮存、称量、配制、缓冲、更衣		
一般生产区	/	包装、贮存等	保持整洁	

注：①企业配制、半成品贮存、填充、灌装等生产工序采用全封闭管道的，可以不设置半成品贮存间。

②测试方法参照《GB/T 16292 医药工业洁净室（区）悬浮粒子的测试方法》《GB/T 16293 医药工业洁净室（区）浮游菌的测试方法》《GB/T 16294 医药工业洁净室（区）沉降菌的测试方法》的有关规定。

③测试方法参照《GB 15979 一次性使用卫生用品卫生标准》或者《GB/T 16293 医药工业洁净室（区）浮游菌的测试方法》的有关规定。

④生产施用于眼部皮肤表面以及儿童皮肤、口唇表面，以清洁、保护为目的的驻留类化妆品的（粉剂化妆品除外），其半成品贮存、填充、灌装、清洁容器与器具贮存应当符合生产车间洁净区的要求。

国家药监局关于发布《化妆品生产质量管理规范检查要点及判定原则》的公告

2022 年第 90 号

为规范化妆品生产许可和监督检查工作，指导化妆品注册人、备案人、受托生产企业贯彻执行《化妆品生产质量管理规范》，根据《化妆品监督管理条例》及《化妆品生产经营监督管理办法》等法规、规章，国家药监局组织制定了《化妆品生产质量管理规范检查要点及判定原则》，现予以公布，自 2022 年 12 月 1 日起施行。现就有关事项公告如下：

一、负责药品监督管理的部门依据《化妆品生产质量管理规范》《化妆品生产质量管理规范检查要点及判定原则》对化妆品注册人、备案人、受托生产企业（以下统称为“企业”）开展检查，并对企业执行《化妆品生产质量管理规范》的情况进行综合判定。

二、对检查判定为“生产质量管理体系存在缺陷”的企业，负责药品监督管理的部门应当督促其在规定时间内完成整改并提交整改报告，必要时可以组织现场复查。企业违法行为轻微，没有造成危害后果，整改后符合《化妆品生产质量管理规范》要求的，依法不予行政处罚。

三、对检查判定为“生产质量管理体系存在严重缺陷”的企业，负责药品监督管理的部门应当依据《化妆品监督管理条例》第五十四条的规定，采取责令暂停生产、经营等紧急控制措施，及时控制产品风险。企业应当在规定的时间内完成整改，并向负责药品监督管理的部门提交整改报告。负责药品监督管理的部门应当对企业进行现场复查，确认整改符合要求后，方可恢复其生产、经营。

四、对检查判定为“生产质量管理体系存在严重缺陷”的企业，负责药品监督管理的部门应当根据《化妆品监督管理条例》第六十条第（三）项、《化妆品生产经营监督管理办法》第五十九条等规定立案调查。

特此公告。

附件：化妆品生产质量管理规范检查要点及判定原则

国家药监局

2022 年 10 月 20 日

续表

序号	条款	化妆品生产质量管理规范条款内容	检查要点
8*	第八条	质量管理部门负责人应当具备化妆品、化学、化工、生物、医学、药学、食品、公共卫生或者法学等化妆品质量安全相关专业知识，熟悉相关法律法规、强制性国家标准、技术规范，并具有化妆品生产或者质量管理经验。质量管理部门负责人应当承担下列职责： （一）所有产品质量有关文件的审核； （二）组织与产品质量相关的变更、自查、不合格品管理、不良反应监测、召回等活动； （三）保证质量标准、检验方法和其他质量管理规程有效实施； （四）保证完成必要的验证工作，审核和批准验证方案和报告； （五）承担物料和产品的放行审核工作； （六）评价物料供应商； （七）制定并实施生产质量管理相关的培训计划，保证员工经过与其岗位要求相适应的培训，并达到岗位职责的要求； （八）负责其他与产品质量有关的活动。 质量安全负责人、质量管理部门负责人不得兼任生产部门负责人。	1. 企业是否设有质量管理部门负责人； 2. 质量管理部门负责人是否具备化妆品、化学、化工、生物、医学、药学、食品、公共卫生或者法学等专业教育或培训背景，是否具备化妆品质量安全相关专业知识，是否熟悉相关法律法规、强制性国家标准、技术规范； 3. 质量管理部门负责人是否具有化妆品生产或质量管理经验； 4. 质量管理部门负责人是否承担所有产品质量有关文件（包括制度、程序、标准、记录、报告等）的审核管理； 5. 质量管理部门负责人是否根据质量管理体系要求，组织与产品质量相关的变更、自查、不合格品管理、不良反应监测、召回等活动； 6. 质量管理部门负责人是否监督保证质量标准、检验方法和其他质量管理规程有效实施； 7. 质量管理部门负责人是否组织实施主要生产工艺（包括生产工艺参数、工艺过程的关键控制点）等必要的验证工作，并审核和批准验证方案和报告； 8. 质量管理部门负责人是否承担物料和产品的放行审核工作，并保证审核工作可追溯； 9. 质量管理部门负责人是否根据物料供应商相关管理制度定期评价物料供应商； 10. 质量管理部门负责人是否根据企业实际情况制定生产质量管理相关的入职培训和年度培训计划，并根据培训计划实施培训及考核，以保证员工达到岗位职责的要求； 11. 质量管理部门负责人是否负责其他与产品质量有关的活动； 12. 质量安全负责人、质量管理部门负责人是否兼任生产部门负责人。

续表

序号	条款	化妆品生产质量管理规范条款内容	检查要点
9*	第九条	生产部门负责人应当具备化妆品、化学、化工、生物、医学、药学、食品、公共卫生或者法学等化妆品质量安全相关专业知识，熟悉相关法律法规、强制性国家标准、技术规范，并具有化妆品生产或者质量管理经验。生产部门负责人应当承担下列职责： （一）保证产品按照化妆品注册、备案资料载明的技术要求以及企业制定的生产工艺规程和岗位操作规程生产； （二）保证生产记录真实、完整、准确、可追溯； （三）保证生产环境、设施设备满足生产质量需要； （四）保证直接从事生产活动的员工经过培训，具备与其岗位要求相适应的知识和技能； （五）负责其他与产品生产有关的活动。	1. 企业是否设有生产部门负责人； 2. 生产部门负责人是否具备化妆品、化学、化工、生物、医学、药学、食品、公共卫生或者法学等专业教育或培训背景，是否具备化妆品质量安全相关专业知识，是否熟悉相关法律法规、强制性国家标准、技术规范； 3. 生产部门负责人是否具有化妆品生产或者质量管理经验； 4. 生产部门负责人的职责是否包含本条款规定的职责内容； 5. 生产部门负责人是否根据相应的生产管理规程，保证产品按照化妆品注册、备案资料载明的技术要求以及企业制定的生产工艺规程和岗位操作规程生产； 6. 生产部门负责人是否根据相应的生产管理规程，保证生产记录真实、完整、准确、可追溯； 7. 生产部门负责人是否根据相应的生产管理规程，保证生产环境、设施设备满足生产质量需要； 8. 生产部门负责人是否确认直接从事生产活动的员工培训内容，明确培训效果，保证其具备与岗位要求相适应的知识和技能； 9. 生产部门负责人是否负责其他与产品生产有关的活动。
10	第十条	企业应当制定并实施从业人员入职培训和年度培训计划，确保员工熟悉岗位职责，具备履行岗位职责的法律知识、专业知识以及操作技能，考核合格后方可上岗。 企业应当建立员工培训档案，包括培训人员、时间、内容、方式及考核情况等。	1. 企业是否制定从业人员入职培训和年度培训计划；培训计划是否根据生产的化妆品品种、数量和生产许可项目合理设置法律知识、专业知识以及操作技能等内容； 2. 企业是否按照入职培训和年度培训计划对员工进行培训；培训效果是否经过考核； 3. 新入职员工或调岗员工是否经岗位知识、岗位职责和操作技能考核合格后上岗；员工是否具备相应履职能力； 4. 企业是否建立员工培训档案；培训档案是否包括培训人员、时间、内容、方式及考核情况等。
11	第十一条 第一款	企业应当建立并执行从业人员健康管理制度。直接从事化妆品生产活动的人员应当在上岗前接受健康检查，上岗后每年接受健康检查。患有国务院卫生主管部门规定的有碍化妆品质量安全疾病的人员不得直接从事化妆品生产活动。企业应当建立从业人员健康档案，至少保存 3 年。	1. 企业是否建立并执行从业人员健康管理制度； 2. 直接从事化妆品生产活动的人员是否在上岗前接受健康检查，是否在上岗后每年接受健康检查；直接从事化妆品生产活动的人员是否患有国务院卫生主管部门规定的有碍化妆品质量安全疾病； 3. 企业是否建立从业人员健康档案；健康档案保存期限是否符合要求。

续表

序号	条款	化妆品生产质量管理规范条款内容	检查要点
12	第十一条 第二款	企业应当建立并执行进入生产车间卫生管理制度、外来人员管理制度，不得在生产车间、实验室内开展对产品质量安全有不利影响的活动。	1. 企业是否建立并执行进入生产车间卫生管理制度；进入生产车间卫生管理制度是否包括进入生产车间人员的清洁、消毒（必要时）、着装要求等内容；企业是否定期对工作服清洁消毒； 2. 企业是否制定外来人员管理制度；外来人员管理制度是否包括批准、登记、清洁、消毒（必要时）、着装以及安全指导等内容；企业是否对外来人员进行监督； 3. 企业是否在生产车间、实验室内开展对产品质量安全有不利影响的活动，是否带入或者放置与生产无关的个人用品或者其他与生产不相关物品。
第二部分　质量保证与控制			
13	第十二条 第一款	企业应当建立健全化妆品生产质量管理体系文件，包括质量方针、质量目标、质量管理制度、质量标准、产品配方、生产工艺规程、操作规程，以及法律法规要求的其他文件。	1. 企业建立的化妆品生产质量管理体系文件是否健全，是否包括质量方针、质量目标、质量管理制度、质量标准、产品配方、生产工艺规程、操作规程，以及法律法规要求的其他文件； 2. 企业是否制定能体现质量方向的质量方针，并向全员宣贯；质量目标是否有量化指标；质量管理制度是否适宜并可操作；质量标准是否涵盖物料和产品的质量要求；产品配方是否与化妆品注册、备案资料一致；操作规程是否涵盖关键岗位和关键仪器设备操作要求。
14	第十二条 第二款	企业应当建立并执行文件管理制度，保证化妆品生产质量管理体系文件的制定、审核、批准、发放、销毁等得到有效控制。	1. 企业是否建立文件管理制度；文件管理制度是否明确质量管理体系文件制定、审核、批准、发放、作废、销毁等的程序和格式； 2. 企业是否执行文件管理制度；文件是否受控、是否经审核批准、在使用处存放的是否为有效版本，外来文件是否及时更新，作废文件是否及时销毁等。
15	第十三条 第一款	与本规范有关的活动均应当形成记录。	企业是否对与化妆品生产质量管理规范有关的活动均形成了记录；是否包括人员培训、健康、卫生管理，环境监控，设施、设备、仪器的清洁、消毒、监测、使用、维护管理，供应商审核评价，物料采购、验收、贮存、使用等管理，产品生产、放行管理，不合格品管理，检验管理，留样管理，实验室管理，体系自查，销售、退货、投诉、召回、不良反应监测等活动记录。

续表

序号	条款	化妆品生产质量管理规范条款内容	检查要点
16*	第十三条 第二款	企业应当建立并执行记录管理制度。记录应当真实、完整、准确，清晰易辨，相互关联可追溯，不得随意更改，更正应当留痕并签注更正人姓名及日期。	1. 企业是否建立记录管理制度；记录管理制度是否明确记录的填写、保存、处置等程序和格式； 2. 企业是否执行记录管理制度，是否及时填写记录；记录是否真实、完整、准确，清晰易辨，相互关联可追溯；记录是否存在随意更改的情况；记录的更正是否符合要求。
17	第十三条 第三款	采用计算机（电子化）系统生成、保存记录或者数据的，应当符合本规范附 1 的要求。	企业采用计算机（电子化）系统生成、保存记录或者数据的，是否符合化妆品生产质量管理规范附 1 的要求。主要包括： 1. 采用电子记录的系统是否满足规定的功能要求； 2. 系统的有效性和安全性是否经过验证； 3. 系统是否具有保证数据安全性的有效措施，例如定期备份，防止病毒和非法入侵等； 4. 系统是否可以确保登录用户的唯一性与可追溯性； 5. 电子记录能否实现与纸质记录同等功能；系统生成和保存的数据或者信息是否真实、完整、准确、可追溯； 6. 系统是否建立有效的轨迹自动跟踪系统，能够对登录、编辑、修改、删除以及系统的设置、校准、修改、时间戳变更等操作进行自动跟踪，追溯操作者、操作时间和操作过程。
18	第十三条 第四款	记录应当标示清晰，存放有序，便于查阅。与产品追溯相关的记录，其保存期限不得少于产品使用期限届满后 1 年；产品使用期限不足 1 年的，记录保存期限不得少于 2 年。与产品追溯不相关的记录，其保存期限不得少于 2 年。记录保存期限另有规定的从其规定。	1. 所有记录是否标示清晰，存放有序，便于查阅； 2. 记录保存期限是否符合要求。
19	第十四条	企业应当建立并执行追溯管理制度，对原料、内包材、半成品、成品制定明确的批号管理规则，与每批产品生产相关的所有记录应当相互关联，保证物料采购、产品生产、质量控制、贮存、销售和召回等全部活动可追溯。	1. 企业是否建立并执行追溯管理制度；是否明确规定批的定义以及原料、内包材、半成品、成品的批号管理规则； 2. 企业能否通过批号管理确保与每批产品生产相关的所有记录相互关联； 3. 企业能否保证物料采购、产品生产、质量控制、贮存、销售和召回等全部活动可追溯。

续表

序号	条款	化妆品生产质量管理规范条款内容	检查要点
20	第十五条第一款	企业应当建立并执行质量管理体系自查制度，包括自查时间、自查依据、相关部门和人员职责、自查程序、结果评估等内容。	1. 企业是否建立质量管理体系自查制度； 2. 质量管理体系自查制度是否包括自查时间、启动自查情形、自查依据、相关部门和人员职责、自查程序、结果评估等内容，是否对法规、规章中关于自查发现问题的评估、整改、停产、报告等程序作出具体规定。
21	第十五条第二款	自查实施前应当制定自查方案，自查完成后应当形成自查报告。自查报告应当包括发现的问题、产品质量安全评价、整改措施等。自查报告应当经质量安全负责人批准，报告法定代表人，并反馈企业相关部门。企业应当对整改情况进行跟踪评价。	1. 企业是否在实施质量管理体系自查前制定自查方案，是否在自查完成后形成自查报告； 2. 自查报告是否包括发现的问题、产品质量安全评价、整改措施等内容；自查报告是否经质量安全负责人批准，是否报告法定代表人，是否反馈企业相关部门； 3. 企业是否对整改情况进行跟踪评价。
22*	第十五条第三款	企业应当每年对化妆品生产质量管理规范的执行情况进行自查。出现连续停产1年以上，重新生产前应当进行自查，确认是否符合本规范要求；化妆品抽样检验结果不合格的，应当按规定及时开展自查并进行整改。	1. 企业是否每年对化妆品生产质量管理规范的执行情况进行自查；在发现生产条件不符合化妆品生产质量管理规范要求时，是否立即采取整改措施；在发现可能影响化妆品质量安全时，是否立即停止生产并向所在地省、自治区、直辖市药品监督管理部门报告； 2. 企业有连续停产1年以上的情形时，是否在重新生产前按规定开展全面自查，确认符合化妆品生产质量管理规范要求后再恢复生产；自查和整改情况是否在恢复生产之日起10个工作日内向所在地省、自治区、直辖市药品监督管理部门报告； 3. 企业在出现化妆品抽样检验结果不合格时，是否按照规定及时开展自查并进行整改。
23*	第十六条第一款	企业应当建立并执行检验管理制度，制定原料、内包材、半成品以及成品的质量控制要求，采用检验方式作为质量控制措施的，检验项目、检验方法和检验频次应当与化妆品注册、备案资料载明的技术要求一致。	1. 企业是否建立并执行检验管理制度；检验管理制度是否明确与检验相关的职责分工、程序、记录和报告要求等内容； 2. 企业是否制定原料、内包材、半成品以及成品的质量控制要求；质量控制要求是否符合强制性国家标准和技术规范； 3. 企业采用非检验方式作为质量控制措施的，是否明确质量确认方式和要求；采用检验方式作为质量控制措施的，检验项目、检验方法和检验频次是否符合化妆品注册、备案资料载明的技术要求； 4. 企业是否明确规定化妆品出厂检验项目。

续表

序号	条款	化妆品生产质量管理规范条款内容	检查要点
24	第十六条第二款	企业应当明确检验或者确认方法、取样要求、样品管理要求、检验操作规程、检验过程管理要求以及检验异常结果处理要求等，检验或者确认的结果应当真实、完整、准确。	1. 企业是否对每种检验对象规定检验或者确认方法、取样要求、样品管理要求、检验操作规程、检验过程管理要求以及检验异常结果处理要求等； 2. 企业检验或者确认的结果是否真实、完整、准确；检验结果是否与检验原始记录保持一致。
25*	第十七条第一款	企业应当建立与生产的化妆品品种、数量和生产许可项目等相适应的实验室，至少具备菌落总数、霉菌和酵母菌总数等微生物检验项目的检验能力，并保证检测环境、检验人员以及检验设施、设备、仪器和试剂、培养基、标准品等满足检验需要。重金属、致病菌和产品执行的标准中规定的其他安全性风险物质，可以委托取得资质认定的检验检测机构进行检验。	1. 企业是否建立与生产的化妆品品种、数量和生产许可项目等相适应的实验室； 2. 企业是否具备菌落总数、霉菌和酵母菌总数等微生物检验项目的检验能力； 3. 实验室的检测环境、检验人员以及检验设施、设备、仪器和试剂、培养基、标准品等是否可以满足检验需要； 4. 企业委托检验检测机构检验重金属、致病菌和产品执行的标准中规定的其他安全性风险物质时，受托检验检测机构是否具有相应检验项目的资质和检验能力；委托检验协议或者相关文件是否明确了检验项目、检验依据、检验频次等要求。
26	第十七条第二款	企业应当建立并执行实验室管理制度，保证实验设备仪器正常运行，对实验室使用的试剂、培养基、标准品的配制、使用、报废和有效期实施管理，保证检验结果真实、完整、准确。	1. 企业是否建立并执行实验室管理制度；是否对设备、仪器和试剂、培养基、标准品的管理作出明确规定，保证检验结果真实、完整、准确； 2. 企业是否建立实验室设备、仪器清单；设备、仪器是否设置唯一编号并有明显的状态标识； 3. 企业是否按规定对实验室设备、仪器进行校准或者检定、使用、清洁、维护，保证实验室设备仪器正常运行； 4. 企业是否对实验室使用的试剂、培养基、标准品等的采购、贮存、配制、标识、使用、报废和有效期等实施有效管理。
27*	第十八条第一款、第二款、第三款	企业应当建立并执行留样管理制度。每批出厂的产品均应当留样，留样数量至少达到出厂检验需求量的2倍，并应当满足产品质量检验的要求。 出厂的产品为成品的，留样应当保持原始销售包装。销售包装为套盒形式，该销售包装内含有多个化妆品且全部为最小销售单元的，如果已经对包装内的最小销售单元留样，可以不对该销售包装产品整体留样，但应当留存能够满足质量追溯需求的套盒外包装。 出厂的产品为半成品的，留样应当密封且能够保证产品质量稳定，并有符合要求的标签信息，保证可追溯。	1. 企业是否建立并执行留样管理制度；留样管理制度是否明确产品留样程序、留存地点、留样数量、留样记录、保存期限和处理方法等内容； 2. 企业是否对出厂的半成品、成品逐批留样；留样数量是否符合规定； 3. 出厂的产品为成品的，留样的包装是否符合规定； 4. 出厂的产品为半成品的，留样是否密封并保证产品质量稳定；标签信息是否包括产品名称、企业名称、规格、贮存条件、使用期限等信息，保证可追溯。

续表

序号	条款	化妆品生产质量管理规范条款内容	检查要点
28	第十八条 第四款	企业应当依照相关法律法规的规定和标签标示的要求贮存留样的产品，并保存留样记录。留样保存期限不得少于产品使用期限届满后6个月。发现留样的产品在使用期限内变质的，企业应当及时分析原因，并依法召回已上市销售的该批次化妆品，主动消除安全风险。	1. 企业是否设置专门的留样区域；留样的贮存条件是否符合相关法律法规的规定和标签标示的要求； 2. 企业是否按规定保存留样记录，是否记录留样在使用期限内的质量情况；留样的保存期限是否不少于产品使用期限届满后6个月； 3. 企业是否依据留样管理制度对留样进行定期观察；发现留样的产品在使用期限内变质时，企业是否及时分析原因，并依法召回已上市销售的该批次化妆品，主动消除安全风险。
第三部分　厂房设施与设备管理			
29*	第十九条	企业应当具备与生产的化妆品品种、数量和生产许可项目等相适应的生产场地和设施设备。生产场地选址应当不受有毒、有害场所以及其他污染源的影响，建筑结构、生产车间和设施设备应当便于清洁、操作和维护。	1. 企业是否具备与生产的化妆品品种、数量和生产许可项目等相适应的生产场地和设施设备； 2. 生产场地周边是否有粉尘、有害气体、放射性物质、垃圾处理等扩散性污染源及有毒、有害场所；企业的建筑结构、生产车间和设施设备是否便于清洁、操作和维护。
30*	第二十条 第一款	企业应当按照生产工艺流程及环境控制要求设置生产车间，不得擅自改变生产车间的功能区域划分。生产车间不得有污染源，物料、产品和人员流向应当合理，避免产生污染与交叉污染。	1. 企业是否按照生产工艺流程及环境控制要求设置生产车间，是否擅自改变更衣、缓冲、称量、配制、半成品贮存、填充与灌装、清洁容器与器具贮存、包装、贮存等功能区域划分； 2. 生产车间内是否有污染源；物料、产品和人员流向是否合理，是否存在导致物料、产品污染和交叉污染的情形。
31	第二十条 第二款	生产车间更衣室应当配备衣柜、鞋柜，洁净区、准洁净区应当配备非手接触式洗手及消毒设施。企业应当根据生产环境控制需要设置二次更衣室。	1. 生产车间更衣室是否配备衣柜、鞋柜；洁净区、准洁净区是否配备与人员数量相匹配的非手接触式洗手及消毒设施； 2. 企业是否根据生产环境控制需要设置二次更衣室。
32*	第二十一条 第一款	企业应当按照产品工艺环境要求，在生产车间内划分洁净区、准洁净区、一般生产区，生产车间环境指标应当符合本规范附2的要求。不同洁净级别的区域应当物理隔离，并根据工艺质量保证要求，保持相应的压差。	1. 企业是否按照产品工艺环境要求划分生产区域；生产车间环境指标是否符合化妆品生产质量管理规范附2的要求； 2. 不同洁净级别的区域是否物理隔离，是否根据工艺质量保证要求，保持相应的压差。

续表

序号	条款	化妆品生产质量管理规范条款内容	检查要点
33	第二十一条第二款	生产车间应当保持良好的通风和适宜的温度、湿度。根据生产工艺需要，洁净区应当采取净化和消毒措施，准洁净区应当采取消毒措施。企业应当制定洁净区和准洁净区环境监控计划，定期进行监控，每年按照化妆品生产车间环境要求对生产车间进行检测。	1. 生产车间是否保持良好的通风和适宜的温度、湿度；温度、湿度是否在规定的区间范围内； 2. 企业是否根据生产工艺需要，制定洁净区净化和消毒、准洁净区消毒管理制度，确保相关措施的有效实施，是否按制度执行并记录； 3. 企业是否制定洁净区和准洁净区环境监控计划，是否按照计划定期监控并记录；企业是否每年根据环境监控计划，按照化妆品生产车间环境要求对生产车间进行检测。
34	第二十二条第一款	生产车间应当配备防止蚊蝇、昆虫、鼠和其他动物进入、孳生的设施，并有效监控。物料、产品等贮存区域应当配备合适的照明、通风、防鼠、防虫、防尘、防潮等设施，并依照物料和产品的特性配备温度、湿度调节及监控设施。	1. 生产车间是否配备防止蚊蝇、昆虫、鼠和其他动物进入、孳生的设施，是否有效监控并留存记录，是否定期分析存在的风险； 2. 物料、产品等贮存区域是否配备合适的照明、通风、防鼠、防虫、防尘、防潮等设施；企业是否制定相关管理制度，设置温度、湿度范围，是否依照物料和产品的特性配备温度、湿度调节及监控设施。
35*	第二十二条第二款	生产车间等场所不得贮存、生产对化妆品质量安全有不利影响的物料、产品或者其他物品。	1. 生产车间等场所是否贮存对化妆品质量安全有不利影响的物料、产品或者其他物品； 2. 共用生产车间生产非化妆品的，是否使用化妆品禁用原料及其他对化妆品质量安全有不利影响的原料，并具有防止污染和交叉污染的相应措施；企业是否有风险分析报告，确保其不对化妆品质量安全产生不利影响。
36*	第二十三条	易产生粉尘、不易清洁等的生产工序，应当在单独的生产操作区域完成，使用专用的生产设备，并采取相应的清洁措施，防止交叉污染。 易产生粉尘和使用挥发性物质生产工序的操作区域应当配备有效的除尘或者排风设施。	1. 易产生粉尘、不易清洁等（散粉类、指甲油、香水等产品）的生产工序，是否设置单独生产操作区域，是否使用专用生产设备； 2. 染发类、烫发类、蜡基类等产品不易清洁的生产工序，是否设置单独生产操作区域或者物理隔断，是否使用专用生产设备； 3. 易产生粉尘、不易清洁等的生产工序是否采取相应的清洁措施，防止交叉污染； 4. 易产生粉尘和使用挥发性物质的生产工序（如称量、筛选、粉碎、混合等）的操作区是否配备有效的除尘或者排风设施。

续表

序号	条款	化妆品生产质量管理规范条款内容	检查要点
37	第二十四条第一款	企业应当配备与生产的化妆品品种、数量、生产许可项目、生产工艺流程相适应的设备，与产品质量安全相关的设备应当设置唯一编号。管道的设计、安装应当避免死角、盲管或者受到污染，固定管道上应当清晰标示内容物的名称或者管道用途，并注明流向。	1. 企业是否配备与生产的化妆品品种、数量、生产许可项目、生产工艺流程相适应的设备； 2. 与产品质量安全相关的称量、配制、半成品贮存、填充与灌装、包装、产品检验等设备是否设置唯一编号； 3. 管道的设计、安装是否避免死角、盲管或者受到污染；固定管道上是否清晰标示内容物的名称或者管道用途，是否注明流向。
38	第二十四条第二款	所有与原料、内包材、产品接触的设备、器具、管道等的材质应当满足使用要求，不得影响产品质量安全。	所有与原料、内包材、产品接触的设备、器具、管道等的材质是否满足使用要求，是否影响产品质量安全。
39	第二十五条第一款	企业应当建立并执行生产设备管理制度，包括生产设备的采购、安装、确认、使用、维护保养、清洁等要求，对关键衡器、量具、仪表和仪器定期进行检定或者校准。	1. 企业是否建立并执行生产设备管理制度；生产设备管理制度是否包括生产设备的采购、安装、确认、使用、维护保养、清洁等要求； 2. 企业是否制定关键衡器、量具、仪表和仪器检定或者校准计划，是否根据计划定期进行检定或者校准。
40	第二十五条第二款	企业应当建立并执行主要生产设备使用规程。设备状态标识、清洁消毒标识应当清晰。	1. 企业是否建立并执行主要生产设备使用操作规程；操作规程、操作记录是否符合要求； 2. 称量、配制、半成品贮存、填充与灌装、包装、产品检验等设备状态标识、清洁或者消毒标识是否清晰。
41	第二十五条第三款	企业应当建立并执行生产设备、管道、容器、器具的清洁消毒操作规程。所选用的润滑剂、清洁剂、消毒剂不得对物料、产品或者设备、器具造成污染或者腐蚀。	1. 企业是否建立并执行生产设备、管道、容器、器具的清洁或者消毒操作规程；清洁或者消毒操作规程是否包括清洁消毒方法、清洁剂和消毒剂的名称与配制方法、清洁用水和清洁用具要求、清洁有效期限等内容；企业是否明确清洁或者消毒方法选择的依据； 2. 企业所使用的润滑剂、清洁剂、消毒剂是否对物料、产品或者设备、器具造成污染或者腐蚀。
42	第二十六条第一款	企业制水、水贮存及输送系统的设计、安装、运行、维护应当确保工艺用水达到质量标准要求。	企业制水、水贮存及输送系统的设计、安装、运行、维护是否可以确保工艺用水达到质量标准要求。
43	第二十六条第二款	企业应当建立并执行水处理系统定期清洁、消毒、监测、维护制度。	企业是否建立并执行水处理系统定期清洁、消毒、监测、维护制度，是否按照制度落实相应措施，并留存相关记录。

续表

序号	条款	化妆品生产质量管理规范条款内容	检查要点
44	第二十七条第一款	企业空气净化系统的设计、安装、运行、维护应当确保生产车间达到环境要求。	企业空气净化系统的设计、安装、运行、维护是否可以确保生产车间达到环境要求；企业是否保留空气净化系统设计、安装相关图纸及运行、维护记录。
45	第二十七条第二款	企业应当建立并执行空气净化系统定期清洁、消毒、监测、维护制度。	企业是否建立并执行空气净化系统定期清洁、消毒、监测、维护制度，是否按照制度落实相应措施，并应留存相关记录。
第四部分　物料与产品管理			
46	第二十八条第一款	企业应当建立并执行物料供应商遴选制度，对物料供应商进行审核和评价。企业应当与物料供应商签订采购合同，并在合同中明确物料验收标准和双方质量责任。	1. 企业是否建立并执行物料供应商遴选制度；物料供应商遴选制度是否明确物料供应商的遴选、退出标准以及审核、评价程序； 2. 企业按照物料供应商遴选制度对物料供应商进行审核时是否留存相关资料； 3. 外购半成品的，其所购买半成品为境内生产的，是否留存半成品生产企业的化妆品生产许可证；其所购买半成品为境外生产的，是否留存半成品生产企业的质量管理体系或者生产质量管理规范的资质证书、文件等证明资料，证明资料是否由所在国（地区）政府主管部门、认证机构或者具有所在国（地区）认证认可资质的第三方出具或者认可，并载明生产企业名称和实际生产地址信息； 4. 企业是否定期或者在获知物料供应商生产条件发生重大变化时对物料供应商进行评价，是否按照评价结果采取相应措施，是否留存评价和处理记录； 5. 企业是否与物料供应商签订采购合同，是否在合同中明确物料验收标准和双方质量责任。
47*	第二十八条第二款	企业应当根据审核评价的结果建立合格物料供应商名录，明确关键原料供应商，并对关键原料供应商进行重点审核，必要时应当进行现场审核。	1. 企业是否根据审核评价结果建立合格物料供应商名录；合格物料供应商名录是否包括物料供应商名称、地址和联系方式，以及物料名称、质量要求、生产企业名称等内容； 2. 企业是否明确关键原料供应商，是否对其进行重点审核，是否明确关键原料供应商需要进行现场审核的情形，并按照规定执行； 3. 企业是否及时对合格物料供应商档案信息进行更新，确保物料供应商档案处于最新状态。

续表

序号	条款	化妆品生产质量管理规范条款内容	检查要点
48*	第二十九条 第一款 第二款	企业应当建立并执行物料审查制度，建立原料、外购的半成品以及内包材清单，明确原料、外购的半成品成分，留存必要的原料、外购的半成品、内包材质量安全相关信息。 企业应当在物料采购前对原料、外购的半成品、内包材实施审查。	1. 企业是否建立并执行物料审查制度； 2. 企业是否建立原料、外购的半成品以及内包材清单，是否明确原料和外购的半成品成分，是否留存必要的原料、外购的半成品、内包材质量安全相关信息； 3. 企业是否在物料采购前对原料、外购的半成品、内包材实施审查。
49**	第二十九条 第二款	不得使用禁用原料、未经注册或者备案的新原料，不得超出使用范围、限制条件使用限用原料，确保原料、外购的半成品、内包材符合法律法规、强制性国家标准、技术规范的要求。	1. 企业是否使用禁用原料、未经注册或备案的新原料； 2. 企业是否超出使用范围、限制条件使用限用原料； 3. 企业使用的原料、外购的半成品、内包材是否符合法律法规、强制性国家标准、技术规范的要求。
50*	第三十条 第一款	企业应当建立并执行物料进货查验记录制度，建立并执行物料验收规程，明确物料验收标准和验收方法。企业应当按照物料验收规程对到货物料检验或者确认，确保实际交付的物料与采购合同、送货票证一致，并达到物料质量要求。	1. 企业是否建立并执行物料进货查验记录制度； 2. 企业是否建立并执行物料验收规程，是否明确验收标准和验收方法；物料验收规程是否要求留存物料合格出厂证明文件、送货票证等；需要检验、检疫的进口原料是否要求留存相关证明； 3. 企业是否按照物料验收规程对到货物料检验或者确认；企业验收的物料是否与采购合同、送货票证一致，是否达到物料质量要求； 4. 物料标签标示的名称、数量、生产日期或者批号等信息是否与检验报告、实物、订单一致。
51	第三十条 第二款	企业应当对关键原料留样，并保存留样记录。留样的原料应当有标签，至少包括原料中文名称或者原料代码、生产企业名称、原料规格、贮存条件、使用期限等信息，保证可追溯。留样数量应当满足原料质量检验的要求。	1. 企业是否建立关键原料留样规则； 2. 企业是否建立关键原料目录；是否按规定对关键原料留样，并保存留样记录； 3. 留样标签是否符合规定，保证可追溯；留样数量是否满足原料质量检验的要求；留样是否密封并按规定条件贮存。

续表

序号	条款	化妆品生产质量管理规范条款内容	检查要点
52	第三十一条	物料和产品应当按规定的条件贮存，确保质量稳定。物料应当分类按批摆放，并明确标示。 物料名称用代码标示的，应当制定代码对照表，原料代码应当明确对应的原料标准中文名称。	1. 物料是否按照规定的条件贮存，是否按照待检、合格、不合格等分批分类存放，并明确标示；企业是否标示物料名称（原料应当标识原料标准中文名称）或者代码、供应商名称或者代码、生产日期或者批号、使用期限、贮存条件等信息； 2. 产品是否按照规定的条件贮存，是否按照待检、合格、不合格等分批分类存放，并明确标示；是否标示产品名称、批号、使用期限、合格待检状态等信息； 3. 物料名称、供应商名称用代码标示的企业是否制定代码管理规程，是否制定物料、供应商名称代码对照表；原料代码是否明确对应的原料标准中文名称； 4. 企业是否如实记录物料和产品的库存数量和接收、发放、退回等变动情况。
53	第三十二条第一款	企业应当建立并执行物料放行管理制度，确保物料放行后方可用于生产。	1. 企业是否建立并执行物料放行管理制度；是否明确物料批准放行的标准、职责划分等要求； 2. 用于生产的物料是否按照规定放行。
54	第三十二条第二款	企业应当建立并执行不合格物料处理规程。超过使用期限的物料应当按照不合格品管理。	1. 企业是否建立并执行不合格物料处理规程； 2. 不合格物料是否有清晰标识，是否在专区存放；企业是否及时处理超过使用期限等的不合格物料。
55	第三十三条第一款	企业生产用水的水质和水量应当满足生产要求，水质至少达到生活饮用水卫生标准要求。生产用水为小型集中式供水或者分散式供水的，应当由取得资质认定的检验检测机构对生产用水进行检测，每年至少一次。	1. 企业生产用水的水量是否满足生产要求；水质是否达到生活饮用水卫生标准要求； 2. 生产用水为集中式供水的，企业是否可以提供生产用水来源证明资料；生产用水为小型集中式供水或者分散式供水的，企业是否能够提供每年由取得资质的检验检测机构对生产用水进行检测的报告。
56*	第三十三条第二款	企业应当建立并执行工艺用水质量标准、工艺用水管理规程，对工艺用水水质定期监测，确保符合生产质量要求。	1. 企业是否根据产品质量要求制定工艺用水质量标准、工艺用水管理规程； 2. 企业是否按照工艺用水管理规程对工艺用水水质进行定期监测，确保符合生产质量要求。
57*	第三十四条第一款	产品应当符合相关法律法规、强制性国家标准、技术规范和化妆品注册、备案资料载明的技术要求。	企业生产的产品是否符合相关法律法规、强制性国家标准、技术规范和化妆品注册、备案资料载明的技术要求。

续表

序号	条款	化妆品生产质量管理规范条款内容	检查要点
58*	第三十四条第二款	企业应当建立并执行标签管理制度，对产品标签进行审核确认，确保产品的标签符合相关法律法规、强制性国家标准、技术规范的要求。内包材上标注标签的生产工序应当在完成最后一道接触化妆品内容物生产工序的生产企业内完成。	1. 企业是否建立并执行标签管理制度；标签管理制度是否明确产品标签审核程序及职责划分，确保产品的标签符合相关法律法规、强制性国家标准、技术规范的要求； 2. 内包材上标注标签的生产工序是否在完成最后一道接触化妆品内容物生产工序的生产企业内完成。
59*	第三十四条第三款	产品销售包装上标注的使用期限不得擅自更改。	企业是否存在擅自更改产品使用期限的行为。
第五部分　生产过程管理			
60	第三十五条	企业应当建立并执行与生产的化妆品品种、数量和生产许可项目等相适应的生产管理制度。	1. 企业是否建立并执行与化妆品生产品种、数量和生产许可项目相适应的生产管理制度，至少包括工艺和操作管理、生产指令管理、物料领用和查验管理、生产环境管理、生产设备管理、生产过程管理、生产记录管理、物料平衡管理、生产清场管理、退仓物料管理、不合格品管理、产品放行管理以及有关追溯管理等方面的制度； 2. 企业是否根据化妆品品种、数量和生产许可项目的变化动态完善相应制度，保证其在使用处为有效版本。
61**	第三十六条	企业应当按照化妆品注册、备案资料载明的技术要求建立并执行产品生产工艺规程和岗位操作规程，确保按照化妆品注册、备案资料载明的技术要求生产产品。企业应当明确生产工艺参数及工艺过程的关键控制点。	1. 企业是否建立并执行产品生产工艺规程和岗位操作规程； 2. 产品生产工艺规程是否符合对产品质量安全有实质性影响的技术性要求； 3. 企业生产工艺规程中是否明确生产工艺参数及工艺过程的关键控制点。
62*	第三十六条	主要生产工艺应当经过验证，确保能够持续稳定地生产出合格的产品。	1. 企业是否制定工艺验证管理规程；主要生产工艺是否经过验证；企业是否保存验证方案、记录及报告； 2. 当影响产品质量的主要工艺参数等发生改变时，企业是否进行再验证。
63	第三十七条第一款	企业应当根据生产计划下达生产指令。生产指令应当包括产品名称、生产批号（或者与生产批号可关联的唯一标识符号）、产品配方、生产总量、生产时间等内容。	1. 企业是否制定规范化的生产计划，是否依据生产计划下达生产指令； 2. 生产指令是否包括产品名称、生产批号（或者与生产批号可关联的唯一标识符号）、产品配方、生产总量、生产时间等内容。

续表

序号	条款	化妆品生产质量管理规范条款内容	检查要点
64	第三十七条第二款	生产部门应当根据生产指令进行生产。领料人应当核对所领用物料的包装、标签信息等，填写领料单据。	1. 生产指令在实际生产过程中是否得到有效执行； 2. 企业是否制定生产领料操作规程； 3. 领料人是否按照生产指令中产品配方的要求逐一核对领取物料，是否完整填写领料单并保存相关记录，是否对所领用物料的包装、标签上的信息以及质量管理人员确认合格放行情况等进行核对。
65	第三十八条第一款	企业应当在生产开始前对生产车间、设备、器具和物料进行确认，确保其符合生产要求。	1. 生产开始前，企业是否对生产车间环境、生产设备、周转容器状态和清洁（消毒）状态标识等进行确认，确保符合生产要求； 2. 生产待使用物料领用和确认记录是否符合生产指令的要求。
66	第三十八条第二款	企业在使用内包材前，应当按照清洁消毒操作规程进行清洁消毒，或者对其卫生符合性进行确认。	1. 内包材清洁消毒及其记录是否符合相应操作规程要求； 2. 对无需清洁消毒的清洁包装材料，抽查是否具有卫生符合性确认记录。
67	第三十九条	企业应当对生产过程使用的物料以及半成品全程清晰标识，标明名称或者代码、生产日期或者批号、数量，并可追溯。	1. 生产现场使用物料及半成品的标识是否包括名称或者代码、生产日期或者批号、使用期限、数量等信息； 2. 生产过程中各工序之间物料交接是否有记录，是否可追溯。
68*	第四十条	企业应当对生产过程按照生产工艺规程和岗位操作规程进行控制，应当真实、完整、准确地填写生产记录。 生产记录应当至少包括生产指令、领料、称量、配制、填充或者灌装、包装、产品检验以及放行等内容。	1. 企业是否对生产操作人员进行生产工艺培训；操作人员是否按照生产工艺规程和岗位操作规程规定的技术参数和关键控制要求进行操作； 2. 生产记录是否可以如实反映出整个生产过程的技术参数和关键点控制状况，是否包括生产指令、领料、称量、配制、填充或者灌装、包装过程和产品检验、放行记录等内容。
69	第四十一条	企业应当在生产后检查物料平衡，确认物料平衡符合生产工艺规程设定的限度范围。超出限度范围时，应当查明原因，确认无潜在质量风险后，方可进入下一工序。	1. 企业是否建立并有效执行生产后物料平衡管理制度； 2. 配制、填充、灌装、包装等工序的物料平衡结果是否符合生产工艺规程设定的限度范围； 3. 生产后物料平衡出现偏差，超出限度范围时，企业是否分析原因，是否由质量管理部门确认无潜在质量风险后进入下一工序，是否记录处理过程。

续表

序号	条款	化妆品生产质量管理规范条款内容	检查要点
70	第四十二条	企业应当在生产后及时清场，对生产车间和生产设备、管道、容器、器具等按照操作规程进行清洁消毒并记录。清洁消毒完成后，应当清晰标识，并按照规定注明有效期限。	1. 企业是否建立并执行生产后清洁消毒制度； 2. 企业在生产后或者更换生产品种前是否及时清场，是否按照规定的方法和要求对生产区域和生产设备、管道、容器具等清洁消毒，是否保留记录； 3. 清洁消毒完成后，企业是否按规定清晰标示清洁消毒有效期限。
71	第四十三条	企业应当将生产结存物料及时退回仓库。退仓物料应当密封并做好标识，必要时重新包装。仓库管理人员应当按照退料单据核对退仓物料的名称或者代码、生产日期或者批号、数量等。	1. 企业是否建立并执行结存物料退仓管理制度； 2. 生产结存物料是否经质量管理人员确认符合质量要求后放行退仓；退仓物料是否做到密封并清晰标识；退仓物料标识的物料标准中文名称或者代码、供应商名称或者代码、生产日期或者批号、使用期限、贮存条件等信息是否与相应领用物料标识信息保持一致；3. 仓库管理人员是否核对退料单信息以及退仓物料包装情况。
72	第四十四条第一款	企业应当建立并执行不合格品管理制度，及时分析不合格原因。企业应当编制返工控制文件，不合格品经评估确认能够返工的，方可返工。不合格品的销毁、返工等处理措施应当经质量管理部门批准并记录。	1. 企业是否建立并执行不合格产品管理制度和返工控制文件； 2. 企业是否保存不合格品分析记录和分析报告；不合格产品的返工是否由质量管理部门按照返工控制文件予以评估确认；不合格品销毁、返工等处理措施是否由质量管理部门批准并记录。
73	第四十四条第二款	企业应当对半成品的使用期限做出规定，超过使用期限未填充或者灌装的，应当及时按照不合格品处理。	1. 企业是否建立半成品使用期限管理制度；设定的半成品使用期限是否有依据； 2. 企业是否按照不合格品管理制度及时处理超过使用期限未填充或者灌装的半成品，是否留存相关记录。
74**	第四十五条第一款	企业应当建立并执行产品放行管理制度，确保产品经检验合格且相关生产和质量活动记录经审核批准后，方可放行。	1. 企业是否建立并执行产品放行管理制度； 2. 产品放行前，企业是否确保产品经检验合格且检验项目至少包括出厂检验项目；是否确保相关生产和质量活动记录经质量安全负责人审核批准。
75	第四十五条第二款	上市销售的化妆品应当附有出厂检验报告或者合格标记等形式的产品质量检验合格证明。	上市销售的产品是否附有出厂检验报告或者合格标记等形式的产品质量检验合格证明。

续表

序号	条款	化妆品生产质量管理规范条款内容	检查要点
		第六部分　产品销售管理	
76*	第五十八条	化妆品注册人、备案人、受托生产企业应当建立并执行产品销售记录制度，并确保所销售产品的出货单据、销售记录与货品实物一致。 产品销售记录应当至少包括产品名称、特殊化妆品注册证编号或者普通化妆品备案编号、使用期限、净含量、数量、销售日期、价格，以及购买者名称、地址和联系方式等内容。	1. 企业是否建立并执行产品销售记录制度； 2. 产品销售记录是否包括产品名称、特殊化妆品注册证编号或者普通化妆品备案编号、使用期限、净含量、数量、销售日期、价格，以及购买者名称、地址和联系方式等内容； 3. 所销售产品的出货单据、销售记录与产品实物是否一致。
77	第五十九条	化妆品注册人、备案人、受托生产企业应当建立并执行产品贮存和运输管理制度。依照有关法律法规的规定和产品标签标示的要求贮存、运输产品，定期检查并且及时处理变质或者超过使用期限等质量异常的产品。	1. 企业是否建立并执行产品贮存和运输管理制度； 2. 产品的贮存、运输条件是否符合有关法律法规的规定和产品标签标示的要求； 3. 企业是否定期检查并且及时处理变质或者超过使用期限等质量异常的产品。
78	第六十条	化妆品注册人、备案人、受托生产企业应当建立并执行退货记录制度。 退货记录内容应当包括退货单位、产品名称、净含量、使用期限、数量、退货原因以及处理结果等内容。	1. 企业是否建立并执行退货记录制度； 2. 企业退货记录是否包括退货单位、产品名称、净含量、使用期限、数量、退货原因以及处理结果等内容。
79	第六十一条	化妆品注册人、备案人、受托生产企业应当建立并执行产品质量投诉管理制度，指定人员负责处理产品质量投诉并记录。质量管理部门应当对投诉内容进行分析评估，并提升产品质量。	1. 企业是否建立并执行产品质量投诉管理制度；产品质量投诉管理制度是否规定投诉登记、调查、评价和处理等要求； 2. 企业是否指定人员负责产品质量投诉处理并记录；指定的人员是否具备质量投诉处理的基本知识； 3. 企业质量管理部门是否对质量相关投诉内容进行分析评估，并采取措施提升产品质量。
80*	第六十二条	化妆品注册人、备案人应当建立并实施化妆品不良反应监测和评价体系。受托生产企业应当建立并执行化妆品不良反应监测制度。 化妆品注册人、备案人、受托生产企业应当配备与其生产化妆品品种、数量相适应的机构和人员，按规定开展不良反应监测工作，并形成监测记录。	1. 化妆品注册人、备案人是否建立并实施化妆品不良反应监测和评价体系；受托生产企业是否建立并执行化妆品不良反应监测制度； 2. 企业是否配备与其生产化妆品品种、数量相适应的不良反应监测机构和人员；企业是否按照规定开展不良反应监测工作，并形成监测记录；监测记录是否符合规定。

续表

序号	条款	化妆品生产质量管理规范条款内容	检查要点
81*	第六十三条	化妆品注册人、备案人应当建立并执行产品召回管理制度，依法实施召回工作。发现产品存在质量缺陷或者其他问题，可能危害人体健康的，应当立即停止生产，召回已经上市销售的产品，通知相关化妆品经营者和消费者停止经营、使用，记录召回和通知情况。对召回的产品，应当清晰标识、单独存放，并视情况采取补救、无害化处理、销毁等措施。因产品质量问题实施的化妆品召回和处理情况，化妆品注册人、备案人应当及时向所在地省、自治区、直辖市药品监督管理部门报告。 受托生产企业应当建立并执行产品配合召回制度。发现其生产的产品有第一款规定情形的，应当立即停止生产，并通知相关化妆品注册人、备案人。化妆品注册人、备案人实施召回的，受托生产企业应当予以配合。 召回记录内容应当至少包括产品名称、净含量、使用期限、召回数量、实际召回数量、召回原因、召回时间、处理结果、向监管部门报告情况等。	1. 化妆品注册人、备案人是否建立并执行产品召回管理制度；产品召回管理制度是否包括产品质量安全信息的监测收集、调查评估、召回计划的制定和实施、召回产品的处理、召回结果的报告等要求；受托生产企业是否建立并执行配合召回制度； 2. 发现产品存在质量缺陷或者其他问题，可能危害人体健康时，化妆品注册人、备案人是否立即停止生产，召回已经上市销售的产品，是否立即通知相关化妆品经营者和消费者停止经营、使用该产品，是否记录召回和通知情况；受托生产企业是否立即停止生产，并通知相关化妆品注册人、备案人；化妆品注册人、备案人实施召回时，受托生产企业是否予以配合，是否记录配合内容； 3. 化妆品注册人、备案人是否对召回的产品清晰标识、单独存放，是否视情况采取补救、无害化处理、销毁等措施； 4. 化妆品注册人、备案人是否及时将因产品质量问题实施的化妆品召回和处理情况向所在地省、自治区、直辖市药品监督管理部门报告； 5. 产品召回记录是否符合要求，是否至少包括产品名称、净含量、使用期限、召回数量、实际召回数量、召回原因、召回时间、处理结果、向监管部门报告情况等内容。

注：

1. 本《化妆品生产质量管理规范检查要点》适用于从事化妆品生产活动的化妆品注册人、备案人、受托生产企业。检查项目共81项，其中重点项目29项（包括：关键项目标注“**”3项，其他重点项目标注“*”26项），一般项目52项。

2. 现场检查应当对照所检查项目，逐一作出该项目“符合规定”或者“不符合规定”的检查结论；对于重点项目，还可以根据检查情况作出“存在瑕疵”的检查结论。凡作出“不符合规定”或者“存在瑕疵”检查结论的，应当记录存在的具体问题；对于不适用的检查项目，应当标注“不适用”。

3. 重点项目“存在瑕疵”判定标准为：经综合研判，被检查对象基本符合本检查项目的要求，但存在局部不规范、不完善的情形，且上述不规范、不完善的情形能够及时改正或者消除，不构成对产品质量安全的实质性影响。

4. 经检查，第5、11、22、49、50、52、54、57、58、59、73、76、77、80或者81项等检查项目不符合规定的，被检查的化妆品注册人、备案人、受托生产企业可能存在违反《化妆品监督管理条例》的行为；经立案调查存在违法行为的，应当依法查处。

附 2

化妆品生产质量管理规范检查要点（委托生产版）

序号	条款	化妆品生产质量管理规范条款内容	检查要点
1	第四十七条	委托方应当建立与所注册或者备案的化妆品和委托生产需要相适应的组织机构，明确注册备案管理、生产质量管理、产品销售管理等关键环节的负责部门和职责，配备相应的管理人员。	1. 委托方是否建立组织机构，组织机构是否与所注册或者备案的化妆品和委托生产需要相适应； 2. 委托方是否明确规定注册备案管理、生产质量管理、产品销售管理等关键环节的负责部门和职责； 3. 上述部门是否配备相应的管理人员。
2*	第四十八条	化妆品委托生产的，委托方应当是所生产化妆品的注册人或者备案人。受托生产企业应当是持有有效化妆品生产许可证的企业，并在其生产许可范围内接受委托。	1. 委托方是否是所生产化妆品的注册人或者备案人； 2. 委托方是否委托持有有效化妆品生产许可证的受托生产企业生产化妆品，所委托产品是否属于化妆品生产许可证上载明的许可项目划分单元； 3. 所委托产品为眼部护肤类化妆品、儿童护肤类化妆品的，受托生产企业化妆品生产许可证上的许可项目是否标注具备相应生产条件。
3	第四十九条	委托方应当建立化妆品质量安全责任制，明确委托方法定代表人、质量安全负责人以及其他化妆品质量安全相关岗位的职责，各岗位人员应当按照岗位职责要求，逐级履行相应的化妆品质量安全责任。	1. 委托方是否建立化妆品质量安全责任制；是否书面规定法定代表人（或者主要负责人，下同）、质量安全负责人以及其他化妆品质量安全相关岗位的职责； 2. 委托方各岗位人员是否按照岗位职责的要求逐级履行质量安全责任。
4*	第五十条 第一款、 第二款	委托方应当按照本规范第七条第一款规定设质量安全负责人。 质量安全负责人应当协助委托方法定代表人承担下列相应的产品质量安全管理和产品放行职责： （一）建立并组织实施本企业质量管理体系，落实质量安全管理责任，定期向法定代表人报告质量管理体系运行情况； （二）产品质量安全问题的决策及有关文件的签发； （三）审核化妆品注册、备案资料； （四）委托方采购、提供物料的，物料供应商、物料放行的审核管理； （五）产品的上市放行； （六）受托生产企业遴选和生产活动的监督管理； （七）化妆品不良反应监测管理。	1. 委托方是否设有质量安全负责人； 2. 质量安全负责人是否具备化妆品、化学、化工、生物、医学、药学、食品、公共卫生或者法学等专业教育或培训背景，是否具备化妆品质量安全相关专业知识，是否熟悉相关法律法规、强制性国家标准、技术规范，是否具有 5 年以上化妆品生产或者质量管理经验； 3. 质量安全负责人是否建立并组织实施本企业质量管理体系，落实质量安全管理责任，并定期以书面报告形式向法定代表人报告质量管理体系运行情况； 4. 质量安全负责人是否负责产品质量安全问题的决策及有关文件的签发； 5. 质量安全负责人是否履行化妆品注册、备案资料审核的职责； 6. 委托方采购、提供物料的，质量安全负责人是否履行物料供应商、物料放行的审核管理职责； 7. 质量安全负责人是否履行产品上市放行职责； 8. 质量安全负责人是否履行受托生产企业遴选和生产活动监督管理职责； 9. 质量安全负责人是否履行化妆品不良反应监测管理职责。

续表

序号	条款	化妆品生产质量管理规范条款内容	检查要点
5	第五十条第三款	质量安全负责人应当遵守第七条第三款的有关规定。	1. 质量安全负责人是否按照质量安全责任制独立履行职责，在产品质量安全管理和产品放行中不受企业其他人员的干扰； 2. 质量安全负责人指定本企业的其他人员协助履行其职责的，指定协助履行的职责是否为化妆品生产质量管理规范第七条第二款（一）（二）项以外的职责；是否制定相应的指定协助履行职责管理程序并经法定代表人书面同意； 3. 被指定人员是否具备相应的资质和履职能力； 4. 被指定人员在协助履职过程中是否执行相应的管理程序，并如实记录，保证履职的内容、时间、具体事项可追溯； 5. 质量安全负责人是否对协助履职情况进行监督。
6	第五十一条第一款	委托方应当建立受托生产企业遴选标准，在委托生产前，对受托生产企业资质进行审核，考察评估其生产质量管理体系运行状况和生产能力，确保受托生产企业取得相应的化妆品生产许可且具备相应的产品生产能力。	1. 委托方是否制定受托生产企业遴选审核制度；受托生产企业遴选审核制度是否至少包括遴选标准、审核和考察频次、程序等相关内容； 2. 委托生产前，委托方是否按照制度对受托生产企业资质进行审核，是否对其生产质量管理体系建立和运行状况，以及实际生产能力进行评估；评估过程和结果是否有记录。
7	第五十一条第二款	委托方应当建立受托生产企业名录和管理档案。	1. 委托方是否建立受托生产企业名录；受托生产企业名录是否至少包括委托生产产品名称、委托生产产品注册证编号或者备案编号、受托生产企业名称、地址、受托生产企业生产许可证编号、委托生产起止时间、联系方式等相关信息；分段委托的，还应当包括受托生产工序名称。 2. 委托方是否建立受托生产企业管理档案；受托生产企业管理档案是否至少包括受托生产企业资质文件、委托合同书、对受托生产企业的评估等情况。
8	第五十二条	委托方应当与受托生产企业签订委托生产合同，明确委托事项、委托期限、委托双方的质量安全责任，确保受托生产企业依照法律法规、强制性国家标准、技术规范以及化妆品注册、备案资料载明的技术要求组织生产。	1. 委托双方是否签订委托生产合同；委托生产合同或者相关文件是否约定委托事项、委托期限、双方的质量安全责任，以及受托生产企业依照法律法规、强制性国家标准、技术规范以及化妆品注册、备案资料载明的技术要求组织生产等内容； 2. 委托生产合同是否明确双方在物料采购、进货查验、产品检验、贮存与运输、记录保存等产品质量安全相关环节的权利和义务； 3. 委托方是否履行合同约定的质量安全责任和义务。
9*	第五十三条第一款	委托方应当建立并执行受托生产企业生产活动监督制度，对各环节受托生产企业的生产活动进行监督，确保受托生产企业按照法定要求进行生产。	1. 委托方是否建立对受托生产企业生产活动的监督制度，规定监督的内容、方式、频次、发现问题的处理方法等； 2. 委托方是否按照制度执行对受托生产企业生产活动的监督，确保受托生产企业按照法定要求进行生产，并形成监督记录。

续表

序号	条款	化妆品生产质量管理规范条款内容	检查要点
10	第五十三条第二款	委托方应当建立并执行受托生产企业更换制度，发现受托生产企业的生产条件、生产能力发生变化，不再满足委托生产需要的，应当及时停止委托，根据生产需要更换受托生产企业。	1. 委托方是否建立受托生产企业更换制度，明确对受托生产企业生产条件、生产能力进行评估和启动更换程序的情形； 2. 委托方是否按照制度对受托生产企业生产条件、生产能力进行评估； 3. 委托方发现受托生产企业的生产条件、生产能力发生变化，不再满足委托生产需要的，是否及时停止委托，根据生产需要更换受托生产企业。
11*	第五十四条第一款、第三款	委托方应当建立并执行化妆品注册备案管理、从业人员健康管理、从业人员培训、质量管理体系自查、产品放行管理、产品留样管理、产品销售记录、产品贮存和运输管理、产品退货记录、产品质量投诉管理、产品召回管理等质量管理制度，建立并实施化妆品不良反应监测和评价体系。 委托方应当根据委托生产实际，按照本规范建立并执行其他相关质量管理制度。	1. 委托方是否建立并执行相应的质量管理制度；质量管理制度是否至少包括：（1）化妆品注册备案管理；（2）从业人员健康管理；（3）从业人员培训；（4）质量管理体系自查；（5）产品放行管理；（6）产品留样管理；（7）产品销售记录；（8）产品贮存和运输管理；（9）产品退货记录；（10）产品质量投诉管理；（11）产品召回管理等质量管理制度； 2. 委托方是否建立并实施化妆品不良反应监测和评价体系； 3. 委托方是否建立注册备案产品档案，包括产品配方、执行的标准、标签、检验报告、安全评估报告等相关资料； 4. 委托方建立并执行从业人员健康管理、从业人员培训、质量安全体系自查等质量管理制度的情况是否符合化妆品生产质量管理规范第十一条、第十条、第十五条等的要求； 5. 委托方是否根据委托生产实际，按照化妆品生产质量管理规范建立并执行其他相关质量管理制度； 6. 委托方建立的质量管理制度，是否能够满足实现产品追溯管理、保证产品质量安全的需求。
12	第五十四条第二款	委托方向受托生产企业提供物料的，委托方应当按照本规范要求建立并执行物料供应商遴选、物料审查、物料进货查验记录和验收以及物料放行管理等相关制度。	1. 委托方向受托生产企业提供物料的，是否按照化妆品生产质量管理规范第二十八条至第三十二条的要求建立并执行物料供应商遴选、物料审查、物料进货查验记录和验收以及物料放行管理等相关制度； 2. 委托方是否向受托生产企业提供物料验收标准和验收结果，明确所提供原料或半成品的成分。
13**	第五十五条第一款	委托方应当建立并执行产品放行管理制度，在受托生产企业完成产品出厂放行的基础上，确保产品经检验合格且相关生产和质量活动记录经审核批准后，方可上市放行。	1. 委托方是否建立并执行产品放行管理制度； 2. 产品上市前，委托方是否确保产品经检验合格且检验项目至少包括出厂检验项目；是否确保委托双方相关生产和质量活动记录经各自质量安全负责人审核批准。
14	第五十五条第二款	上市销售的化妆品应当附有出厂检验报告或者合格标记等形式的产品质量检验合格证明。	1. 上市销售的产品是否具有出厂检验报告或者合格标记等形式的产品质量检验合格证明； 2. 上市销售的产品标签是否符合相关规定。

续表

序号	条款	化妆品生产质量管理规范条款内容	检查要点
15	第五十六条第一款、第二款	委托方应当建立并执行留样管理制度，在其住所或者主要经营场所留样；也可以在其住所或者主要经营场所所在地的其他经营场所留样。 留样地点不是委托方的住所或者主要经营场所的，委托方应当将留样地点的地址等信息在首次留样之日起20个工作日内，按规定向所在地负责药品监督管理的部门报告。	1. 委托方是否建立并执行留样管理制度；留样管理制度是否明确产品留样程序、留样地点、留样数量、留样记录、保存期限和处理方法等内容； 2. 委托方留样地点是否符合要求； 3. 留样地点不是委托方的住所或者主要经营场所的，委托方是否将留样地点的地址等信息在首次留样之日起20个工作日内，按规定向所在地负责药品监督管理的部门报告。
16*	第五十六条第一款	留样应当符合本规范第十八条的规定。	1. 委托方是否在留样地点设置了专门的留样区域；留样的贮存条件是否符合相关法律法规的规定和标签标示的要求； 2. 委托方是否按照规定对上市销售的成品逐批留样，留样数量、包装是否符合规定；留样的保存期限是否不少于产品使用期限届满后6个月； 3. 委托方是否按规定保存留样记录，是否记录留样在使用期限内的质量情况； 4. 委托方是否依据留样管理制度对留样进行定期观察；发现留样的产品在使用期限内变质时，委托方是否及时分析原因，并依法召回已上市销售的该批次化妆品，主动消除安全风险。
17	第五十七条第一款	委托方应当建立并执行记录管理制度，保存与本规范有关活动的记录。记录应当符合本规范第十三条的相关要求。	1. 委托方是否建立记录管理制度；记录管理制度是否明确记录的填写、保存、处置等程序和格式； 2. 委托方是否执行记录管理制度，是否及时填写记录；记录是否真实、完整、准确，清晰易辨，相互关联可追溯；记录是否存在随意更改的情况；记录的更正是否符合要求； 3. 所有记录是否标识清晰，存放有序，便于查阅；与产品追溯相关的记录，其保存期限是否满足不少于产品使用期限届满后1年的要求；产品使用期限不足1年的，记录保存期限是否满足不少于2年的要求；与产品追溯不相关的记录，其保存期限是否满足不少于2年的要求；记录保存期限另有规定的，是否符合相关规定； 4. 采用计算机（电子化）系统生成、保存记录或者数据的，是否符合化妆品生产质量管理规范附1的要求。
18	第五十七条第二款	执行生产质量管理规范的相关记录由受托生产企业保存的，委托方应当监督其保存相关记录。	1. 委托方是否对受托生产企业执行生产质量管理规范的相关记录保存情况进行监督； 2. 委托方向受托生产企业提供物料的，委托方执行物料进货查验等相关记录是否按照合同约定自行保存或由受托生产企业保存。

续表

序号	条款	化妆品生产质量管理规范条款内容	检查要点
19*	第五十八条	化妆品注册人、备案人、受托生产企业应当建立并执行产品销售记录制度，并确保所销售产品的出货单据、销售记录与货品实物一致。 产品销售记录应当至少包括产品名称、特殊化妆品注册证编号或者普通化妆品备案编号、使用期限、净含量、数量、销售日期、价格，以及购买者名称、地址和联系方式等内容。	1. 委托方是否建立并执行产品销售记录制度； 2. 产品销售记录是否包括产品名称、特殊化妆品注册证编号或者普通化妆品备案编号、使用期限、净含量、数量、销售日期、价格，以及购买者名称、地址和联系方式等内容； 3. 所销售产品的出货单据、销售记录与产品实物是否一致。
20	第五十九条	化妆品注册人、备案人、受托生产企业应当建立并执行产品贮存和运输管理制度。依照有关法律法规的规定和产品标签标示的要求贮存、运输产品，定期检查并且及时处理变质或者超过使用期限等质量异常的产品。	1. 委托方是否建立并执行产品贮存和运输管理制度； 2. 产品的贮存、运输条件是否符合有关法律法规的规定和产品标签标示的要求； 3. 委托方是否定期检查并且及时处理变质或者超过使用期限等质量异常的产品。
21	第六十条	化妆品注册人、备案人、受托生产企业应当建立并执行退货记录制度。退货记录内容应当包括退货单位、产品名称、净含量、使用期限、数量、退货原因以及处理结果等内容。	1. 委托方是否建立并执行退货记录制度； 2. 委托方退货记录是否包括退货单位、产品名称、净含量、使用期限、数量、退货原因以及处理结果等内容。
22	第六十一条	化妆品注册人、备案人、受托生产企业应当建立并执行产品质量投诉管理制度，指定人员负责处理产品质量投诉并记录。质量管理部门应当对投诉内容进行分析评估，并提升产品质量。	1. 委托方是否建立并执行产品质量投诉管理制度；产品质量投诉管理制度是否规定投诉登记、调查、评价和处理等要求； 2. 委托方是否指定人员负责产品质量投诉处理并记录；指定的人员是否具备质量投诉处理的基本知识； 3. 委托方质量管理部门是否对质量相关投诉内容进行分析评估，并采取措施提升产品质量。
23*	第六十二条	化妆品注册人、备案人应当建立并实施化妆品不良反应监测和评价体系。 化妆品注册人、备案人、受托生产企业应当配备与其生产化妆品品种、数量相适应的机构和人员，按规定开展不良反应监测工作，并形成监测记录。	1. 委托方是否建立并实施化妆品不良反应监测和评价体系； 2. 委托方是否配备与其生产化妆品品种、数量相适应的不良反应监测机构和人员；委托方是否按照规定开展不良反应监测工作，并形成监测记录；监测记录是否符合规定。

续表

序号	条款	化妆品生产质量管理规范条款内容	检查要点
24*	第六十三条第一款、第三款	化妆品注册人、备案人应当建立并执行产品召回管理制度，依法实施召回工作。发现产品存在质量缺陷或者其他问题，可能危害人体健康的，应当立即停止生产，召回已经上市销售的产品，通知相关化妆品经营者和消费者停止经营、使用，记录召回和通知情况。对召回的产品，应当清晰标识、单独存放，并视情况采取补救、无害化处理、销毁等措施。因产品质量问题实施的化妆品召回和处理情况，委托方应当及时向所在地省、自治区、直辖市药品监督管理部门报告。 召回记录内容应当至少包括产品名称、净含量、使用期限、召回数量、实际召回数量、召回原因、召回时间、处理结果、向监管部门报告情况等。	1. 委托方是否建立并执行产品召回管理制度；产品召回管理制度是否包括产品质量安全信息的监测收集、调查评估、召回计划的制定和实施、召回产品的处理、召回结果的报告等要求； 2. 发现产品存在质量缺陷或者其他问题，可能危害人体健康时，委托方是否立即停止生产，召回已经上市销售的产品，是否立即通知相关化妆品经营者和消费者停止经营、使用，是否记录召回和通知情况； 3. 委托方是否对召回的产品清晰标识、单独存放，是否视情况采取补救、无害化处理、销毁等措施； 4. 委托方是否及时将因产品质量问题实施的化妆品召回和处理情况向所在地省、自治区、直辖市药品监督管理部门报告； 5. 委托方产品召回记录是否符合要求，是否至少包括产品名称、净含量、使用期限、召回数量、实际召回数量、召回原因、召回时间、处理结果、向监管部门报告情况等内容。

注：

1. 本《化妆品生产质量管理规范检查要点》适用于委托生产的化妆品注册人、备案人。检查项目共 24 项，其中重点项目 9 项（包括：关键项目标注“**”1 项，其他重点项目标注“*”8 项），一般项目 15 项。

2. 现场检查应当对照所检查项目，逐一作出该项目“符合规定”或者“不符合规定”的检查结论；对于重点项目，还可以根据检查情况作出“存在瑕疵”的检查结论。凡作出“不符合规定”或者“存在瑕疵”检查结论的，应当记录存在的具体问题；对于不适用的检查项目，应当标注“不适用”。

3. 重点项目“存在瑕疵”判定标准为：经综合研判，被检查对象基本符合本检查项目的要求，但存在局部不规范、不完善的情形，且上述不规范、不完善的情形能够及时改正或者消除，不构成对产品质量安全的实质性影响。

4. 经检查，第 2、4、9、11、12、14、19、20、23 或者 24 项等检查项目不符合规定的，被检查的化妆品注册人、备案人可能存在违反《化妆品监督管理条例》的行为；经立案调查存在违法行为的，应当依法查处。

国家药监局综合司
关于化妆品质量安全负责人有关问题的复函

药监综妆函〔2022〕224号

吉林省、重庆市药品监督管理局：

吉林省药品监督管理局《关于在我省实施化妆品质量安全负责人制度过渡期的请示》（吉药监文〔2022〕1号）和重庆市药品监督管理局《关于在我市开展化妆品企业质量安全负责人从业条件过渡期试点的请示》（渝药监文〔2021〕64号）收悉。经研究，现对有关问题函复如下：

一、根据《化妆品监督管理条例》第三十二条第二款规定，化妆品质量安全负责人应当具备化妆品质量安全相关专业知识，并具有5年以上化妆品生产或者质量安全管理经验。考虑到当前化妆品行业发展的迫切需要，对于“化妆品生产或者质量安全管理经验”的认定，应当符合法规立法原意和监管实际。鉴于药品、医疗器械、特殊食品等健康相关产品的生产或者质量安全管理的原则与化妆品生产或者质量安全管理的原则基本一致，在监管实践中，化妆品质量安全负责人在具备化妆品质量安全相关专业知识的前提下，其所具有的药品、医疗器械、特殊食品生产或者质量管理经验可以视为具有化妆品生产或者质量安全管理经验。

二、负责药品监督管理的部门应当对本行政区域内化妆品注册人、备案人、受托生产企业的质量安全负责人加强监督检查和培训指导，考核其是否具备化妆品质量安全相关专业知识和履职能力，督促其依法履行相应的产品质量安全管理和产品放行职责，保证产品质量安全。

国家药监局综合司

2022年4月27日

国家药监局关于发布《化妆品抽样检验管理办法》的公告

2023 年第 5 号

为加强化妆品监督管理，规范化妆品抽样检验工作，根据《化妆品监督管理条例》《化妆品生产经营监督管理办法》等法规、规章，国家药监局组织制定了《化妆品抽样检验管理办法》，现予公布，自 2023 年 3 月 1 日起施行。

特此公告。

附件：化妆品抽样检验管理办法

国家药监局

2023 年 1 月 11 日

附件

化妆品抽样检验管理办法

第一章　总　则

第一条　为了加强化妆品监督管理，规范化妆品抽样检验工作，根据《化妆品监督管理条例》《化妆品生产经营监督管理办法》等法规、规章，制定本办法。

第二条　在中华人民共和国境内，负责药品监督管理的部门组织实施化妆品抽样检验工作，应当遵守本办法。

第三条　负责药品监督管理的部门应当遵循科学、规范、合法、公正的原则，组织实施化妆品抽样检验工作，加强对抽样、检验、异议审查和复检、核查处置及信息公开的全过程管理。

第四条　国家药品监督管理局每年组织开展国家化妆品抽样检验工作。

省、自治区、直辖市药品监督管理部门每年组织开展本行政区域内的化妆品抽样检验工作，并按照国家药品监督管理局的要求，承担国家化妆品抽样检验任务。

设区的市级、县级负责药品监督管理的部门根据工作需要，组织开展本行政区域内的化妆品抽样检验工作，并按照上级负责药品监督管理的部门的要求，承担化妆品抽样检验任务。

第五条　化妆品生产经营者应当依法接受负责药品监督管理的部门组织实施的化妆品抽样检验，不得干扰、阻碍或者拒绝抽样检验工作，不得提供虚假信息。

第六条　化妆品抽样应当支付抽取样品的费用。抽样检验所需费用按照国家有关规定列入政府预算。

第七条　国家药品监督管理局负责建立国家化妆品抽样检验信息系统，加强化妆品抽样检验信息化建设。

第二章　计划制定

第八条　组织抽样检验的负责药品监督管理的部门（以下简称“组织抽检部门”）应当制定抽样检验计划。

国家药品监督管理局应当每年制定年度国家化妆品抽样检验计划。省、自治区、直辖市药品监督管理部门应当按照年度国家化妆品抽样检验计划，制定本行政区域的实施方案。

省、自治区、直辖市药品监督管理部门应当每年制定本行政区域年度化妆品抽样检验计划。省级化妆品抽样检验计划应当与国家化妆品抽样检验计划相互衔接，各有侧重，扩大抽样覆盖面，避免重复抽样。

设区的市级、县级负责药品监督管理的部门根据工作需要，制定本行政区域化妆品抽样检验计划。

第九条　化妆品抽样检验计划应当包括下列内容：

（一）抽样的品类；

（二）抽样区域、环节、场所、数量、时限等抽样工作要求；

（三）检验项目、检验方法、判定依据、检验时限等检验工作要求；

（四）检验报告的报送方式和时限；

（五）对检验结论为不符合规定产品的核查处置要求；

（六）其他工作要求。

第十条　化妆品抽样检验应当重点关注下列产品：

（一）儿童化妆品和特殊化妆品；

（二）使用新原料的化妆品；

（三）监督检查、案件查办、不良反应监测、安全风险监测、投诉举报、舆情监测等监管工作中发现问题较多的；

（四）既往抽样检验不合格率较高的；

（五）流通范围广、使用频次高的；

（六）其他安全风险较高的产品。

第三章　抽　样

第十一条　抽样工作应当坚持问题导向、广泛覆盖、监督检查与抽样检验相结合的原则。

第十二条　负责药品监督管理的部门可以自行抽样，也可以委托具有相应能力的单位承担抽样任务。

委托抽样的，负责药品监督管理的部门应当对承担抽样任务单位的抽样工作进行检查评估。

第十三条　抽样单位应当按照化妆品抽样检验计划制定具体的抽样工作实施方案，组织对抽样人员进行培训，保证抽样工作质量。抽样人员应当熟悉抽样工作相关的化妆品专业知识和法律法规。

抽样人员不得承担其抽取样品的检验工作。

第十四条　抽样分为现场抽样和网络抽样。

抽样单位和人员抽样前不得提前告知化妆品生产经营者。抽样时，抽样人员不得少于2人。

现场抽样时抽样人员应当向被抽样化妆品生产经营者出示抽样工作证明文件。网络抽样应当模拟网络购物流程进行，抽样人员不得告知被抽样化妆品生产经营者购买目的。

第十五条　抽样人员在抽样过程中不得有下列行为：

（一）样品签封后擅自拆封或者更换样品；

（二）泄露被抽样化妆品生产经营者的商业秘密；

（三）其他影响抽样公正性的行为。

第十六条　抽样前，抽样人员应当对被抽样化妆品生产经营者的市场主体登记证明、化妆品生产许可证、化妆品标签等进行必要的信息核对；经营环节现场抽样，必要时还需查看进货查验记录制度建立和执行情况。

第十七条　抽样中，发现涉嫌存在以下情形的化妆品，属于抽样异常情况，抽样单位应当依法立案调查或者将问题线索依法通报具有管辖权的负责药品监督管理的部门：

（一）未经注册的特殊化妆品或者未备案上市销售、进口的普通化妆品；

（二）超过使用期限；

（三）无中文标签；

（四）标签标注禁止标注的内容；

（五）其他涉嫌违法的化妆品。

除前款第（二）项规定的情形外，对存在抽样异常情况的产品，抽样部门认为必要的，可以继续抽样。

第十八条　化妆品抽样检验中的样品分为检验样品和复检备份样品。抽样数量原则上应当满足检验和复检工作的最少需求量。

现场抽样的，抽样人员应当从被抽样化妆品生产经营者待销售的产品中随机抽取样品，不得由被抽样化妆品生产经营者自行选择提供。抽样人员应当保存购买样品的票据，必要时对抽样场所、贮存环境、样品信息等通过拍照或者录像等方式留存证据。

网络抽样的，抽样人员应当记录购买样品的注册账号、付款账户、收货地址、联系方式等信息，并通过截图、拍照或者录像等方式记录被抽样化妆品生产经营者信息、样品购买网址、样品网页展示信息，以及订单信息、支付记录等。抽样人员收到样品后，应当对递送包装信息、样品包装等进行查验，并通过拍照或者录像等方式记录拆封过程。

第十九条　有下列情形之一的，原则上不予抽样：

（一）产品仅供出口；

（二）产品已开封、发生破损或者受到污染，可能影响检验结果；

（三）产品剩余使用期限不足6个月，产品使用期限小于6个月的除外；

（四）其他不予抽样的情形。

第二十条　抽样人员应当采取有效的防拆封措施，对检验样品和复检备份样品分别封样。封样后应当可以在不拆封的情况下，查看样品外观、状态等情况。

第二十一条　抽样人员应当使用规范的抽样文书，清晰、完整、准确地记录抽样信息。抽样文书保存期限不得少于2年。

现场抽样的，抽样人员应当告知被抽样化妆品生产经营者依法享有的权利和应当承担的义务。抽样人员和被抽样化妆品生产经营者的负责人或者相关人员应当在化妆品抽样文书及抽样封签上以签字、盖章等方式确认。被抽样化妆品生产经营者负责人或者相关人员对抽样过程有异议拒绝确认的，抽样人员应当现场取证，在化妆品抽样文书上注明并签字。

网络抽样的，抽样人员应当在抽样文书和抽样封签上签字并加盖单位印章，无需被抽样化妆品生产经营者签字盖章。

第二十二条　现场抽样的，样品费用支付分为现场结算和非现场结算。现场结算的，被抽样化妆品生产经营者当场开具发票或者抽样费用支付单位认可的证明材料，抽样人员当场支付样品费用；非现场结算的，抽样费用支付单位收到发票或者其认可的证明材料后，应当及时向被抽样化妆品生产经营者支付样品费用。

负责药品监督管理的部门制定的财务报销制度应当支持现场抽样和网络抽样。

第二十三条　向化妆品注册人、备案人、受托生产企业支付样品费用，一般按照样品的出厂价格支付；向化妆品经营者支付样品费用，一般按照样品的市场销售价格支付；化妆品经营者标注的销售价格包含服务等其他费用的，应当予以扣除。

抽样完成后，因正当理由无法检验，且样品无法退还被抽样化妆品生产经营者的，抽样费用支付单位仍应当支付样品费用，并记录无法检验的原因及费用支付情况。

第二十四条　抽样单位应当在完成抽样后5个工作日内，将样品、抽样文书及相关资料递送检验机构。因特殊原因需要延长送样期限的，应当经组织抽检部门同意。现场抽样的，不得由被抽样化妆品生产经营者自行送样。

抽样单位应当依照法律法规的规定和化妆品标签标示的要求贮存、运输化妆品。

第四章 检验和结果报送

第二十五条 承担抽样产品检验任务的检验机构（以下简称“承检机构”）应当具有相应资质和能力。

负责药品监督管理的部门应当对承检机构的检验工作进行检查评估。

第二十六条 承检机构和检验人员应当遵循客观独立、公正公平的原则开展检验工作，确保检验结果真实、准确，并对出具的化妆品检验报告负责。

承检机构在承担抽样检验任务期间，不得接受被抽样化妆品生产经营者同一批次产品的委托检验。

第二十七条 承检机构接收样品时，应当检查样品的外观、状态、封签有无破损以及其他可能对检验结果产生影响的情况，并核对样品与抽样文书信息，按要求存放。

第二十八条 有下列情形之一的，承检机构可以向抽样单位说明理由后拒绝接收样品：

（一）样品发生破损或者受到污染；

（二）样品封签信息不完整、封样不规范，可能影响检验结果公正性；

（三）抽样文书信息不完整、不准确，或者与样品实物明显不符；

（四）样品贮存、运输条件不符合要求，可能影响检验结果；

（五）样品品种混淆或者批次不一致；

（六）样品数量明显不符合检验要求；

（七）其他可能影响样品质量和检验结果的情形。

第二十九条 承检机构应当依据国家标准、技术规范、化妆品补充检验方法等标准方法进行检验，并出具检验结论。

第三十条 承检机构按照强制性国家标准、技术规范、化妆品注册或者备案资料载明的技术要求等，对被抽样产品的检验结果是否符合规定做出检验结论，作为负责药品监督管理的部门开展调查的依据。

负责药品监督管理的部门综合检验结论和调查情况，按照法律法规规章、强制性国家标准、技术规范等，对被抽样产品的生产经营者是否违法违规予以认定。

第三十一条 除抽样检验计划另有规定外，承检机构应当自抽样单位送达样品之日起30个工作日内出具检验报告；特殊情况需延期的，应当报组织抽检部门批准。对不具备资质的检验项目或者由于特殊原因无法按时完成检验任务的，经组织抽检部门同意，可以委托具有相应资质的其他化妆品检验机构完成检验任务。

检验报告应当格式规范、内容真实完整、数据准确，加盖承检机构公章或者检验检测专用章，依法标注检验机构资质认定标志，并有授权签字人的签名或者盖章。检验原始记录、检验报告的保存期限，不得少于出具检验报告之日起6年。

第三十二条 检验过程中遇到样品失效或者其他情况致使检验无法进行的，承检机构应当终止检验，并如实记录情况，向组织抽检部门报告。

第三十三条 承检机构应当妥善保存复检备份样品。检验结论为符合规定的，样品保存期限应当为出具检验报告之日起1年；样品剩余使用期限不足1年的，保存至使用期限结束。检验结论为不符合规定的，样品应当保存至其使用期限结束。

第三十四条 检验结论为符合规定的，承检机构应当在出具检验报告之日起7个工作日内，将检验报告报送组织抽检部门。

检验结论为不符合规定的，承检机构应当在出具检验报告之日起2个工作日内，将检验报告、抽样凭证复印件以及样品外包装照片等材料报送组织抽检部门。

承检机构不得擅自对外披露抽样检验结果。

第三十五条 组织抽检部门应当自收到检验结论为不符合规定的检验报告等材料之日起5个工作日内，将检验报告等材料递送被抽样产品标签标示的化妆品注册人、备案人、受托生产企业、境内责任人所在地省级药品监督管理部门，以及该产品经营者所在地省级药品监督管理部门。检验结论涉及检出禁用原料或者可能危害人体健康物质的，应当立即递送。

负责核查处置工作的负责药品监督管理的部门（以下简称“核查处置部门”）应当自收到上述检验报告等材料之日起5个工作日内，将检验报告等材料和抽样检验结果告知书送达本行政区域内被抽样产品的生产经营者，并告知其依法享有的权利和应当承担的义务。

第五章 异议和复检

第三十六条 化妆品注册人、备案人、受托生产企业对样品真实性有异议的，应当在收到检验报告等材料和抽样检验结果告知书之日起7个工作日内，向送达抽样检验结果告知书的核查处置部门提出异议申请，并提交相关证明材料。

化妆品生产经营者对样品的检验方法、标准适用有异议的，应当自收到检验报告等材料和抽样检验结果告知书之日起7个工作日内，向实施抽样检验的部门提出异议申请，并提交相关证明材料。

境外化妆品注册人、备案人可以委托其境内责任人提交异议申请。

第三十七条 负责药品监督管理的部门应当自受理异议申请之日起20个工作日内完成异议审查，将审查意见书面告知申请人，并通报有关核查处置部门、组织抽检部门。

第三十八条 被抽样产品的化妆品生产经营者对检验结论有异议的，应当自收到检验报告等材料和抽样检验结果告知书之日起7个工作日内，向实施抽样检验的部门或者其上一级负责药品监督管理的部门以书面形式提出复检申请。

同一样品的复检申请仅限一次，被抽样产品相关的生产经营者应当协调一致后由一方提出。

向国家药品监督管理局提出复检申请的，国家药品监督管理局可以委托实施抽样检验的省级药品监督管理部门负责办理。

第三十九条 有下列情形之一的，不予复检：

（一）微生物检验项目不符合规定；

（二）特殊原因导致复检备份样品无法复检；

（三）样品超过使用期限；

（四）逾期提交复检申请；

（五）法律法规规定的不予复检的其他情形。

第四十条 申请复检时，申请人需提交下列资料：

（一）复检申请表、申请人的法定代表人或者负责人的授权委托书、经办人身份证明复印件；

（二）检验报告和检验结果告知书送达回证复印件；

（三）其他需要说明的资料。

境外化妆品注册人、备案人委托其境内责任人申请复检的，应当同时提交其法定代表人或者负责人的授权委托书。

第四十一条 受理复检申请的负责药品监督管理的部门（以下简称“复检受理部门”）应当自收到复检申请资料之日起5个工作日内，向申请人出具受理通知书或者不予受理通知书。

复检申请资料不符合要求的，复检受理部门应当一次性告知申请人需要补正的内容；申请人应当在5个工作日内提交补正资料，无正当理由逾期不提交的，视为放弃申请。提供补正资料的，受理期限自复检受理部门收到补正资料之日起重新计算。

第四十二条 复检受理部门应当自受理之日起5个工作日内，在国家药品监督管理局公布的化妆品抽样检验复检机构名录中随机确定复检机构，向申请人出具复检通知书，并抄送初检机构、复检机构、组织抽检部门。因特殊原因不能及时确定复检机构的，可以延长5个工作日，并向申请人说明理由。

复检机构与初检机构不得为同一机构。复检机构无正当理由不得拒绝复检任务。复检机构与复检申请人存在委托检验业务等利害关系的，不得接受复检任务。

第四十三条 复检申请人应当自收到复检通知书后及时向复检机构支付复检费用，未按要求支付复检费用的，视为放弃复检。

复检结论与初检结论一致的，复检费用由复检申请人承担。复检结论与初检结论不一致的，复检费用由实施抽样检验的部门承担。

第四十四条 初检机构应当自收到复检通知书之日起5个工作日内，将复检备份样品递送复检机构。

复检机构收到样品后，应当通过拍照或者录像等方式对样品包装、封签等完整性进行确认，做好接收记录。发现样品包装、封签破损，或者出现其他可能对检验结果产生影响的情况，复检机构应当及时书面报告复检受理部门。

复检机构实施复检，应当使用与初检机构一致的检验方法和判定依据进行检验和判定。

第四十五条 复检机构应当自收到复检备份样品之日起20个工作日内，向复检受理部门提交复检报告。因特殊情况不能在规定时限完成检验的，应当提前通知复检受理部门，并说明理由。

第四十六条 复检机构出具的复检结论为最终检验结论。复检受理部门应当自收到复检报告之日起2个工作日内，将复检报告递送复检申请人、初检机构及核查处置部门。

第六章 核查处置

第四十七条 核查处置部门应当自收到检验结论为不符合规定的检验报告之日起15个工作日内，对涉及的化妆品生产经营者依法立案调查；涉及检出禁用原料或者可能危害人体健康物质的，应当立即对涉及的化妆品生产经营者立案调查。

在异议审查和复检期间，核查处置部门不停止对检验结论为不符合规定产品的调查和风险控制工作。

第四十八条 对化妆品注册人、备案人、受托生产企业的调查，核查处置部门应当重点调查检验结论为不符合规定产品涉及的原料进货查验记录、库存或者留样的原料、生产记录、进口记录、产品留样、产品销售记录等。涉及检出禁用原料或者可能危害人体健康物质的，核查处置部门应当对上述企业库存或者留样的其他批次或者同类产品进行抽样检验。

调查中发现产品造成人体伤害或者有证据证明可能危害人体健康的，核查处置部门应当依法对涉及的产品采取责令暂停生产、经营的紧急控制措施；发现化妆品生产质量管理体系存在严重风险隐患的，依法对企业全部相关产品采取责令暂停生产、经营的紧急控制措施。

涉及对产品在全国范围内采取风险控制措施的，由产品标签标示的化妆品注册人、备案人、境内责任人所在地的核查处置部门逐级报告其所在地省、自治区、直辖市药品监督管理部门；省、自治区、直辖市药品监督管理部门应当依法发布安全警示信息，同时通报其他省、自治区、直辖市药品监督管理部门。

核查处置部门对境外化妆品注册人、备案人开展调查时，该境外化妆品注册人、备案人的境内责任人应当配合，代为签收有关执法文书等。

第四十九条 化妆品注册人、备案人、受托生产企业提出样品真实性异议，否认检验结论为不符合规定产品是其生产或者进口的，应当向其所在地的核查处置部门提交证明该产品不是其生产或者进口的异议申请证明材料。核查处置部门应当结合企业提交的异议申请证明材料、产品经营环节溯源等情况，综合判断该产品是否为上述企业生产或者进口，并及时出具样品真实性异议审查意见。

经调查核实化妆品注册人、备案人、受托生产企业提供虚假信息或者隐瞒真实情况的，核查处置部门应当依照化妆品监督管理条例规定的情节严重情形，对其依法从重从严处罚。

第五十条 对化妆品经营者的调查，核查处置部门应当重点调查检验结论为不符合规定产品的进货查验记录等。对于化妆品注册人、备案人、受托生产企业提出样品真实性异议的产品，核查处置部门应当根据调查需要，对上述产品逐级溯源，产品来源或者流向涉及其他省（区、市）的，应当依法向有管辖权的负责药品监督管理的部门提出协查请求或者通报违法线索。化妆品经营者所在地核查处置部门应当将产品溯源调查情况通报化妆品注册人、备案人所在地核查处置部门。

调查中发现造成人体伤害或者有证据证明可能危害人体健康的产品，核查处置部门应当依法对涉及的产品采取责令暂停经营的紧急控制措施。

第五十一条 核查处置部门应当自收到检验结论为不符合规定的检验报告之日起90日内完成核查处置工作，对涉及的化妆品生产经营者依法作出行政处罚；因特殊原因需要延长工作时限的，应当提前书面报告组织抽检部门。

第五十二条 化妆品注册人、备案人收到检验结论为不符合规定的检验报告和抽样检验结果告知书后，应当立即对相关产品风险进行评估，并依照化妆品生产经营监督管理办法第五十三条的规定，对可能危害人体健康的产品，区分以下情形，立即停止生产，通知相关经营者和消费者停止经营、使用：

（一）被抽样产品检出禁用原料或者其他可能危害人体健康物质的，应当停止涉及该禁用原料或者其他可能危害人体健康物质的全部产品的生产；

（二）被抽样产品微生物检验项目不符合规定的，应当停止涉及该产品的生产车间内产品的生产；

（三）被抽样产品检出禁用原料或者其他可能危害人体健康物质、微生物以外的检验项目不符合规定的，应当对该产品存在的质量缺陷或者其他问题进行评估，自行决定停止生产的范围。

化妆品注册人、备案人应当立即开展自查，查找产品存在质量安全风险的原因，并进行整改；自查发现化妆品生产质量管理体系存在严重风险隐患的，应当立即对全部产品停止生产、经营。自查整改完成后，化妆品注册人、备案人应当对化妆品生产质量管理体系进行评估，经评估认为影响质量安全的风险因素消除后，方可恢复生产。

在异议审查和复检期间，化妆品生产经营者不停止对检验结论为不符合规定产品的风险控制工作。

第五十三条 化妆品注册人、备案人应当根据风险评估和自查整改情况，依照化妆品监督管理条例第四十四条的规定，召回已经上市销售的相关产品，并记录召回和通知情况。

受托生产企业、化妆品经营者收到化妆品注册人、备案人的召回通知后，应当配合实施召回。

第五十四条 核查处置部门应当监督化妆品生产经营者的自查整改、召回工作，根据实际情况，组织现场检查。

第七章 信息公开

第五十五条 负责药品监督管理的部门负责公布本部门组织的抽样检验结果。

任何单位和个人不得擅自发布化妆品抽样检验信息。

第五十六条 组织抽检部门应当通过其政府网站等媒体及时向社会公开抽样检验结果。对不符合规定产品的信息公开应当至少包括：被抽样产品名称、包装规格、生产日期或者批号、特殊化妆品注册证编号或者普通化妆品备案编号、不符合规定的检验项目、标签标示化妆品注册人、备案人、受托生产企业、境内责任人名称和地址、被抽样化妆品生产经营者的名称和地址、承检机构名称等。

化妆品注册人、备案人、受托生产企业、境内责任人提出异议申请否认检验结论为不符合规定的产品是其生产或者进口，经上述企业所在地核查处置部门综合判断情况属实的，组织抽检部门在公开抽样检验结果时予以说明；经综合判断上述企业提供虚假信息或者隐瞒真实情况的，组织抽检部门在公开抽样检验结果时予以曝光。

第五十七条 抽样检验信息公开应当依照《中华人民共和国政府信息公开条例》等法律法规规定执行。

对公共利益可能产生重大影响的化妆品抽样检验信息，公开部门应当在信息公开前加强分析研判，及时、准确地公开信息，必要时应当提前报告同级人民政府和上一级负责药品监督管理的部门。

第八章 附 则

第五十八条 对可能掺杂掺假或者使用禁止用于化妆品生产的原料生产的化妆品，按照化妆品国家标准规定的检验项目和检验方法无法检验的，国家药品监督管理局可以制定补充检验项目和检验方法，用于化妆品抽样检验。

第五十九条 根据监管工作需要，负责药品监督管理的部门可以组织开展专项抽样检验，相关工作程序参照本办法执行。

因监督检查、投诉举报、案件查办、不良反应监测等监管工作需要开展抽样检验，不受抽样数量、地点、样品状态、抽样检验结果公开等限制。

第六十条 各省、自治区、直辖市药品监督管理部门可以根据本办法，结合实际对本行政区域内组织开展的化妆品抽样检验工作制定实施细则。

第六十一条 本办法自2023年3月1日起施行。《国家食品药品监督管理总局办公厅关于印发化妆品抽样检验工作规范的通知》（食药监办药化监〔2017〕103号）同时废止。

国家药监局综合司关于进一步做好国家化妆品监督抽检不合格产品核查处置工作的通知

药监综妆〔2021〕91号

各省、自治区、直辖市药品监督管理局，中国食品药品检定研究院：

为依法查处国家化妆品监督抽检中发现的违法行为，按照《国家药监局关于做好2021年国家化妆品监督抽检工作的通知》（国药监妆〔2021〕6号）要求，现对进一步做好国家化妆品监督抽检不合格产品核查处置工作具体要求如下：

一、加强对不合格产品的现场调查取证。凡监督抽检不合格的产品，其标签标示的化妆品注册人、备案人、受托生产企业、境内责任人（代理商）所在地省（区、市）药品监督管理局应当组织对上述企业进行现场调查。现场调查中，应当重点调查监督抽检不合格产品涉及的原料购进与使用、生产记录、产品留样、销售记录等相关情况。

经查，不合格产品为被调查企业生产或者进口的，应当监督指导企业开展自查，查明产品不合格原因，并采取相关控制措施消除风险隐患。被调查企业否认抽检不合格产品是其生产或者进口时，应当组织对该企业库存或者留样的其它批次或者同类产品进行抽样检验，并要求企业正式出具情况说明，提供相关佐证材料。

二、加强对不合格产品的追踪溯源。对监督抽检不合格产品的经营者，其所在地省（区、市）药品监督管理局应当组织对其现场调查，对不合格产品追根溯源、一查到底；产品来源流向涉及其他省（区、市）的，应当依法协查。化妆品注册人、备案人、受托生产企业、境内责任人（代理商）所在地省（区、市）药品监督管理局应当结合现场调查、抽样检验、经营环节产品溯源、企业陈述等情况进行综合研判，组织彻查违法产品源头。

三、依法加大对不合格产品生产经营者的处罚力度。对未履行进货查验记录等义务，不能提供进货查验记录的化妆品经营者，负责药品监督管理的部门不得适用化妆品监督管理管理条例第六十八条的规定对其免除行政处罚。化妆品注册人、备案人、受托生产企业否认抽检不合格产品是其生产或者进口的，后经调查核实属于提供虚假信息或者隐瞒真实情况的，负责药品监督管理的部门应当按照化妆品监督管理条例规定的情节严重情形，对其依法从重从严处罚。

四、及时规范上报核查处置信息。各省（区、市）药品监督管理局应当按要求及时组织在国家化妆品抽检信息系统中填报监督抽检不合格产品核查处置工作信息，并上传相关执法文书。

国家药监局综合司

2021年10月21日

国家药监局关于发布《化妆品不良反应监测管理办法》的公告

2022 年第 16 号

为规范化妆品不良反应监测工作，根据《化妆品监督管理条例》《化妆品生产经营监督管理办法》等法规、规章，国家药监局组织制定了《化妆品不良反应监测管理办法》，现予公布，自 2022 年 10 月 1 日起施行。

特此公告。

附件：化妆品不良反应监测管理办法

国家药监局

2022 年 2 月 15 日

附件

化妆品不良反应监测管理办法

第一章 总 则

第一条 为加强化妆品不良反应监测工作，及时有效控制化妆品安全风险，保障消费者健康，依据《化妆品监督管理条例》《化妆品生产经营监督管理办法》等法规、规章，制定本办法。

第二条 在中华人民共和国境内开展化妆品不良反应监测及其监督管理，适用本办法。

第三条 国家药品监督管理局负责全国化妆品不良反应监测管理工作。县级以上地方人民政府负责药品监督管理的部门负责本行政区域的化妆品不良反应监测管理工作。

县级以上地方人民政府负责药品监督管理的部门应当明确化妆品不良反应监测机构，负责本行政区域的化妆品不良反应监测技术工作。

第四条 化妆品注册人、备案人应当建立化妆品不良反应监测和评价体系，主动收集其上市销售化妆品的不良反应，及时开展分析评价，并按照本办法规定向化妆品不良反应监测机构报告，落实化妆品质量安全主体责任。受托生产企业、化妆品经营者和医疗机构发现可能与使用化妆品有关的不良反应，应当按照本办法规定向化妆品不良反应监测机构报告。

第五条 国家鼓励其他单位和个人向化妆品不良反应监测机构或者负责药品监督管理的部门报告可能与使用化妆品有关的不良反应，充分发挥社会监督作用，促进化妆品安全社会共治。

第六条 国家药品监督管理局负责建立国家化妆品不良反应监测信息系统，加强化妆品不良反应监测信息化建设。

第二章 职责与义务

第七条 国家药品监督管理局负责全国化妆品不良反应监测管理工作，履行以下主要职责：

（一）建立并完善全国化妆品不良反应监测管理体系，组织制定化妆品不良反应监测管理制度，并监督实施；

（二）组织调查可能引发较大社会影响的化妆品不良反应，依法采取控制措施；

（三）组织监督检查化妆品不良反应监测工作开展情况；

（四）制定并发布国家化妆品不良反应监测评价基地（以下简称国家监测基地）的认定标准和管理规范，并组织遴选、管理国家监测基地；

（五）组织开展全国化妆品不良反应监测宣传、培训、研究和国际交流工作。

第八条 省、自治区、直辖市药品监督管理部门（以下简称省级药监部门）负责本行政区域的化妆品不良反应监测管理工作，履行以下主要职责：

（一）建立并完善本行政区域的化妆品不良反应监测管理体系，配备与监测工作相适应的机构和人员，完善工作制度并监督实施；

（二）组织调查本行政区域内发生的严重和可能引发较大社会影响的化妆品不良反应，依法采取控制措施；

（三）组织监督检查本行政区域的化妆品不良反应监测工作开展情况；

（四）组织开展本行政区域的化妆品不良反应监测宣传、培训、研究等工作。

第九条 设区的市级、县级负责药品监督管理的部门（以下简称市县级监管部门）负责本行政区域的化妆品不良反应监测管理工作，履行以下主要职责：

（一）建立并完善本行政区域的化妆品不良反应监测管理体系，配备与监测工作相适应的机构和人员，完善工作制度并监督实施；

（二）调查本行政区域内发生的严重和可能引发较大社会影响的化妆品不良反应，根据监测结果和工作需要，调查本行政区域内发生的其他化妆品不良反应，依法采取控制措施；

（三）监督检查本行政区域的化妆品不良反应监测工作开展情况；

（四）组织开展本行政区域的化妆品不良反应监测宣传、培训、研究等工作。

第十条 国家化妆品不良反应监测机构（以下简称国家监测机构）负责全国化妆品

不良反应监测技术工作，履行以下主要职责：

（一）收集、分析评价全国化妆品不良反应，并向国家药品监督管理局提出风险管理建议；

（二）对可能引发较大社会影响的化妆品不良反应，向国家药品监督管理局提出处理建议并配合调查工作；

（三）负责国家化妆品不良反应监测信息系统的建设和维护；

（四）制定化妆品不良反应监测的技术标准和规范，对地方各级监测机构和国家监测基地进行业务指导；

（五）开展全国化妆品不良反应监测宣传、培训、研究和国际交流工作。

第十一条　省级化妆品不良反应监测机构（以下简称省级监测机构）负责本行政区域的化妆品不良反应监测技术工作，履行以下主要职责：

（一）收集、分析评价本行政区域内发生的化妆品不良反应，并向所在地省级药监部门提出风险管理建议；

（二）对本行政区域内发生的严重和可能引发较大社会影响的化妆品不良反应，向所在地省级药监部门提出处理建议并配合调查工作；

（三）负责国家化妆品不良反应监测信息系统在本行政区域的使用和管理；

（四）对设区的市级和县级化妆品不良反应监测机构（以下简称市县级监测机构）进行业务指导，组织对本行政区域内化妆品注册人、备案人、境内责任人、受托生产企业、化妆品经营者、医疗机构等进行技术指导；

（五）开展本行政区域的化妆品不良反应监测宣传、培训、研究等工作。

第十二条　市县级监测机构负责本行政区域的化妆品不良反应监测技术工作，履行以下主要职责：

（一）收集、分析评价本行政区域内发生的化妆品不良反应，并向所在地同级负责药品监督管理的部门提出风险管理建议；

（二）对本行政区域内发生的严重和可能引发较大社会影响的化妆品不良反应，向所在地同级负责药品监督管理的部门提出处理建议并配合调查工作。根据监测结果和风险程度，对本行政区域内发生的其他化妆品不良反应向所在地同级负责药品监督管理的部门提出处理建议并配合调查工作；

（三）协助省级监测机构开展化妆品不良反应监测技术工作；

（四）对本行政区域内化妆品注册人、备案人、境内责任人、受托生产企业、化妆品经营者、医疗机构等进行技术指导；

（五）开展本行政区域的化妆品不良反应监测宣传、培训、研究等工作。

第十三条　化妆品注册人、备案人应当具备开展化妆品不良反应监测工作的能力，按照化妆品监督管理条例规定履行以下义务：

（一）建立并实施化妆品不良反应监测和评价体系，配备与其产品相适应的机构和人员从事化妆品不良反应监测工作；

（二）主动收集并按照本办法的规定向化妆品不良反应监测机构报告化妆品不良反应；

（三）对发现或者获知的化妆品不良反应及时进行分析评价，根据评价结果采取措施控制风险；

（四）配合化妆品不良反应监测机构、负责药品监督管理的部门开展化妆品不良反应调查。

境外化妆品注册人、备案人应当与境内责任人建立不良反应主动收集、报告、分析评价和调查处理的协助机制，确保履行本条第一款规定的义务。

第十四条 受托生产企业、化妆品经营者应当按照化妆品监督管理条例和本办法的规定向化妆品不良反应监测机构报告发现或者获知的化妆品不良反应，并配合化妆品不良反应监测机构、负责药品监督管理的部门开展化妆品不良反应调查。

第十五条 医疗机构应当按照化妆品监督管理条例和本办法的规定向化妆品不良反应监测机构报告发现或者获知的化妆品不良反应，并配合化妆品不良反应监测机构、负责药品监督管理的部门开展化妆品不良反应调查。

皮肤病专科医疗机构、设有皮肤科的二级及以上医疗机构应当建立与其诊疗范围相适应的化妆品不良反应监测制度，并确保监测制度有效执行。

第十六条 化妆品电子商务平台经营者获知化妆品不良反应的，应当记录并及时转交平台内化妆品经营者处理，督促平台内化妆品经营者履行化妆品经营者的不良反应报告义务，配合化妆品不良反应监测机构、负责药品监督管理的部门开展化妆品不良反应调查。

第十七条 国家监测基地应当按照管理规范的要求为化妆品不良反应监测工作提供技术支持，参与省级以上药监部门和监测机构对严重和可能引发较大社会影响的化妆品不良反应的分析评价，协助开展化妆品不良反应监测宣传、培训、研究、技术指导等工作。

第三章　不良反应报告

第十八条 化妆品不良反应报告遵循可疑即报的原则，怀疑与使用化妆品有关的人体损害，均应当报告。

报告化妆品不良反应的内容应当真实、完整、准确。化妆品不良反应报告应当包括报告者信息、发生不良反应者信息、不良反应信息、所使用化妆品信息等内容。

第十九条 化妆品注册人、备案人应当通过产品标签、官方网站等方便消费者获知的方式向社会公布电话、电子邮箱等有效联系方式，主动收集来自受托生产企业、化妆品经营者、医疗机构、消费者等报告的其上市销售化妆品的不良反应。

化妆品注册人、备案人在发现或者获知化妆品不良反应后应当通过国家化妆品不良反应监测信息系统报告。

第二十条 受托生产企业、化妆品经营者、医疗机构在发现或者获知化妆品不良反应后，应当通过国家化妆品不良反应监测信息系统报告，鼓励其告知化妆品注册人、备案人。

暂不具备在线报告条件的化妆品经营者和医疗机构，应当通过纸质报表向所在地市县级监测机构报告，由其代为在线提交报告。

第二十一条 化妆品电子商务平台经营者获知化妆品不良反应的，应当记录报告者信息、发生不良反应者信息、不良反应信息、所使用的化妆品信息等内容，并于7日内转交平台内化妆品经营者处理。涉及产品质量安全的重大信息，化妆品电子商务平台经营者应当自获知上述信息后，将发生不良反应者信息、症状或者体征、不良反应严重程度、不良反应发生日期、所使用化妆品名称、销售所使用化妆品的平台内经营者等信息于15日内书面报告电子商务平台经营者所在地省级药监部门。

第二十二条 其他单位和个人可以向化妆品注册人、备案人、境内责任人报告化妆品不良反应，也可以向所在地市县级监测机构或者市县级监管部门报告，由上述企业或者单位代为在线提交报告。

各级负责药品监督管理的部门应当公布本部门和同级监测机构的电话、通讯地址等联系方式。

第二十三条 属于一般化妆品不良反应的，化妆品注册人、备案人、受托生产企业、化妆品经营者、医疗机构等应当自发现或者获知化妆品不良反应之日起30日内报告，属于严重化妆品不良反应的，应当自发现或者获知之日起15日内报告，属于可能引发较大社会影响的化妆品不良反应应当自发现或者获知之日起3日内报告。对于不良反应情况和分析评价结果等有新的发现或者认知的，应当及时补充报告。

第二十四条 化妆品注册人、备案人、受托生产企业、医疗机构应当客观、真实地记录与不良反应监测有关的活动并形成监测记录，记录保存期限不得少于报告之日起3年。境内责任人应当协助建立并保存化妆品不良反应监测记录。

化妆品不良反应监测记录应当至少包括：报告者信息、发生不良反应者信息、症状或者体征、不良反应严重程度、不良反应发生日期、不良反应发现或者获知日期、不良反应报告日期、所使用化妆品名称等。属于严重和可能引发较大社会影响的化妆品不良反应，化妆品注册人、备案人还应当记录可能引发不良反应的原因以及分析评价情况、后续风险控制措施。医疗机构还应当记录与化妆品不良反应有关的诊疗情况。

以下内容应当尽量收集并记录：不良反应所使用化妆品的特殊化妆品注册证书编号或者普通化妆品备案编号、生产批号、开始使用日期和停用日期，医疗机构诊疗情况。

第二十五条 境外化妆品注册人、备案人其在中国境内外上市销售的产品因在境外发生化妆品不良反应而被采取停止生产或者经营、实施产品召回、发布安全警示信息等风险控制措施的，境外化妆品注册人、备案人应当在发现或者获知之日起7日内，将相关不良反应信息和采取的风险控制措施书面报告国家监测机构，境内责任人应当协助境外化妆品注册人、备案人履行报告义务。

第四章　不良反应分析评价

第二十六条　化妆品注册人、备案人应当对发现或者获知的化妆品不良反应进行分析评价，必要时自查产品原料、配方、生产工艺、生产质量管理、贮存运输等方面可能引发不良反应的原因。境内责任人应当积极协助境外化妆品注册人、备案人对发现或者获知的化妆品不良反应进行分析评价。

属于严重化妆品不良反应的，化妆品注册人、备案人应当自发现或者获知不良反应之日起20日内，属于可能引发较大社会影响的化妆品不良反应的，应当自发现或者获知不良反应之日起10日内进行分析评价并形成自查报告，报送化妆品注册人、备案人、境内责任人所在地省级监测机构，同时报送所在地省级药监部门。

第二十七条　各级监测机构应当逐级对本行政区域内发生的化妆品不良反应进行分析评价，并根据分析评价结果和风险程度向所在地同级负责药品监督管理的部门提出处理建议。

第二十八条　市县级监测机构应当对收到的化妆品不良反应报告的真实性、完整性、准确性进行审核，对不良反应与产品的关联性和不良反应严重程度进行初步分析评价。

属于一般化妆品不良反应的，市县级监测机构应当自收到不良反应报告之日起15个工作日内完成分析评价。属于严重化妆品不良反应的，应当自收到不良反应报告之日起7个工作日内完成分析评价。属于可能引发较大社会影响的化妆品不良反应的，应当自收到不良反应报告之日起3个工作日内完成分析评价。对严重和可能引发较大社会影响的化妆品不良反应，应当同时报告所在地同级负责药品监督管理的部门，提出处理建议。

市县级监测机构应当对严重和可能引发较大社会影响的化妆品不良反应进行跟踪调查，详细了解发生不良反应者和所使用化妆品的基本信息、不良反应发生情况和进展、报告单位对不良反应的处理情况等，并自收到不良反应报告之日起7个工作日内形成跟踪报告报送上一级监测机构，同时报送所在地同级负责药品监督管理的部门。

第二十九条　对于有明确的化妆品名称及产品销售包装图片的化妆品不良反应报告，经核对产品注册备案信息，所使用化妆品可能属于未经注册的特殊化妆品或者未备案的普通化妆品的，市县级监测机构应当报告所在地同级负责药品监督管理的部门。负责药品监督管理的部门应当组织调查，依法采取控制措施。

第三十条　省级监测机构应当对下一级监测机构提交的化妆品不良反应报告评价意见进行复核，并对不良反应与产品的关联性和不良反应严重程度进行分析评价。省级监测机构经复核与下一级监测机构评价意见不一致、认为需调整为严重或者可能引发较大社会影响的化妆品不良反应进行处理的，应当向下一级监测机构反馈。下一级监测机构应当自收到省级监测机构反馈意见之日起7个工作日内对不良反应进行跟踪调查并形成跟踪报告，并按照本办法第二十八条第三款的规定报送相关部门。

属于一般化妆品不良反应的，省级监测机构应当自收到下一级监测机构评价意见之日起15个工作日内完成分析评价。属于严重化妆品不良反应的，应当自收到下一级监测机构评价意见之日起7个工作日内完成分析评价。属于可能引发较大社会影响的化妆品不良反应的，应当自收到下一级监测机构评价意见之日起3个工作日内完成分析评价。对严重和可能引发较大社会影响的化妆品不良反应，应当同时报告所在地省级药监部门，提出处理建议。

省级监测机构应当结合下一级监测机构报送的跟踪报告对严重和可能引发较大社会影响的化妆品不良反应进行调查研究，根据实际需要开展监测数据分析、文献研究、专家咨询，对不良反应发生情况和可能引发不良反应的原因等进行综合分析，属于严重化妆品不良反应的，应当自收到跟踪报告之日起15个工作日内形成分析评价报告，属于可能引发较大社会影响的化妆品不良反应的，应当自收到跟踪报告之日起7个工作日内形成分析评价报告，并报送国家监测机构，同时报送所在地省级药监部门。

第三十一条 国家监测机构应当对收集的全国化妆品不良反应进行分析评价，根据监测结果和风险程度，向国家药品监督管理局提出处理建议。

对可能引发较大社会影响的化妆品不良反应，国家监测机构应当组织国家监测基地开展分析评价，并自收到下一级监测机构报送的分析评价报告之日起7个工作日内形成分析评价报告报送国家药品监督管理局。

第三十二条 省级监测机构应当按季度和年度对收集的化妆品不良反应进行汇总分析，提出风险管理建议，及时书面报送省级药监部门和国家监测机构。

国家监测机构应当按季度和年度对收集的化妆品不良反应进行汇总分析，提出风险管理建议，及时书面报送国家药品监督管理局。

第五章 不良反应调查

第三十三条 负责药品监督管理的部门收到监测机构报送的化妆品不良反应处理建议后，根据监测结果和工作需要，可以责令不良反应涉及的化妆品注册人、备案人、受托生产企业对不良反应进行分析评价并自查可能引发不良反应的原因，采取有效措施控制风险，或者依职责对不良反应涉及的化妆品注册人、备案人、境内责任人、受托生产企业、化妆品经营者开展监督检查。根据调查结果，发现存在违法行为的，负责药品监督管理的部门应当依法查处。

第三十四条 对严重化妆品不良反应，不良反应发生地市县级监管部门应当自收到同级监测机构不良反应评价意见之日起15个工作日内依职责开展调查，并形成不良反应调查处理报告报送至上一级负责药品监督管理的部门，逐级报送至省级药监部门。

不良反应发生地省级药监部门应当自收到同级监测机构不良反应评价意见之日起7个工作日内依职责组织开展调查，并及时向不良反应涉及的化妆品注册人、备案人、境内责任人所在地省级药监部门通报相关信息。不良反应发生地省级药监部门形成调查处理报告后通报化妆品注册人、备案人、境内责任人所在地省级药监部门。

第三十五条 对可能引发较大社会影响的化妆品不良反应，不良反应发生地市县级监管部门应当自收到同级监测机构不良反应评价意见之日起7个工作日内依职责开展调查，并形成不良反应调查处理报告报送至上一级负责药品监督管理的部门，逐级报送至省级药监部门。

不良反应发生地省级药监部门应当自收到同级监测机构不良反应评价意见之日起5个工作日内依职责组织开展调查，并及时向不良反应涉及的化妆品注册人、备案人、境内责任人所在地省级药监部门通报相关信息。不良反应发生地省级药监部门形成调查处理报告后通报化妆品注册人、备案人、境内责任人所在地省级药监部门。

对可能引发较大社会影响的化妆品不良反应，国家药品监督管理局应当自收到国家监测机构报送的分析评价报告之日起5个工作日内依职责组织开展调查。

第三十六条 根据调查结果，发现产品存在质量缺陷或者其他问题，可能危害人体健康的，负责药品监督管理的部门依照化妆品监督管理条例第四十四条的规定，应当通知化妆品注册人、备案人实施召回，通知受托生产企业、化妆品经营者停止生产、经营。

根据调查结果，发现产品造成人体伤害或者有证据证明可能危害人体健康的，负责药品监督管理的部门依照化妆品监督管理条例第五十四条的规定，可以采取责令暂停生产、经营的紧急控制措施。

第三十七条 根据调查结果，负责药品监督管理的部门认为需要化妆品注册人、备案人进一步开展分析评价的，化妆品注册人、备案人、境内责任人所在地省级药监部门可以向化妆品注册人、备案人、境内责任人告知相关化妆品不良反应信息。化妆品注册人、备案人应当按照本办法第二十六条第一款的规定，及时进行分析评价后形成自查报告，并报送化妆品注册人、备案人、境内责任人所在地省级药监部门。

第三十八条 根据调查结果，有证据表明化妆品、化妆品原料可能存在缺陷的，省级以上药监部门依照化妆品监督管理条例第五十五条的规定，可以责令化妆品注册人、备案人开展安全再评估或者直接组织开展安全再评估。

根据调查结果，对于可能需要制定或者修订强制性国家标准、技术规范或者需要研制补充检验方法的，可以由负责调查的省级药监部门提请国家药品监督管理局或者由国家药品监督管理局直接组织开展相关标准研究和补充检验方法研制工作。

第三十九条 化妆品注册人、备案人通过分析评价化妆品不良反应，发现产品存在安全风险的，应当立即采取措施控制风险。发现产品存在质量缺陷或者其他问题，可能危害人体健康的，应当依照化妆品监督管理条例第四十四条的规定，立即停止生产，召回已经上市销售的化妆品，通知相关化妆品经营者和消费者停止经营、使用。境内责任人应当积极协助境外化妆品注册人、备案人采取措施控制风险。

受托生产企业、化妆品经营者发现或者获知其生产、经营的化妆品存在安全风险、可能危害人体健康的，应当立即停止生产、经营，并同时告知化妆品注册人、备案人、境内责任人，配合其采取措施控制风险。

第六章 监督管理

第四十条 负责药品监督管理的部门应当对化妆品注册人、备案人、境内责任人、受托生产企业、化妆品经营者、医疗机构等开展化妆品不良反应监测的情况进行监督检查。

第四十一条 化妆品注册人、备案人、受托生产企业、化妆品经营者、医疗机构未按照本办法规定开展化妆品不良反应监测的，依照化妆品监督管理条例处罚。

第四十二条 国家药品监督管理局每年将化妆品不良反应年度监测情况通报国务院卫生主管部门。鼓励化妆品注册人、备案人、境内责任人、受托生产企业、化妆品经营者之间互相告知化妆品不良反应信息。

第四十三条 在化妆品不良反应监测工作中知悉的商业秘密、个人隐私等信息应当予以保密。

第七章 附 则

第四十四条 本办法涉及术语含义如下：

化妆品不良反应，是指正常使用化妆品所引起的皮肤及其附属器官的病变，以及人体局部或者全身性的损害。

严重化妆品不良反应，是指正常使用化妆品引起以下损害情形之一的反应：

（一）导致暂时性或者永久性功能丧失，影响正常人体和社会功能的，如皮损持久不愈合、瘢痕形成、永久性脱发、明显损容性改变等；

（二）导致人体全身性损害的，如肝肾功能异常、过敏性休克等；

（三）导致住院治疗或者医疗机构认为有必要住院治疗的；

（四）导致人体其他严重损害、危及生命或者造成死亡的。

可能引发较大社会影响的化妆品不良反应，是指因正常使用同一化妆品在一定区域内，引发较大社会影响或者造成多人严重损害的化妆品不良反应。

化妆品不良反应监测，是指化妆品不良反应收集、报告、分析评价、调查处理的全过程。

第四十五条 省级药监部门应当对使用新原料的化妆品发生的不良反应组织开展调查，发现存在安全风险的，应当依法采取控制措施。具体规定另行制定。

第四十六条 省级药监部门可以依据本办法，结合实际制定实施细则。

第四十七条 本办法自 2022 年 10 月 1 日起施行。